SILVANA PARODI

Eigentumsbindung und Enteignung im Natur- und Denkmalschutz

Schriften zum Öffentlichen Recht

Band 470

Eigentumsbindung und Enteignung im Natur- und Denkmalschutz

Von

Dr. Silvana Parodi

DUNCKER & HUMBLOT / BERLIN

CIP-Kurztitelaufnahme der Deutschen Bibliothek

Parodi, Silvana:
Eigentumsbindung und Enteignung im Natur- und Denkmalschutz / von Silvana Parodi. — Berlin: Duncker und Humblot, 1984.
(Schriften zum Öffentlichen Recht; Bd. 470)
ISBN 3-428-05636-1

NE: GT

Gedruckt 1984 bei Berliner Buchdruckerei Union GmbH, Berlin 61
Printed in Germany

ISBN 3-428-05636-1

Vorwort

Die Arbeit hat im Herbst 1983 der Juristischen Fakultät der Universität Konstanz als Dissertation vorgelegen. Literatur und Rechtsprechung sind bis zum 31. 8. 1983 berücksichtigt.

An dieser Stelle möchte ich Herrn Prof. Dr. Ekkehart Stein für seine mustergültige Betreuung danken. Mein Dank gilt außerdem Herrn Prof. Dr. Dieter Lorenz, dem Zweitgutachter der Dissertation, Herrn Prof. Dr. h. c. Broermann für die Aufnahme der Arbeit in diese Reihe und Frau Gertraude Michitsch für die rasche Bearbeitung.

Konstanz, im Mai 1984

Silvana Parodi

Inhaltsverzeichnis

Zweites Kapitel

Inhalt und Systematik der Eigentumsgarantie 53

Abkürzungsverzeichnis

a. A.	=	anderer Ansicht
ABl.	=	Amtsblatt
AcP	=	Archiv für die civilistische Praxis (1.1818—149.1944; 150.1948/49 ff.)
a. F.	=	alte Folge, alte Fassung
allg. M.	=	allgemeine Meinung
a. M.	=	anderer Meinung
Amtl. Begrü.	=	Amtliche Begründung
Ans.	=	Ansicht
AöR	=	Archiv des öffentlichen Rechts (bis 26.1910: für öffentliches Recht) (1. 1886 ff.)
AöR (NF)	=	Archiv des öffentlichen Rechts (Neue Folge)
AT	=	Allgemeiner Teil
B	=	Bundes
Bad.	=	Baden, Badisch
BauNVO	=	VO über die Nutzung der Grundstücke (Baunutzungsverordnung) i. d. F. v. 19. 9. 1977 (BGBl. I S. 1763)
BauR	=	Baurecht (1.1970 ff.)
Bay.	=	Bayern, Bayerisch
BayVBl.	=	Bayerische Verwaltungsblätter (73.1925—81.1933; N.F. 1.1955 ff.; zwischendrin: Dt. Verwaltungsblätter; anfangs: Blätter für administrative Praxis)
BB	=	Der Betriebsberater (1.1946 ff.)
BBauBl.	=	Bundesbaublatt (1.1952 ff.)
BBauG	=	Bundesbaugesetz i. d. F. v. 18. 8. 1976 (BGBl. I S. 2256)
Bem.	=	Bemerkung
Berl.	=	Berlin, Berliner
bes.	=	besonders
Beschl.	=	Beschluß
Bespr.	=	Besprechung
bestr.	=	bestritten
BFH	=	Bundesfinanzhof
BFHE	=	Sammlung der Entscheidungen und Gutachten des Bundesfinanzhofs (55.1952 ff.)
BGB	=	Bürgerliches Gesetzbuch v. 18. 8. 1896 (RGBl. S. 195)
BGBl. I	=	Bundesgesetzblatt. Teil I (1951 ff.)
BGH	=	Bundesgerichtshof
BGHSt.	=	Entscheidungen des Bundesgerichtshofs in Strafsachen (1.1951 ff.)
BGHZ	=	Entscheidungen des Bundesgerichtshofs in Zivilsachen (1.1951 ff.)

BK	=	Kommentar zum Bonner Grundgesetz (Bonner Kommentar)
BNatSchG	=	Gesetz über Naturschutz und Landschaftspflege (Bundesnaturschutzgesetz) v. 20. 12. 1976 (BGBl. I S. 374; 1977 I S. 650)
BRD	=	Bundesrepublik Deutschland
Brem.	=	Bremen, Bremisch
BRS	=	Baurechtssammlung, begründet v. Thiel, fortgeführt v. Gelzer (1.1945/ 50 ff.)
Bsp.	=	Beispiel
BT	=	Deutscher Bundestag
BTDrucks.	=	Drucksachen des Deutschen Bundestages (1949 ff.)
Buchholz	=	Sammel- und Nachschlagwerk der Rechtsprechung des Bundesverwaltungsgerichts, hersg. v. Karl Buchholz (LoseblSlg.; 1957 ff.)
BVerfG	=	Bundesverfassungsgericht
BVerfGE	=	Entscheidungen des Bundesverfassungsgerichts (1.1952 ff.)
BVerfGG	=	Gesetz über das Bundesverfassungsgericht i. d. F. v. 3. 2. 1971 (BGBl. I S. 105)
BVerwG	=	Bundesverwaltungsgericht
BVerwGE	=	Entscheidungen des Bundesverwaltungsgerichts (1.1954 ff.)
BW	=	Baden-Württemberg, Baden-Württembergisch
BWaldG	=	Gesetz zur Erhaltung des Waldes und zur Förderung der Forstwirtschaft (Bundeswaldgesetz) v. 2. 5. 1975 (BGBl. I S 1037)
BWVPr.	=	Baden-Württembergische Verwaltungspraxis (1.1974 ff.)
d.	=	des, der
d. h.	=	das heißt
DÖV	=	Die Öffentliche Verwaltung (1.1948 ff.)
DSchG	=	Denkmalschutzgesetz BW: Gesetz zum Schutz der Kulturdenkmale (Denkmalschutzgesetz) v. 25. 5. 1971 (GBl. S. 209) Bay.: Gesetz zum Schutz und zur Pflege der Denkmäler (Denkmalschutzgesetz-DSchG) v. 25. 6 1973 (GVBl. S. 328) Hamb.: Denkmalschutzgesetz v. 3. 12. 1973 (GVBl. I S. 466) Nordrhein-Westfalen ehm Hess.: Gesetz zum Schutze der Kulturdenkmäler (Denkmalschutzgesetz) v. 23. 9. 1974 (GVBl. I S. 450) NW: Gesetz zum Schutz und zur Pflege der Denkmäler im Lande Nordrhein-Westfalen (Denkmalschutzgesetz-DSchG) v. 11. 3 1980 (GVBl. Ausgabe A S. 226; SGVBl. S. 226) SH: Gesetz zum Schutze der Kulturdenkmale (Denkmalschutzgesetz zur Änderung des Gesetzes zum Schutze der Kulturdenkmale (Denkmalschutzgesetz) v. 18. 9. 1972 (GVBl. S. 162)
Dt.	=	Deutsch, Deutsches, Deutscher
DVBl.	=	Deutsches Verwaltungsblatt (65.1950 ff.; Fortführung von Dt. Verwaltung; vorher Reichsverwaltungsblatt)
E	=	Entscheidung(en)
Entsch.	=	Entscheidung
Erl.	=	Erläuterung

Ev. Staatslexikon	=	Evangelisches Staatslexikon
FStrG	=	Bundesfernstraßengesetz v. 1. 10. 1974 (BGBl. I S. 2413)
G, Ges.	=	Gesetz
GBl.	=	Gesetzblatt
gem.	=	gemäß
GewArch.	=	Gewerbearchiv (1.1955 ff.)
GG	=	Grundgesetz für die Bundesrepublik Deutschland v. 23. 5. 1949 (BGBl. S. 1)
ggf.	=	gegebenenfalls
GS	=	Großer Senat
GVBl.	=	Gesetz- und Verordnungsblatt
Halbs.	=	Halbsatz
Hamb.	=	Hamburg, Hamburgisch
Hess.	=	Hessen, Hessisch
h. L.	=	herrschende Lehre
h. M.	=	herrschende Meinung
i. d. F.	=	in der Fassung
i. d. R.	=	in der Regel
i. e. S.	=	im engeren Sinne
i. S. v.	=	im Sinne von
i. V. m.	=	in Verbindung mit
i. w. S.	=	im weiteren Sinne
JA	=	Juristische Arbeitsblätter (1.1969 ff.)
JR	=	Juristische Rundschau (1.1925—11.1935; NF 1.1947 ff.)
JuS	=	Juristische Schulung (1.1961 ff.)
JW	=	Juristische Wochenschrift (1.1872—68.1939, 12; dann: vereinigt mit: Dt. Recht als Ausg. A.)
JZ	=	Juristenzeitung (6.1951 ff.)
Landkr.	=	Der Landkreis (29.1959 ff.; vorher: Die Selbstverwaltung)
LM	=	Nachschlagewerk des Bundesgerichtshofs, hrsg. v. Lindenmaier/Möhring u. a. (LoseblSlg.; 1951 ff.)
LoseblSlg.	=	Loseblattsammlung
LS	=	Leitsatz
LuftVG	=	Luftverkehrsgesetz i. d. F. v. 14. 1. 1981 (BGBl. I S. 61)
m.	=	mit
MDR	=	Monatsschrift für Deutsches Recht (1.1947 ff.)
m. vielen H.	=	mit vielen Hinweisen
m. w. H.	=	mit weiteren Hinweisen
m. w. N.	=	mit weiteren Nachweisen
NatSchG	=	Naturschutzgesetz BW: Gesetz zum Schutz der Natur, zur Pflege der Landschaft und über die Erholungsvorsorge in der freien Landschaft (Naturschutzgesetz-NatSchG) v. 21. 10. 1975 (GVBl. S. 654, berichtigt 1976 I S. 96)

		Bay.: Gesetz über den Schutz der Natur, die Pflege der Landschaft und die Erholung in der freien Natur (Bayerisches Naturschutzgesetz) v. 27. 7. 1973 (GVBl. S. 437, berichtigt S. 562)
		Berl.: Gesetz über Naturschutz und Landschaftspflege von Berlin (Berliner Naturschutzgesetz) v. 30. 1. 1979 (GVBl. S. 183)
		Brem.: Gesetz über Naturschutz und Landschaftspflege (Bremisches Naturschutzgesetz) v. 17. 9. 1979 (GVBl. S. 345)
		Hess.: Hessisches Gesetz über Naturschutz und Landschaftspflege (Hessisches Naturschutzgesetz) v. 19. 9. 1980 (GVBl. S. 309)
		NW: Gesetz zur Sicherung des Naturhaushalts und zur Entwicklung der Landschaft (Landschaftsgesetz) v. 18. 2. 1975 (GVBl. S. 190); Neufassung, Bekanntmachung am 26. 6. 1980 (GVBl. S. 734)
		RhPf.: Landesgesetz über Naturschutz und Landschaftspflege (Landespflegegesetz) v. 14. 6. 1973 (GVBl. S. 147, berichtigt S. 284); Neufassung, Bekanntmachung v. 5. 2. 1979 (GVBl. S. 36)
		Saarl.: Gesetz über den Schutz der Natur und die Pflege der Landschaft (Saarländisches Naturschutzgesetz) v. 31. 1. 1979 (ABl. S. 147)
		SH: Gesetz für Naturschutz und Landschaftspflege Landespflegegesetz) v. 16. 4. 1973 (GVBl. S. 122, berichtigt S. 326)
NF	=	Neue Folge
n. F.	=	neue Fassung
NJW	=	Neue Juristische Wochenschrift (1.1947/48 ff.)
NS	=	Nationalsozialismus
NuR	=	Natur und Recht (1.1979 ff.)
NW	=	Nordrhein-Westfalen, Nordrhein-Westfälisch
O	=	Ordnung
öff.	=	öffentlich
OLG	=	Oberlandesgericht
OVG	=	Oberverwaltungsgericht
OVGE	=	Entscheidungen der Oberverwaltungsgerichte Münster und Lüneburg (1.1950 ff.)
RG	=	Reichsgericht
RGBl.	=	Reichsgesetzblatt (1871—1921); dann aufgeteilt in Teil I und II
RGBl. I	=	Reichsgesetzblatt. Teil I (1922—1945)
RGSt.	=	Entscheidungen des Reichsgerichts in Strafsachen (1.1880—77. 1944)
RGZ	=	Entscheidungen des Reichsgerichts in Zivilsachen (1.1880—172. 1945)
RhPf.	=	Rheinland-Pfalz, Rheinland-Pfälzisch
RNatSchG	=	Reichsnaturschutzgesetz v. 26. 6. 1935 (RGBl. I S. 821)
Rspr.	=	Rechtsprechung
Saarl.	=	Saarland, Saarländisch
SGVBl.	=	Sammlung des bereinigten Gesetzes- und Verordnungsblattes

SH	=	Schleswig-Holstein, Schleswig-Holsteinisch
Sp.	=	Spalte
StaatsR	=	Staatsrecht
StädteT	=	Der Städtetag (21.1927—27.1933, 6; NF 1.1948 ff.; vorher: Mitteilungen des Deutschen Städtetages; ab 27.1933, 7: Der Gemeindetag)
Sten. Prot	=	Stenographisches Protokoll
str.	=	streitig
st. Rspr.	=	ständige Rechtsprechung
StuGB	=	Städte- und Gemeindebund (1.1946 ff.)
StuGR	=	Städte- und Gemeinderat (1.1947 ff.)
u. a.	=	unter anderem, und andere
u. ä.	=	und ähnliche(s)
überw. M.	=	überwiegende Meinung
umstr.	=	umstritten
unstr.	=	unstreitig
Urt. v.	=	Urteil vom
u. U.	=	unter Umständen
VA	=	Verwaltungsakt
Verf.	=	Verfassung
Verh.	=	Verhandlung(en)
VersR	=	Versicherungsrecht (1.1950 ff.)
Verw.	=	Die Verwaltung (1.1968 ff.)
VerwArch.	=	Verwaltungsarchiv (1.1893—47.1942; 48.1957 ff.)
VerwPr.	=	Verwaltungspraxis. Fachzeitschrift für die württembergische Verwaltung (1.1927—11.1937; 16.1950—39.1973; aufgegangen in: Baden-Württembergische Verwaltungspraxis; ab 1938 aufgegangen in: Württembergische Verwaltungszeitschrift NF)
VerwRspr.	=	Verwaltungsrechtsprechung in Deutschland (1.1949—32.1981)
VG	=	Verwaltungsgericht
VGH	=	Verwaltungsgerichtshof
VO	=	Verordnung
VR	=	Verwaltungsrundschau (23.1977, 10 ff.; vorher: Staats- und Kommunalverwaltung)
VVDStRL	=	Veröffentlichung der Vereinigung der Deutschen Staatsrechtslehrer (1.1924 ff.)
WM	=	Wertpapiermitteilungen, T. 1—4 (1.1947 ff.)
WRV	=	Verfassung des Deutschen Reichs (Weimarer Reichsverfassung) vom 11. 8. 1919 (RGBl. S. 1383)
ZFBR	=	Zeitschrift für deutsches und internationales Baurecht (1.1978 ff.)
ZfW	=	Zeitschrift für Wasserrecht (1.1962 ff.)
ZgS	=	Zeitschrift für die gesamte Staatswissenschaft (1.1844—104. 1944; 105.1948/49 ff.)
z. T.	=	Zum Teil

Einleitung

Seit dem Erwachen des Umweltbewußtseins gegen Ende der 60er Jahre[1] werden immer mehr Stimmen laut, die einen verstärkten Schutz unserer Natur und Umwelt fordern. Veröffentlichungen, die vor einer Zerstörung unserer Umwelt warnen, haben in breiten Bevölkerungsschichten Aufmerksamkeit erregt und Zustimmung gefunden. Besonders in der Fachpresse werden die heutigen Maßnahmen zur Erhaltung unserer Umwelt als unzureichend verurteilt und es wird zu einem vermehrten Schutz aufgerufen.

Diese Aufrufe sind in der Zeit des stärkeren Umweltbewußtseins nicht erfolglos geblieben. Besonders in der Flut neuer Vorschriften zum Umweltschutz zeigt sich, daß auch der Gesetzgeber in höherem Maße der Erhaltung unserer Umwelt Aufmerksamkeit zollt.

Im Bereich des Naturschutzes, wo 1976 das Bundesnaturschutzgesetz das revisionsbedürftige Reichsnaturschutzgesetz von 1935 ablöste, hat sich eine intensive gesetzgeberische Aktivität auch auf Länderebene entwickelt.

Aber auch die historische Umwelt ist ebenso bedroht wie die natürliche Umwelt[2]. Während in der Zeit des Baubooms der 50er, 60er und frühen 70er Jahre allein das „Moderne" erstrebenswert war, besinnt man sich heute, auch bei der Schaffung des Neuen in der Architektur, immer mehr der alten Werte. Damit einher geht ein stärkeres Interesse der Bevölkerung am Denkmalschutz.

Während in früherer Zeit primär Kirchen, Klöster, Schlösser, Dome, Patrizierhäuser und sonstige kunsthistorisch bedeutende Einzelobjekte geschützt wurden, hat das wandelnde Geschichtsbewußtsein dazu geführt, daß heute ebenso bäuerliche Dorfkerne, Arbeitersiedlungen und Industriebetriebe auch der jüngsten Vergangenheit[3] schutzwürdig erscheinen. Damit werden aber bedeutend mehr Objekte vom Denkmalschutz betroffen als früher.

---

[1] Dazu: *Kolodziejcok/Recken:* Naturschutz, Landschaftspflege und einschlägige Regelungen des Jagd- und Forstrecht, 1100 Vorbem. zum BNatSchG, II, Rdnr. 10.

[2] So *Eberl/Schiedermair/Petzet:* Bayerisches Denkmalschutzgesetz, Einl. A, S. 3.

[3] Ebd., Einl. A, S. 3.

Auch im Bereich des Denkmalschutzes sind die Gesetzgeber auf Landesebene in den letzten 5—10 Jahren vermehrt aktiv geworden. Hier hat sich jedoch die Einsicht in die Notwendigkeit einer bundeseinheitlichen Regelung noch nicht durchsetzen können.

Mit einem intensiveren Schutz von historischer und natürlicher Umwelt geht die Frage einher, inwieweit dieser Schutz vom Eigentümer ohne Entschädigung durch die öffentliche Hand verlangt werden kann. Je detaillierter und umfassender die Maßnahmen zum Erhaltensschutz werden, desto näher rücken sie an die Schwelle zur Enteignung.

Während sich früher die Gerichte mit Pauschalaussagen wie: „Das Reichsnaturschutzgesetz erfüllt nicht den Tatbestand der Enteignung“[4] der Abgrenzungsproblematik entziehen konnten, bedarf es heute einer detaillierten Dogmatik, um dem Eigentümer zwar eine sinnvolle, notwendige und gerechte Mithilfe, aber keine rechtswidrige Enteignung abzuverlangen.

Von seiten der Rechtsprechung wurde bereits Mitte der 50er Jahre versucht, dieses Problem — sowohl im Natur- als auch im Denkmalschutz — mittels der Theorie der Situationsgebundenheit zu lösen. Trotz anfänglicher Euphorie der Rechtslehre hat diese Theorie aber nicht das erfüllen können, was man von ihr erwartet hat.

Noch heute ist die Abgrenzung Eigentumsbindung — Enteignung besonders in der praktischen Anwendung ein umstrittener und vager Bereich, fern jeder Rechtssicherheit.

Unschärfen des Eigentums- und Enteignungsbegriffs haben dazu geführt, daß besonders im Bereich des Umweltschutzes, wie z. B. im Wasser-, Forst-, Natur- und Denkmalschutzrecht salvatorische Entschädigungsregelungen normiert wurden, die, wie Felix Weyreuther[5] zu Recht kritisiert, geeignet sind, den vom Grundgesetz vorgesehenen Eigentumsschutz unzulässig zu verkürzen.

Unsicherheiten beim Bürger und Gesetzgeber führen immer mehr zur Inanspruchnahme der Gerichte, die gezwungen werden, zu der sehr umstrittenen und höchst politischen Frage des Eigentumsschutzes Stellung zu beziehen.

---

[4] So z. B. OVG Münster DVBl. 1952, 534.

[5] *Weyreuther:* Über die Verfassungswidrigkeit salvatorischer Entschädigungsregelungen im Enteignungsrecht. Dazu *Leisner*, DVBl. 1981, 76 ff. (77), der allerdings im Unterschied zu Weyreuther den enteignungsgleichen Eingriff für die Unsicherheit im Enteignungsrecht verantwortlich macht.

Erstes Kapitel

Problemlage

A. Die Entwicklung der Theorie der Situationsgebundenheit

I. Die Rechtsprechung des Bundesgerichtshofs

1. Das Grünflächenurteil

Seit der Ausdehnung des Enteignungsbegriffs auf Beschränkungen durch die öffentliche Hand und dem Abgehen vom Kriterium der „Übereignung" der klassischen Enteignungstheorie ist die Abgrenzung Eigentumsbindung — Enteignung zur Kernfrage im Eigentumsrecht geworden.

Am 20. Dezember 1956 führte der Bundesgerichtshof in seinem *Grünflächenurteil*[1] zum ersten Mal das Kriterium der Situationsgebundenheit ein, das richtungsweisend für die gesamte Rechtsprechung zum Natur- und Denkmalschutz werden sollte.

Im zu entscheidenden Fall forderte ein Grundstückseigentümer Entschädigung für die Aufnahme seines bisher landwirtschaftlich genutzten, stadtnahen Grundstücks in ein vom Siedlungsverband Ruhrkohlebezirk aufgestelltes Grünflächenverzeichnis. Seine Klage begründete er damit, daß eine einer Enteignung gleichkommende Eigentumsbeschränkung vorliege. Diese sei mit einer Entschädigung in Höhe der Differenz zwischen dem ortsüblichen Kaufpreis für Bauland und dem Wert für Ackerland auszugleichen.

Obwohl der Bundesgerichtshof die Aufnahme des Grundstücks in das Grünflächenverzeichnis als Bauverbot ansah, verneinte er dennoch die Voraussetzungen einer entschädigungspflichtigen Enteignung. Ein die Enteignung kennzeichnender Verstoß gegen den Gleichheitssatz liege dann nicht vor, wenn eine Differenzierung hinsichtlich verschiedener Personengruppen sich durch unterschiedliche tatsächliche Verhältnisse und der vorliegenden Situation rechtfertige.

Dem klägerischen Grundstück wohne durch seine Bedeutung für die Gesundheit und Erholung der in der Nähe wohnenden Stadtbevölke-

---

[1] BGHZ 23, 30 = NJW 1957, 538 = WM 1957, 290 = DVBl. 1957, 356 = DÖV 1957, 209.

rung eine höhere soziale Gebundenheit inne. Bei anderem Grundbesitz kollidiere die Verwendung durch den Eigentümer nicht in derselben intensiven Weise mit jedermann einleuchtenden zwingenden Erfordernissen einer sinnvollen, dem Wohl der Allgemeinheit dienenden Ordnung. Das Eigentum sei daher durch seine besondere Situation, und nicht erst kraft einer positivrechtlichen Regelung, seiner Natur nach mit einer begrenzten Pflichtigkeit belastet, die sich durch gesetzliche Bestimmungen zu einer Pflicht verdichten könne.

Der Bundesgerichtshof führte aus[2]: „Die Eigentümerfunktion (Dispositionsfreiheit) hinsichtlich eines solchen Grundstücks wird — weil sie gar nicht so weit reicht! — nicht eigentlich beeinträchtigt und verkürzt, wenn dem Eigentümer für die Zukunft *eine* bisher noch nicht verwirklichte Verwendungsart, die unvereinbar ist mit jener Situationsgebundenheit, untersagt wird, während ihm die Fülle der Befugnisse aus dem Eigentum — Besitz, Verwaltung, Verfügungsmacht und Nutzung im übrigen — ungeschmälert erhalten bleibt." Im Grunde, so der Bundesgerichtshof[3], werde der Eigentümer nur an einer Verwendungsweise gehindert, die der vernünftige und einsichtige Eigentümer von sich aus mit Rücksicht auf die gegebene Situation nicht ins Auge fassen würde.

Einen Verstoß gegen den Gleichheitssatz verneinte der Bundesgerichtshof[4] auch für den Fall, daß andere Grundstücke, die mit derselben Pflichtigkeit belastet sind, nicht in Anspruch genommen werden. Ungleichheit könne nur dann überhaupt entstehen, wenn eine Rechtsposition verkürzt werde. Hier liege jedoch eine Pflichtigkeit bereits in der Rechtsposition selbst, die sich zur konkreten Pflicht verdichten könne, aber nicht müsse. Es sei sogar charakteristisch, daß sich die Pflichtigkeit nur für einen Teil der Betroffenen zur Pflicht verdichte. Nur falls dieser Teil willkürlich abgegrenzt würde, sei ausnahmsweise der Gleichheitssatz verletzt[5].

Mit dieser Grundsatzentscheidung wich der Bundesgerichtshof nicht nur in der Begründung, sondern auch im Ergebnis von der Rechtsprechung des Reichsgerichts ab.

Das *Reichsgericht* hatte in zwei ähnlich gelagerten Fluchtlinienurteilen vom 28. Februar 1930[6] und vom 3. März 1931[7] eine Entschädigung bejaht. Das Reichsgericht stellte, ausgehend von der Einzelaktstheorie, darauf ab, wieviele Eigentümer formal von der Regelung betroffen

[2] BGHZ 23, 30 (33).
[3] BGHZ 23, 30 (35).
[4] BGHZ 23, 30 (33 f.).
[5] BGHZ 23, 30 (34).
[6] RGZ 128, 18.
[7] RGZ 132, 69.

waren. Es stellte in den oben zitierten Urteilen fest, daß eine Teilenteignung vorliege, da die Grundstücke „mit einer Dienstbarkeit der Unbebaubarkeit" belastet worden seien[8].

Die Rechtsprechung des Reichsgerichts führte jedoch nicht dazu, daß rigoros alle planerischen oder naturschützenden Bauverbote als Enteignung zu entschädigen waren. Denn gemäß Art. 153 Abs. 2 Satz 2 WRV bestand die Möglichkeit, ausnahmsweise die Enteignungsentschädigung durch Reichsgesetz auszuschließen. Davon wurde dann auch, trotz des Ausnahmecharakters dieser Regelung, in der Zweiten Verordnung des Reichspräsidenten zur Sicherung von Wirtschaft und Finanzen vom 5. Juni 1931[9] umfassend Gebrauch gemacht.

Der Bundesgerichtshof hatte, da Art. 14 GG von einer Ausschlußmöglichkeit für Entschädigungen absah, im Unterschied zum Reichsgericht von Anfang an eine weit schwierigere Aufgabe. Er mußte mit der Abgrenzung der Eigentumsbindung von der Enteignung die Entschädigungsfrage endgültig regeln.

Schon frühzeitig[10] versuchte der Bundesgerichtshof diese Problemstellung mit Hilfe der Sonderopfertheorie zu lösen. Mit der Figur der Situationsgebundenheit hatte er nun ein Kriterium gefunden, das es ihm ermöglichte, trotz unterschiedlicher Inanspruchnahme von Eigentümern eine Enteignung in bestimmten Fällen zu verneinen.

In der Literatur wurde das Grünflächenurteil verschieden aufgenommen: *Wilhelm Dittus*[11] sah in der Konstruktion einen möglichen „Ausweg aus der Sackgasse" und bezeichnete das Urteil als aus dem Niveau des Rechtsprechungsdurchschnitts beträchtlich hervorragend[12]. Der Bundesgerichtshof habe die Sachlage klar erkannt, daß Maßnahmen der Planung fast immer ungleich träfen[13].

Bernd Bender[14] meinte, daß mit der vordergründigen Formel des Bundesgerichtshofs, hinter der sich nicht selten das Kriterium der Eingriffsschwere verberge, der Praktiker nichts anfangen könne[15]. Dem Richter würde ein kaum mehr erträgliches unbestimmtes Ausmaß des Ermessens angeeignet. Außerdem verführe die Pflichtigkeit dazu, das

---

[8] RGZ 128, 18 (29); 132, 69 (74).

[9] RGBl. I S. 279.

[10] Seit dem Beschluß des Großen Senats für Zivilsachen vom 10. Juni 1952 in BGHZ 6, 270.

[11] In DVBl. 1957, 329.

[12] Vgl. DVBl. 1957, 329 (333).

[13] Ebenfalls im Ergebnis zustimmend: *Konow:* Eigentumsschutz gegen Eingriffe der öffentlichen Hand, S. 140.

[14] In NJW 1965, 1297 (1300 ff.).

[15] So in NJW 1965, 1297 (1301).

strikte Gebot des Grundgesetzes zur Entschädigung jedes enteignenden Eingriffs zu unterlaufen[16].

Martin Sellmann[17] sah in der „Erfindung“ des Begriffs der Situationsgebundenheit und der sich aus ihr ergebenden „Pflichtigkeit“ eines Grundstücks ebenfalls einen Verstoß gegen das Verbot der entschädigungslosen Enteignung. War unter der WRV der Gesetzgeber zum Ausschluß der Entschädigung durch ein Reichsgesetz befugt, so habe nun die Rechtsprechung diese Aufgabe unter Mißachtung der grundgesetzlichen Garantie eigentumsrechtlicher Nutzungschancen übernommen[18].

Egon Schneider[19] kritisierte das Grünflächenurteil als mehr verwirrend als klärend. Der Bundesgerichtshof habe aus dem juristischen Niemandsland beliebige Begriffe geholt, die er sodann als Inhalt des Art. 14 GG behandelt und Rechtsfolgen daraus abgeleitet habe[20]. Schneider sieht in der ganzen Konstruktion nur den Versuch, den Wechsel von der Einzelakts- zur Schweretheorie zu verdecken, da sich die Frage, wann noch von Pflichtigkeit gesprochen werden könne, allein materiell nach der Eingriffsschwere beurteilen lasse[21].

Nach *Karl Hofmann*[22] stimmt das Urteil nur im Ergebnis. Es komme nicht auf eine Pflichtigkeit, sondern auf den Gesichtspunkt der Privatnützigkeit an.

Der Bundesgerichtshof hat, ungeachtet kritischer Stimmen, die Grundsätze des Grünflächenurteils auch in späteren Urteilen, die über die enteignende Wirkung einer Grünflächenfestsetzung zu befinden hatten, beibehalten. So hat der Bundesgerichtshof in seinem Urteil vom 25. November 1975[23] eine situationsbedingte Belastung verschiedener, als Grünfläche ausgewiesener Grundstücke verneint. Er begründete sein Urteil damit, daß sich die Grundstücke durch „ihre natürliche Beschaffenheit, namentlich ihre mögliche Eignung als Baugrund“, „in den insoweit wesentlichen Merkmalen nicht von der Eigenart des umliegenden, inzwischen bebauten Geländes“ unterschieden[24]. Andernfalls würde der für diesen Zweck „zufällig“ ausgewählten, nicht durch ihre besondere Situation darauf vorbereiteten Fläche eine „dienende“

---

[16] NJW 1965, 1301.

[17] In NJW 1965, 1689 (1694).

[18] NJW 1965, 1689 (1694).

[19] In DÖV 1965, 292.

[20] DÖV 1965, 292 (294).

[21] DÖV 1965, 292 (296).

[22] *Karl Hofmann:* Die rechtlichen Grundlagen des Naturschutzes und ihre besonderen Probleme im Bau- und Wasserrecht, S. 298.

[23] In BGHZ 63, 240.

[24] So BGHZ 63, 240 (245).

Aufgabe zum Nutzen ihrer Umgebung zugewiesen. Dies stelle ein die Enteignung kennzeichnendes „Sonderopfer" dar, das den jeweiligen Eigentümer unter Abweichung von dem Maßstab, nach dem die Nutzungen vergleichbarer Grundstücke bestimmt worden seien, auferlegt würde[25].

2. *Das Buchendomurteil*

Im als *Buchendomurteil*[26] in die Rechtsgeschichte eingegangenen Rechtsfall setzte der Dritte Zivilsenat die mit dem Grünflächenurteil eingeschlagene Linie fort.

Im der Entscheidung zugrundeliegenden Rechtsstreit begehrte der Eigentümer einer unter Naturschutz gestellten Baumgruppe Entschädigung wegen des Verbots, die Bäume zu verwerten.

Auch hier konnte der Bundesgerichtshof einen die Enteignung kennzeichnenden Verstoß gegen den Gleichheitssatz nicht feststellen. Aus der naturgegebenen Lage eines Grundstücks in der Landschaft oder aus der besonderen Art der äußeren Gestaltung des Eigentums im Blick auf Besonderheiten und Seltenheiten der Natur könne das Eigentum seiner „Natur nach" mit einer begrenzten Pflichtigkeit „belastet" sein, die sich durch gesetzliche Vorschriften zur Pflicht verdichten könne[27]. Es werde, und hier wiederholte der Bundesgerichtshof formelhaft jene Begründung, die er bereits im Grünflächenurteil formulierte, „die Eigentümerfunktion (Dispositionsfreiheit) hinsichtlich eines solchen Eigentums nicht eigentlich beeinträchtigt und verkürzt, wenn dem Eigentümer für die Zukunft eine bisher nicht verwirklichte Verwendungsart, die mit jener Situationsgebundenheit bei vernünftiger Betrachtungsweise nicht vereinbar ist, untersagt wird"[28].

Der Bundesgerichtshof fügte hinzu, daß die Grenze dort liege, „wo das schützenswerte Gut des Eigentümers nach der konkreten Situation von ihm als vernünftig wirtschaftlich denkendem Menschen als Wirtschaftsobjekt zu wirtschaftlichen Zwecken vorher erst geschaffen oder erworben worden ist"[29].

---

[25] So BGHZ 63, 240 (246).

[26] Vom 25. März 1957 in DVBl. 1957, 861 = DÖV 1957, 669 = BB 1957, 493 = BBauBl. 1957, 472 = VRspr. 9, 467 = LM Nr. 60 zu Art. 14 GG.

[27] DÖV 1957, 669 (669).

[28] Vgl. DÖV 1957, 669 (669 f.).

[29] Vgl. DÖV 1957, 669 (670).

3. Das Kapellenurteil

Im gleichen Jahr entschied der Bundesgerichtshof[30], daß die Versagung einer Bauerlaubnis mit Rücksicht auf die in der Nähe liegende *denkmalwürdige Kapelle* keine Entschädigungsansprüche begründen könne.

Die Baufreiheit bestehe nur im Rahmen und in den Grenzen der Normen des materiellen Baurechts. Diese bestimmten als Eigentumsbeschränkungen die Grenzen des Eigentums. Aus der naturgegebenen Lage eines Grundstücks in der Landschaft und innerhalb des Ortsbildes könne das Eigentum kraft seiner besonderen Natur, „seiner Natur nach", mit einer begrenzten Pflichtigkeit belastet sein, die sich nach der näheren Bestimmung des Gesetzes zu einer Pflicht im Rechtssinne verdichten könne. Die Verdichtung der Pflichtigkeit zur Pflicht, die dahin gehe, einzelne Nutzungsbefugnisse im Interesse des Natur- oder Landschaftsschutzes zu unterlassen, verkürze hier nicht die Verfügungsbefugnis. Denn dem Eigentümer würde lediglich für die Zukunft eine bisher noch nicht verwirklichte Verwendungsart untersagt, die bei vernünftiger Betrachtungsweise mit jener Situationsgebundenheit unvereinbar sei.

4. Das Umklassifizierungs- und das Hinterhausurteil

Im *Umklassifizierungsurteil* vom 10. Dezember 1957[31] hatte der Bundesgerichtshof darüber zu entscheiden, ob eine Enteignung vorliegt, wenn durch Umklassifizierung eines Baugebiets in ein reines Wohngebiet der Wiederaufbau im Krieg zerstörter gewerblicher Hallen unmöglich gemacht wird.

Mit Hinweis auf die Grundsätze des Grünflächen-[32] und des Buchendomurteils[33] bejahte der Bundesgerichtshof hier eine Enteignung. Im Grünflächen- und im Buchendomurteil sei den Eigentümern nur etwas „genommen" worden, das nie zu ihrem Eigentum gehört habe. Hier sei dagegen dem Kläger die früher bestandene doppelte Baulandqualität entzogen worden. Da es sich bei dem umklassifizierten Gelände um nur wenige betroffene Grundstücke handle, liege ein die Enteignung kennzeichnendes Sonderopfer vor[34].

---

[30] Urt. vom 9. Dezember 1957 in LM Nr. 70 zu Art. 14 GG.

[31] Abgedruckt in WM 1958, 359 = DÖV 1958, 311 = LM Nr. 71 zu Art. 14 GG.

[32] Vgl. das *Grünflächenurteil:* BGHZ 23, 30; weitere Fundstellen in Fn. 1.

[33] Vgl. das *Buchendomurteil:* DÖV 1957, 669; weitere Fundstellen in Fn. 26.

[34] WM 1958, 359 (361).

Es folgten diesem Urteil *weitere Umklassifizierungsurteile*[35], die der Bundesgerichtshof nach den gleichen Grundsätzen entschied.

Mit dieser Rechtsprechung bekannte sich der Bundesgerichtshof zu einem extensiven Schutz des Status quo. Diese Rechtsprechung wurde jedoch durch das 10 Jahre später ergangene *Hinterhausurteil*[36] auf den situationsgerechten Wiederaufbau beschränkt.

Im Hinterhausurteil wurde — im Unterschied zu den Umklassifizierungsfällen — das Verbot des Wiederaufbaus kriegszerstörter Gebäude ausnahmsweise dann für entschädigungslos zulässig gehalten, wenn die frühere Bebauung nicht mehr den heutigen Anschauungen und Vorschriften entspricht. In solchen Fällen würde ein Gebäude von einem einsichtigen Eigentümer, weil nicht mehr situationsgerecht, auch bei dem Fehlen einschränkender Bestimmungen nicht wiederhergestellt.

Allerdings zwinge der Umstand, daß ein Bauvorhaben nicht allen baurechtlichen Vorschriften entspreche, noch nicht dazu, die Situationsgerechtheit zu verneinen. Ausschlaggebend sei allein, was sich der allgemeinen Baugesinnung und dem einsichtigen Eigentümer als eine zu verwirklichende Bebauung darbiete[37]. Eine Enteignung sei hier zu verneinen, weil das Wohnen in städtischen Hinterhäusern heute grundsätzlich nicht mehr den allgemeinen Anforderungen an ein gesundes Wohnen entspreche. Diese böten erfahrungsgemäß Sonne und frischer Luft nur geringen Zutritt.

Der Bundesgerichtshof begründete das Ergebnis mit dem Wandel der Sozialbindung in den einzelnen Zeitabschnitten und damit, daß dem Eigentümer, dem die Mehrung der Substanz, die ein Grundstück im Laufe der geschichtlichen Entwicklung — z. B. infolge Ausweitung des Stadtgebiets durch Erlangen der Baulandeigenschaft — erfahre, umgekehrt eine Einbuße an Substanz gegenüberstehe, die sich aus der „Natur der Sache" ergebe[38].

5. Das Gipsbruchurteil

Im *Gipsbruchurteil* vom 16. März 1959[39] nahm der Bundesgerichtshof abermals dazu Stellung, inwieweit bei der Anwendung der Theorie der Situationsgebundenheit der nutzungsrechtliche Status quo entschädigungslos geschmälert werden kann.

---

[35] Z. B. das Urt. v. 30. Juni 1958 in WM 1958, 1371 und das Urt. v. 11. Dezember 1961 in WM 1962, 307.

[36] Urt. v. 13. Juli 1967 in BGHZ 48, 193 = NJW 1967, 1855 = MDR 1967, 910 = BB 1967, 940 = LM Nr. 28 zu Art. 14 (Ba) GG.

[37] Vgl. BGHZ 48, 193 (199).

[38] Vgl. BGHZ 48, 193 (196 f.).

[39] DÖV 1959, 750 = LM Nr. 5 zu Art. 14 (Cb) GG.

Im zu entscheidenden Fall wurde der Gipsbruch und das Gipswerk des Klägers in ein Naturschutzgebiet einbezogen. Es war darüber zu entscheiden, ob die dadurch bedingte Einschränkung der Gipsabbaumöglichkeit (über Tage) eine entschädigungspflichtige Enteignung darstellt.

Es müsse — so der Bundesgerichtshof[40] — für die Abgrenzung nach der Theorie der Situationsgebundenheit eine vernünftige wirtschaftliche Betrachtungsweise Platz greifen. Dies habe zur Folge, daß eine Beschränkung, sofern sie die bisherige Nutzungsart nicht beeinträchtige, i. d. R. eine Konkretisierung der sozialen Gebundenheit des Eigentums darstelle. Werde dagegen die von der Natur der Sache her gegebene und bisher stets ungestört ausgeübte Benutzungsart oder wirtschaftliche Ausnutzung des Eigentums untersagt oder wesentlich eingeschränkt, so liege darin im allgemeinen die Auferlegung eines den Gleichheitssatz verletzenden Sonderopfers und somit eine entschädigungspflichtige Enteignung.

Im Unterschied zum Buchendom[41] sei hier von altersher eine Zweckbestimmung des Gipsvorkommens dahin gegeben, daß es durch Abbau wirtschaftlich genutzt werde. Diese bisherige Ausnutzung sei beschränkt worden. Das Abbauverbot habe daher enteignende Wirkung[42].

6. *Das Urteil zum städtebaulichen Bauverbot für Ackerland*

Am 9. Mai 1960[43] entschied der Bundesgerichtshof, daß ein *Bauverbot* — im Unterschied zu den Umklassifizierungsfällen[44] — dann keine Enteignung darstellt, wenn das Grundstück bis zu dem Zeitpunkt, an dem die gesetzliche Regelung erging, entsprechend seiner Situationsgebundenheit (natürliche Beschaffenheit, Beziehung zur unmittelbaren Umgebung) nur als Ackerland genutzt und nicht für eine Bebauung vorgesehen war.

Der Bundesgerichtshof führte in diesem Urteil aus, daß die Untersagung einer bereits verwirklichten bestimmten Verwendung des Grundstücks, auch wenn sie vorübergehend unterbrochen worden sei (z. B. die Versagung der Erlaubnis zum Wideraufbau eines im Krieg zerstörten Fabrikgeländes), im allgemeinen eine teilweise Eigentumsentziehung darstelle.

---

[40] Vgl. DÖV 1959, 750.

[41] Vgl. das *Buchendomurteil* in DÖV 1957, 669; weitere Fundstellen in Fn. 26.

[42] DÖV 1957, 750 (751).

[43] NJW 1960, 1618.

[44] Vgl. DÖV 1958, 311; weitere Fundstellen in Fn. 31 und 35.

Bei der Untersagung einer bisher nicht verwirklichten Verwendungsart sei danach zu differenzieren, ob das Grundstück, mit den Augen eines einsichtigen Eigentümers gesehen, „zur Zeit des Eingriffs objektiv (auch) in der Weise nutzbar war (nicht unbedingt genutzt wurde), in der es der Eigentümer künftig nicht mehr soll nutzen dürfen"[45]. Dies könne — was hier nicht vorliege — z. B. durch Ausweitung des bebauten Stadtgebietes der Fall sein, mit der Folge, daß nunmehr eine Bebauung des bisher landwirtschaftlich genutzten Grundstücks mit einem Wohnhaus angezeigt erscheine[46]. Selbst jedoch dann ist nach ständiger Rechtsprechung des Bundesgerichtshofs eine Enteignung zu verneinen, wenn die Erschließung des Grundstücks nicht gesichert ist und das Bauvorhaben schon aus diesem Grund abzulehnen war[47].

Ein Verstoß gegen den Gleichheitssatz könne auch nicht darin gesehen werden, daß die Anlieger jenseits und diesseits der Stadtgrenze unterschiedlich behandelt würden. Denn nicht allein die natürliche Beschaffenheit des Grundstücks sei für die Frage einer gleichmäßigen Behandlung bedeutsam. Auch seine Beziehung zur unmittelbaren Umgebung, ob z. B. ein Grundstück noch im Bereich des Stadtgebiets liege und von einer städtischen Planung erfaßt werde, spiele eine Rolle. Es liege in der Natur jeder Stadtplanung, daß Grenzen für eine unterschiedliche Geländenutzung gezogen und dabei Randlagen abweichend behandelt würden[48].

Auch in einem *Urteil im Jahre 1976*[49] verneinte der Bundesgerichtshof eine Enteignung, wenn lediglich eine Bebaubarkeitschance vorliegt, die sich zwar im Marktpreis bemerkbar macht, ein Rechtsanspruch auf Bebauung jedoch noch nicht besteht. Dann sei der Eigentümer nicht in einer Rechtsposition betroffen.

7. *Die Rechtsprechung zum Kiesgewinnungsverbot*

In zwei Urteilen[50] hatte sich der Bundesgerichtshof 1971 mit Nutzungsbeschränkungen aus wasserrechtlichen Gründen zu beschäftigen. Dabei stellte sich für ihn die Frage, ob das Verbot eines bisher nicht ausgeübten Kiesabbaus unter Umständen eine Enteignung darstellen kann.

---

[45] So NJW 1960, 1618 (1619).

[46] Vgl. NJW 1960, 1618 (1619).

[47] So z. B. im Urt. v. 20. Dezember 1973 in DVBl. 1974, 432; vgl. dazu auch A II 2.

[48] So in NJW 1960, 1618 (1620).

[49] Urt. v. 12. Februar 1976 in MDR 1977, 32.

[50] Urt. v. 25. Januar 1973 in BGHZ 60, 126—144 = NJW 1973, 623 = JuS 1973, 510 = MDR 1973, 389 = WM 1973, 416 = DVBl. 1973, 627 und das am selben Tag ergangene Urteil in BGHZ 60, 145—151 = DVBl. 1973, 625.

Im Falle des *Auskiesungsurteils*[51] wurde dem Inhaber eines bisher landwirtschaftlich genutzten Grundstücks die beantragte Genehmigung für die Kiesgewinnung versagt. Die Versagung erfolgte, weil sich in unmittelbarer Nähe eine Wassergewinnungsanlage befand und durch den Kiesabbau die gefahrlose Grundwasserförderung beeinträchtigt worden wäre.

Es sei bei der Frage, so der Bundesgerichtshof[52], ob einem Eigentümer etwas genommen werde oder lediglich eine situationsgebundene Belastung vorliege, nicht allein auf die bereits gezogenen Nutzungen abzustellen. Vielmehr müsse geprüft werden, „ob die ‚von der Natur der Sache her' gegebene Möglichkeit der Benutzung und der wirtschaftlichen Ausnutzung, d. h. wie sie sich aus den Gegebenheiten der örtlichen Lage und Beschaffenheit des Grundstücks bei vernünftiger und wirtschaftlicher Betrachtungsweise objektiv anbietet, untersagt oder wesentlich eingeschränkt worden" sei. Maßgeblich sei daher in erster Linie, ob das Grundstück zur Zeit des Eingriffs objektiv auch in der Weise nutzbar war, in der es der Eigentümer künftig nicht mehr soll nutzen dürfen[53].

Im übrigen komme es, so der Bundesgerichtshof[54], für die Abgrenzung, ob eine Beeinträchtigung noch kraft der Sozialbindung entschädigungslos hinzunehmen oder als Sonderopfer auszugleichen sei, wesentlich auf ihre Schwere an.

Eine solche, über die Situationsgebundenheit hinausgehende gleichheitswidrige und daher entschädigungspflichtige Beeinträchtigung hat der Bundesgerichtshof im vorliegenden Fall bejaht, da dem Kläger eine in unmittelbarer Nachbarschaft ausgeübte, wirtschaftlich vernünftige Nutzung untersagt worden sei[55]. Die Verwertung der seit jeher vorhandenen Mineralien werde ihm verwehrt, weil — von seinem Standpunkt aus zufällig — in der Nähe dieser Grundstücke ein Wasserwerk liege[56].

Die Kiesgewinnung sei zwar noch nicht begonnen gewesen. Sie habe sich jedoch als eine von der Natur der Sache her gegebene naheliegende wirtschaftlich vernünftige Möglichkeit dem Eigentümer angeboten. Sie hätte alsbald zu ihrer Verwirklichung geführt, wäre die gemäß §§ 2 ff. WHG erforderliche Erlaubnis zum Kiesabbau nicht versagt worden[57].

---

[51] BGHZ 60, 126.

[52] BGHZ 60, 126 (131).

[53] Vgl. BGHZ 60, 126 (131).

[54] BGHZ 60, 126 (132).

[55] BGHZ 60, 126 (133 f.).

[56] BGHZ 60, 126 (134).

[57] BGHZ 60, 126 (133).

Im Ausschluß dieser von der Natur der Sache her gegebenen Nutzung liege daher ein Eingriff in die Dispositionsfreiheit[58].

Es spiele auch keine Rolle, daß das Wasserwerk schon jahrelang in Betrieb sei. Ebensowenig könne dem Eigentümer entgegengehalten werden, er würde zum polizeilichen Störer, da eine auf dem Grundstück des Klägers betriebene Kiesgewinnung bei jeglicher normaler Nutzung des benachbarten Grundstücks einen polizeilichen Gefahrenzustand nicht herbeiführen würde[59].

Anders als im Auskiesungsurteil entschied der Bundesgerichtshof im am gleichen Tag ergangenen *Hofstellenurteil*[60]. In diesem Fall begehrte der Eigentümer bisher ausschließlich land- und forstwirtschaftlich genutzter Grundstücke — die teilweise um eine Hofstelle lagen — Entschädigung wegen Nutzungsbeschränkungen einer Wasserschutzgebietsfestsetzung. In der engeren Schutzzone, wovon 13 ha betroffen waren, war u. a. die Errichtung betriebsfremder baulicher Anlagen und die Entnahme von Wasser, Kies und Sand verboten. In der weiteren Schutzzone, die 115 ha der Grundstücke des Klägers betraf, war u. a. die Bebauung nur mit Ausnahmegenehmigung zulässig, falls kein Anschluß an eine zentrale Kanalisation oder keine wasserdichte Abortgrube aus Stahlbeton vorhanden war.

Der Bundesgerichtshof verneinte einen Eingriff in eine geschützte Rechtsposition, da eine Bebaubarkeit der Grundstücke angesichts ihrer Lage in absehbarer Zeit nicht zu erwarten gewesen sei. Es sei auch nicht sicher gewesen, ob sich in den betroffenen Grundstücken ausbeutungswürdige Lehm-, Kies- oder Sandvorkommen befinden. Daher könne von einem Naheliegen der verbotenen Nutzungen nicht gesprochen werden[61]. Insbesondere wegen der weiteren Sozialbindung wasserführender Grundstücke[62] sei die Maßnahme nur als Eigentumsbeschränkung zu werten. Der Kläger werde in der bisher ausgeübten Nutzung seiner Grundstücke nicht fühlbar behindert. Auch seien ihm keine anderen, von der Natur der Sache her gegebene, greifbare Nutzungsmöglichkeiten genommen worden. Eine Enteignung liege daher nicht vor. Auch eine Entwicklung, infolge derer sich die angeordneten Beschränkungen später als schwerwiegender und daher nicht mehr in den Rahmen der Sozialbindung fallend, herausstellten, sei nicht ersichtlich[63].

---

[58] BGHZ 60, 126 (137).

[59] BGHZ 60, 126 (139 ff.).

[60] BGHZ 60, 145—151.

[61] BGHZ 60, 145 (148).

[62] Vgl. BGHZ 60, 145 (149 f.).

[63] So der BGH in BGHZ 60, 145 (150).

In der Literatur rief insbesondere das erstere, das Auskiesungsurteil[64], Kritik hervor[65]: *Reinhard Riegel*[66] hält das Urteil für „gänzlich verwirrend" und „dogmatisch nicht mehr haltbar", da formale Kriterien des Sonderopfers mit Schwerekriterien vermischt worden seien.

Eberhard Schmidt-Aßmann[67] kritisiert, daß nicht berücksichtigt wurde, daß es sich nicht um die Versagung einer beliebigen, wasserwirtschaftlich grundsätzlich neutralen Grundstücksnutzung handle. Es hätte hier berücksichtigt werden müssen, daß eine wasserwirtschaftlich höchst beachtliche und nicht unproblematische Gewässernutzung vorlag. Mit dem Kiesabbau werde nämlich Grundwasser zutage gefördert und damit der Gefahr einer bakteriellen Verseuchung ausgesetzt.

Rüdiger Breuer[68] sieht in der Auskiesung einen Grundwasseraufschluß, der nicht mehr vom Recht des Eigentümers mitumfaßt werde, also nicht enteignungsfähig sei[69]. Er befindet sich mit seiner Meinung in Übereinstimmung mit *Jürgen Salzwedel*[70] und *Herbert Zeitler*[71]. Nach Salzwedel muß außerdem das Prioritätsprinzip im Rahmen des „wasserrechtlichen Nachbarrechts" Berücksichtigung finden[72].

In der folgenden Zeit hat der Bundesgerichtshof die im Auskiesungsurteil angewendeten Grundsätze beibehalten. Er ist im Beschluß vom 13. Juli 1978[73] allerdings von der Meinung abgewichen, daß eine Entschädigung für eine Versagung nach § 6 WHG in §§ 19 Abs. 3, 20 WHG getroffen wird und hat daher — da seiner Ansicht nach eine Entschädigungsregelung fehlte — das Verfahren dem Bundesverfassungsgericht vorgelegt. Der Bundesgerichtshof sprach im *Vorlagebeschluß* ausdrücklich aus, daß zum Grundeigentum jedenfalls die Befugnis gehöre, über das auf dem Grundstück vorgefundene Grundwasser zu verfügen. Die Versagung jeglicher rechtlicher Möglichkeit des Zugriffs auf das Grundwasser überschreite, trotz des starken sozialen Bezugs des Grundwassers, die Grenzen der Sozialbindung. Eine „totale Sozialbindung" sei

---

[64] BGHZ 60, 126—144; weitere Fundstellen in Fn. 50.

[65] So z. B. *Salzwedel*, ZfW 1973, 131—140; *Riegel*, BayVBl. 1973, 403—406; vgl. auch die Urteilsanmerkungen von *Schmidt-Aßmann* in DVBl. 1973, 633—635; *Zeitler* in ZfW 1973, 166—168 und *Czychowski* in ZfW 1973, 168—170.

[66] In BayVBl. 1973, 403 (404).

[67] In DVBl. 1973, 633.

[68] *Breuer:* Die Bodennutzung im Konflikt zwischen Städtebau und Eigentumsgarantie, S. 150.

[69] Ähnlich entschied bereits der BGH in seinem *ersten Kiesabbauverbotsurteil* vom 5. Oktober 1970, in: WM 1970, 1488—1491.

[70] In ZfW 1973, 131 (133).

[71] In ZfW 1973, 166 (167).

[72] So in ZfW 1973, 131 (132 f., 135 f.).

[73] Vgl. NJW 1978, 2291—2294 = DVBl. 1979, 58.

nicht mit Art. 14 GG vereinbar. Die Stärke des öffentlichen Interesses allein könne keinen entschädigungslosen Entzug von Eigentümerpositionen rechtfertigen.

Am 15. Juli 1981[74] hat darauf das *Bundesverfassungsgericht* im sogenannten *Naßauskiesungsurteil* entschieden, daß die Gewässernutzung grundsätzlich nicht zum geschützten Eigentum gehört. Entgegen der Auffassung des Bundesgerichtshofs liege eine Enteignung noch nicht vor, wenn das Recht des Eigentümers, mit seiner Sache gemäß § 903 BGB nach Belieben zu verfahren, zugunsten eines Dritten beeinträchtigt werde. Das WHG schließe Eingriffe in das Grundwasser prinzipiell vom Inhalt des Eigentums aus. Darin sei eine zulässige Inhalts- und Schrankenbestimmung des Eigentums zu sehen, da die Grundwasserbenutzung nicht zum elementaren Bestand grundrechtlich geschützter Betätigung im vermögensrechtlichen Bereich gehöre. Das Grundwasser sei deshalb einer öffentlich-rechtlichen Ordnung unterstellt worden, weil dies zur Sicherung überragender Gemeinwohlbelange und zur Abwehr von Gefahren notwendig gewesen sei[75].

Das Grundwasser müsse, entgegen der Ansicht des Bundesgerichtshofs, dem Grundeigentum nicht deshalb rechtlich zugeordnet werden, weil eine natürliche Beziehung bestehe. Der Gesetzgeber sei vielmehr bei der Schaffung einer dem Grundgesetz gemäßen Güterordnung nicht an einen aus der „Natur der Sache" sich ergebenden Eigentumsbegriff gebunden[76]. Von jeher habe das Nutzungsrecht des Grundstückseigentümers in erster Linie die Oberfläche des Grundstücks betroffen. Die Berechtigung, auf die im Erdkörper enthaltenen Stoffe zuzugreifen, sei dagegen stets weitgehenden Einschränkungen unterworfen gewesen.

Aus Gründen der Bestandsgarantie ergebe sich nichts anderes, da diese eine tatsächlich ausgeübte Nutzung und nicht eine „von der Natur der Sache her gegebene" und wirtschaftlich vernünftige Nutzung erfasse[77].

---

[74] BVerfGE 58, 300 = NJW 1982, 745 = DÖV 1982, 543 = DVBl. 1982, 340 = JuS 1982, 853, bedeutsam insbesondere dazu, daß ein Wahlrecht beim Fehlen einer gesetzlichen Anspruchsgrundlage für eine Entschädigung zwischen Aufhebung des rechtswidrigen Akts und Entschädigung nicht besteht; dazu: *Schwerdtfeger*, JuS 1983, 104 ff. und *Leisner*, DVBl. 1983, 61 ff.

[75] So BVerfG NJW 1982, 745 (750), ähnlich bereits vorher das BVerwG. Vgl. A II 7.

[76] So BVerfG NJW 1982, 750.

[77] Zum Beschl. des BVerfG: *Rittstieg*, NJW 1982, 721—724; *Leisner*, DVBl. 1983, 61—67; *Schwerdtfeger*, JuS 1983, 104—110 und *Battis/Schmittat*, NuR 1983, 102 ff. Dabei ist erstaunlich, daß trotz der ausführlichen Entscheidungsgründe von verschiedenen Autoren unterschiedliche Ergebnisse aus dem Urteil abgeleitet werden.

8. *Das Schaumlavaurteil*

Im Falle des *Schaumlavaurteils*[78] wurde dem Kläger die Erlaubnis zum Lavaabbau an einem vulkanischen, in eine Landschaftsschutzverordnung aufgenommenen, Bergkegel versagt.

Der Bundesgerichtshof verneinte in seinem Urteil die enteignende Wirkung des den Großabbau verbietenden Bescheids. Der Lavaabbau sei zwar keine Nutzung, die „im Blick auf die Interessen der Allgemeinheit an der Erhaltung des Landschaftsbildes" vernünftigerweise überhaupt nicht in Betracht zu ziehen gewesen sei. Bereits andere Unternehmen hätten nämlich den Lavaabbau — allerdings in geringerem Umfang — betrieben. Da aber der Schaumlavaabbau, so wie es der Kläger anstrebe, die Gestalt des geschützten Bergkegels nachhaltig verändere und die Grundwasserverhältnisse erheblich beeinträchtige, liege in der Nichtzulassung des Großabbaus kein Sonderopfer zugunsten der Allgemeinheit.

Mit ähnlicher Begründung wie zum Abbauverbot von Schaumlava erging in der folgenden Zeit eine Entscheidung zum *Verbot des Gipsabbaus* aus Natur- und Landschaftsschutzgründen[79]. Noch deutlicher wurde darin der Vorgang des Allgemeininteresses an der Erhaltung des Naturdenkmals gegenüber dem wirtschaftlichen Interesse des Eigentümers herausgestellt[80].

Es fällt auf, daß in den neueren Urteilen die Frage, ob eine bestimmte Nutzung naheliegt, i. d. R. danach beantwortet wird, ob in der Nachbarschaft diese Nutzung bereits verwirklicht wird. Damit nähert sich aber die Theorie von der Situationsgebundenheit wieder der Sonderopfertheorie. Die Anwendung der Sonderopfertheorie wird zwar zunächst verneint, wenn eine situationsbedingte Belastung vorliegt. In solchen Fällen werde nichts genommen, sondern nur immanente Bindungen konkretisiert. Ob eine zukünftige Nutzung situationsgerecht ist, bestimmt sich jedoch u. a. auch danach, ob die Nutzung in der Nachbarschaft bereits verwirklicht wird.

---

[78] Urt. v. 17. Februar 1977 in NJW 1977, 945 = MDR 1977, 650 = WM 1977, 561 = LM Nr. 41 zu Art. 14 (Ba) GG.

[79] Urt. des BGH vom 2. Februar 1978 in BauR 1978, 211—213 = MDR 1978, 647 = NuR 1979, 75 = WM 1978, 585 = LM Nr. 45 zu Art. 14 (Ba) GG.

[80] Vgl. BauR 1978, 211 (213).

9. *Das Urteil zum — einem Verfügungsverbot gleichkommenden — Abrißverbot aus Denkmalschutzgründen*

Am 8. Juni 1978 hatte der Dritte Zivilsenat erstmals zu entscheiden[81], wann ein *Abrißverbot* aus Denkmalschutzgründen enteignend wirken kann.

Der Bundesgerichtshof zog zur Beantwortung dieser Frage, mit Hinweis auf das Kapellenurteil[82], die Grundsätze heran, die die Rechtsprechung zum Natur- und Landschaftsschutz entwickelt hat[83].

Im Ausgangsfall verlangte der Eigentümer einer 1911 errichteten repräsentativen Villa Entschädigung wegen Versagung der Abbrucherlaubnis. Für die Erhaltung der Villa sei ein ungewöhnlich hoher Bewirtschaftungsaufwand von jährlich 60 000 DM erforderlich. Daher sei bei einem Verkauf des Besitzes nicht mehr als eine Million DM zu erzielen, obwohl bereits der Grund und Boden mindestens 1,4 Millionen DM wert sei und der Wert des Hausgrundstücks vor der Eintragung in die Denkmalliste 2,5 Millionen DM betragen habe.

In den Entscheidungsgründen führte der Bundesgerichtshof aus, daß die Grenze der Situationsgebundenheit für den Denkmalschutz dort liege, wo eine bisher ausgeübte oder zulässige Nutzung untersagt werde, die der Lage und Beschaffenheit des Eigentumsobjekts entspreche und von einem vernünftig denkenden Eigentümer ins Auge gefaßt werde[84].

Da beim Verkauf des Grundstücks mit der geschützten Villa nicht einmal der Wert des Grund und Bodens realisiert werden könne, liege — so der Bundesgerichtshof[85] — eine einem Veräußerungsverbot gleichzustellende Beschränkung bezüglich der Villa vor. Es gehöre zum Eigentumsschutz zwar nicht das Recht zur Veräußerung zu einem angemessenen Preis. Ein Veräußerungsverbot verletze aber die Freiheit des Eigentümers, sein Eigentum zu veräußern. Es gehöre als elementarer Bestandteil der Handlungsfreiheit zu den schwersten Eingriffen in den Freiheitsbereich des Bürgers[86].

Daher könne nicht jedes nur denkbare öffentliche Interesse eine Beschränkung rechtfertigen. Es müßten vielmehr Gründe des allgemeinen Wohls vorliegen, denen bei Beachtung des rechtsstaatlichen Grundsatzes der Verhältnismäßigkeit Vorrang vor dem grundsätzlichen Freiheits-

---

[81] BGHZ 72, 211—222 = NJW 1979, 210 = JuS 1979, 513 = JZ 1979, 98 = MDR 1979, 209 = LM Nr. 47 zu Art. 14 (Ba) GG.

[82] Vgl. das *Kapellenurteil* in LM Nr. 70 zu Art. 14 GG.

[83] So BGHZ 72, 211 (216).

[84] BGHZ 72, 211 (218).

[85] BGHZ 72, 211 (219).

[86] BGHZ 72, 211 (219).

anspruch des Bürgers zukomme. Da der Denkmalschutz nicht gebiete, daß der bisherige Eigentümer weiterhin Eigentümer der Villa bleibe, liege eine entschädigungspflichtige Enteignung vor. Der Verkauf des Grundstücks mit der Villa sei ein vermögensschädigendes Verhalten, da der Eigentümer die Villa quasi ohne Entgelt abgeben müsse[87].

Der Bundesgerichtshof stellte zusätzlich fest, daß eine Enteignung ebenfalls vorliegt, falls ein Gebäude wegen des Denkmalschutzes nicht mehr sinnvoll vom Eigentümer genutzt werden kann oder eine sinnvolle Nutzung wegen anhaltender, übermäßig hoher Bewirtschaftungskosten nicht mehr möglich ist. Die Sozialbindung — so der Bundesgerichtshof[88] — verpflichte den Eigentümer eines Baudenkmals nicht, auf Dauer bei der Erhaltung des Denkmals „zuzuschießen". Die den Eigentümer treffenden finanziellen Aufwendungen zur Erhaltung und Unterhaltung könnten dem Eigentümer dann nicht mehr entschädigungslos zugemutet werden, wenn der Erhaltungsaufwand unter Berücksichtigung staatlicher und kommunaler Zuschüsse in einem anhaltenden Mißverhältnis zum realisierbaren Nutzwert für den Eigentümer stünde. Der Abriß des Gebäudes und ein wirtschaftlicher Neubau könnten unter diesen Umständen als eine sinnvolle Grundstücksnutzung angesehen werden.

Dieses Urteil hat zu Recht, zwar nicht wegen des Ergebnisses, aber bezüglich der Begründung, in der *Literatur* Kritik hervorgerufen[89]. Scheint es doch befremdend, ein Veräußerungsverbot für eine Villa anzunehmen, wo der Eigentümer seine Immobilie grundsätzlich zum Verkehrswert veräußern kann, wenngleich der Verkehrswert infolge der Versagung der Abrißgenehmigung deutlich gemindert wurde. Außerdem erhielte der Eigentümer nach dieser Rechtsprechung unter dem Gesichtspunkt des Veräußerungsverbots nur dann eine Enteignungsentschädigung, wenn er vorträgt, er habe das Gebäude veräußern wollen und könne jetzt nur noch einen erheblich verminderten Kaufpreis erzielen. Anders wäre aber zu entscheiden, wenn der Eigentümer das Grundstück für eigene Zwecke hat nutzen wollen.

II. Die parallele Entwicklung der Rechtsprechung des Bundesverwaltungsgerichts

Da die Verwaltungsgerichte neben den für Entschädigungsklagen aus Enteignung gemäß Art. 14 Abs. 3 GG zuständigen Zivilgerichten bei der Kontrolle öffentlich-rechtlicher Einzelakte und Normen ebenfalls zur

---

[87] So der BGH in BGHZ 72, 211 (220).

[88] BGHZ 72, 211 (220 f.).

[89] Vgl. besonders die Kritik von *Moench*, NJW 1980, 1545 (1551).

Frage der Enteignung Stellung nehmen müssen, kam es unter der Geltung des Grundgesetzes von Anfang an zu einer Aufspaltung der Judikatur.

Unabhängig davon, ob man die Zumutbarkeitstheorie des Bundesverwaltungsgerichts[90] oder die vom Bundesgerichtshof vertretene Sonderopfertheorie[91] oder eine Kombination beider Theorien[92] für überlegen hält, so ist eine solche Aufspaltung in Anbetracht der sich ergebenden Differenzen und der Gefahr für die Rechtssicherheit bedauerlich. Um so erfreulicher ist es, daß sich im Bereich des Natur- und Denkmalschutzes eine, von nahezu gleichen Kriterien getragene Rechtsprechung beider Gerichtsbarkeiten entwickelt hat.

1. Das Pappelanbau- und das Badehüttenurteil

Im *Pappelanbauurteil*[93] hatte das Bundesverwaltungsgericht die Rechtmäßigkeit eines Pflanzverbots in einem Naturschutzgebiet zu beurteilen. Der Eigentümer hatte im zugrundeliegenden Fall auf seinem einem Naturschutzgebiet zugehörigen Grundstück ca. 1000 Pappeln ohne Genehmigung angepflanzt.

Das Bundesverwaltungsgericht führte in den Entscheidungsgründen aus, daß die Unterstellung eines Gebiets unter Naturschutz, wenn wie hier die rechtmäßige Jagd- und Fischereiausübung, die landwirtschaftliche Nutzung im bisherigen Umfang und die forstwirtschaftliche Nutzung von abgängigem Holz unberührt bleibe, lediglich eine Inhaltsbestimmung des Eigentums darstelle.

Nach Art. 14 Abs. 1 Satz 2 GG würden Inhalt und Schranken des Eigentums durch Gesetz bestimmt. Diese Bestimmung könne jedoch nicht beliebig erfolgen. Wegen dieser grundsätzlichen Beschränkbarkeit wurden bereits in früheren Urteilen Vorschriften des materiellen Baurechts für rechtmäßig befunden[94]. Das Bundesverwaltungsgericht fügte

[90] *Leisner* (Sozialbindung des Eigentums, S. 151 f.) behauptet, daß die Zumutbarkeitstheorie, da die Sonderopfertheorie nicht ohne Rückgriff auf die Schwere auskommt, „überhaupt die einzige wirklich allgemein anerkannte Abgrenzungsformel für Sozialbindung ist".

[91] So z. B. *Schulze-Osterloh:* Das Prinzip der Eigentumsopferentschädigung im Zivilrecht und im öffentlichen Recht, S. 223 ff.; da diese Theorie alle Gesichtspunkte, auch die Schwere, mitberücksichtige und daher umfassender sei.

[92] So z. B. *Menger,* VerwArch. 54, S. 198 ff. (209) und *Schack,* NJW 1963, 750 (751).

[93] Urt. v. 21. Juni 1956 in BVerwGE 3, 335—341.

[94] So z. B. das ortsrechtliche *Verbot des Anbringens von Plakattafeln und Schaukästen in Vorgärten* im Beschl. v. 6. Oktober 1954 — BVerwG DVBl. 1955, 60—61; die *Beschränkung der Bebaubarkeit bestimmter Grundstücke auf vier Vollgeschosse* im Urt. v. 13. Januar 1955 — BVerwG DVBl. 1955, 291;

im Pappelanbauurteil hinzu, daß Schranken sich für den Gesetzgeber aus seiner Bindung an die Verfassung ergäben. Bindungen folgten aber auch aus dem Wesen des Eigentums, das in seinem wesensmäßigen Gehalt erhalten bleiben müsse. Die Inhaltsbestimmung sei grundsätzlich darauf gerichtet, das Eigentum gegen übergeordnete oder gleichgeordnete Werte, die nach ihrem Wesen die Zweckbestimmung des Eigentums beträfen, abzugrenzen.

Grund und Boden diene nicht nur dem Erwerbszweck des Eigentümers, sondern stehe als Teil der Landschaft, in welcher die gesamte Bevölkerung lebe, auch in deren Dienst. Werde, wie im zugrundeliegenden Fall, das Eigentum zum Naturschutz so abgegrenzt, daß der Gesetzgeber dem Eigentümer keine Befugnis einräume, in besonders schutzbedürftigen Bezirken die Natur zu stören, so bleibe das im Rahmen der geschilderten Inhaltsbestimmung. Eine Ausnahme gelte lediglich dann, wenn dabei die bisherige Nutzungsart des Grundstücks beeinträchtigt werde.

Das Bundesverwaltungsgericht argumentiert weiter: „Der Gesetzgeber entfremdet damit das Eigentum dem Grunde nach nicht seinem Zwecke, den Interessen des Eigentümers zu dienen, sondern macht nur Bindungen geltend, die sich aus der naturgegebenen Lage des Grundstücks in seiner Beziehung zur Natur ergeben[95].“ Das Eigentum an land- oder forstwirtschaftlich genutzten Grundstücken könne nicht die Befugnis einschließen, diese Grundstücke so zu nutzen, daß die Schönheit der Natur zerstört werde[96].

Im einen Monat später ergangenen *Badehüttenurteil*[97] hatte das Bundesverwaltungsgericht abermals über die eigentumsrechtliche Bedeutung natur- und landschaftsschützender Beschränkungen zu entscheiden. In diesem dem Urteil zugrundeliegenden Fall hatte der Eigentümer eines Bodenseeufergrundstücks, entgegen der Landschaftsschutzverordnung, hölzerne Badehütten errichtet. Auch hier verneinte das Bundesverwaltungsgericht, mit der gleichen Begründung wie im Pappelanbauurteil, eine Enteignung.

Das Bundesverwaltungsgericht gebrauchte in den vorstehenden Urteilen damit bereits diejenigen Kriterien, die dann im Dezember des gleichen Jahres vom Bundesgerichtshof im Grünflächenurteil[98] verwen-

---

die *Beschränkung gewerblicher und wirtschaftlicher Anlagen und Betriebe in bestimmten Gebieten* im Urt. v. 8. Dezember 1955 — BVerwGE 3, 28—30 sowie im Urt. v. 28. Juni 1955 — BVerwGE 2, 172—180 die *Beschränkung der Reklame auf Grundstücke mit der Stätte der eigenen Leistung.*

[95] Vgl. BVerwGE 3, 335 (337 f.).

[96] BVerwGE 3, 335 (338).

[97] Urt. v. 12. Juli 1956 in BVerwGE 4, 57—60.

[98] Vgl. das *Grünflächenurteil:* BGHZ 23, 30; weitere Fundstellen in Fn. 1.

det wurden und unter dem Stichwort der „Situationsgebundenheit“ fortan eine bedeutende Rolle spielen sollten[99].

2. *Die Rechtsprechung zum Entzug der „Baulandqualität“*

Im Grundsatzurteil vom 27. Juni 1957[100] hatte das Bundesverwaltungsgericht über die enteignende Wirkung einer die *Bauqualität entziehenden Landschaftsschutzverordnung* zu entscheiden.

Zwar sei die Unterstellung von Grünflächen unter den Landschaftsschutz dann keine Enteignung, wenn die bisher ausgeübte Nutzung nicht wesentlich beeinträchtigt werde. Da hier das Grundstück bis zu seiner Unterstellung unter den Landschaftsschutz Bauland im Rechtssinne gewesen sei, sei eine Enteignung gegeben. Denn dem Grundstück sei nicht lediglich der bauliche Entwicklungswert, sondern die Baulandqualität entzogen worden.

Das Bundesverwaltungsgericht wendet sich in diesem Urteil gegen die vom Bundesgerichtshof vertretene Sonderopfertheorie. Es komme daher nicht darauf an, ob die Naturschutzmaßnahme alle Grundstücke der Landschaft gleichmäßig träfe. Eine Enteignung sei vielmehr wegen der Schwere und Tragweite des Eingriffs zu bejahen.

Obwohl das Bundesverwaltungsgericht den Enteignungstatbestand letztlich mit der Eingriffsschwere und der Bundesgerichtshof letztlich mit dem Verstoß gegen den Gleichheitssatz begründet, so stellen doch beide Obergerichte auf den Entzug einer vor der Maßnahme bestandenen Bebaubarkeit ab[101].

Zwischen dem Bundesgerichtshof und dem Bundesverwaltungsgericht bestehen allerdings Differenzen bei der Rechtsprechung über den *Bestandsschutz,* wenn ein in Umfang und Funktion gleichartiger Neubau errichtet werden soll, der materiellem Baurecht widerspricht. Der Bundesgerichtshof bejaht grundsätzlich den Schutz der „bisher ausgeübten Nutzung“. Dies gilt auch dann, wenn diese unterbrochen wurde, falls nicht wie im Hinterhausurteil[102] der Neubau nicht mehr situationsgerecht ist. Allein der Umstand, daß ein Bauvorhaben nicht allen baurechtlichen Vorschriften entspricht, führt nach dieser Rechtsprechung

---

[99] Zur Vorwegnahme der Kriterien des Grünflächenurteils durch das BVerwG vgl. auch *Bender*, NJW 1965, 1297 (1302).

[100] BVerwGE 5, 143—146 = DÖV 1957, 666—667.

[101] So auch der BGH, z. B. im Urt. v. 24. Februar 1958 — WM 1958, 847—850 (849); Urt. v. 30. September 1963 — LM Nr. 30 zu Art. 14 (Ce) GG; Urt. v. 28. Januar 1974 — NJW 1974, 637 (637) und im Urt. v. 12. Februar 1976 — MDR 1977, 32 (32 f.). Vgl. auch *Kröner:* Die Eigentumsgarantie in der Rechtsprechung des Bundesgerichtshofes, S. 112 ff.; siehe dazu auch A I 6.

[102] Vgl. das *Hinterhausurteil:* BGHZ 48, 193—199; weitere Fundstellen in Fn. 36.

nicht dazu, die Situationsgerechtheit zu verneinen. Entscheidend ist, ob diese Bauvorschrift Ausfluß einer gewandelten allgemeinen Baugesinnung ist und ob sich diese Nutzung dem einsichtigen Eigentümer als eine zu verwirklichende Bebauung darbietet[103].

Das Bundesverwaltungsgericht verneint dagegen den Bestandsschutz für einen Neubau. Nach dieser Rechtsprechung beschränkt sich der durch Art. 14 Abs. 1 GG gewährte Bestandsschutz grundsätzlich nur auf das Recht, ein im Einklang mit dem seinerseits geltenden Baurecht ausgeführtes Vorhaben weiter so, wie es ausgeführt ist, zu nutzen, auch wenn die neuen baurechtlichen Vorschriften nunmehr dem Vorhaben entgegenstehen[104]. Die Ersetzung eines bestandsgeschützten Altbaus durch ein neues Vorhaben, das allenfalls noch die Fundamente des alten Gebäudes nutzt, wird danach vom Bestandsschutz nicht erfaßt[105]. Vom Bestandsschutz erfaßt werden lediglich Reparaturen, die das Gebäude vor dem vorzeitigen Verfall oder dem Eintritt der Unbenutzbarkeit vor Ablauf der Lebensdauer seiner Substanz schützen[106], ebenso wie Anpassungen an die gewandelten Lebensumstände[107] oder eine Erweiterung, falls sie zur sinngerechten Nutzung erforderlich ist[108].

Diese Divergenz in der Rechtsprechung der Obergerichte ist jedoch keineswegs so einschneidend, wie teilweise[109] behauptet wird. Denn erstens enthält § 35 Abs. 5 Nr. 2 BBauG eine planungsrechtliche Zulässigkeit bei Ersatzbauten von durch Brand, Natur- oder sonstigen außergewöhnlichen Ereignissen zerstörten Altbauten. Zweitens bejaht das Bundesverwaltungsgericht die Zulässigkeit von Ersatzbauten unter „einem anderen Gesichtspunkt als dem Bestandsschutz" aus der Eigentumsgewährleistung dann, wenn eine eigentumskräftig verfestigte Anspruchsposition vorliegt[110].

---

[103] BGHZ 48, 193 (199).

[104] So z. B. im Urt. v. 19. Oktober 1966 — BVerwGE 25, 161—165 (162 f.); Urt. v. 22. September 1967 — BVerwGE 27, 341—345 (343); Urt. v. 30. April 1969 — BauR 1970, 93 (93) = NJW 1970, 346—347 (346); Urt. v. 25. November 1970 — BVerwGE 36, 296—301 (300); Urt. v. 21. Januar 1972 — DVBl. 1972, 219—221 (220) = BauR 1972, 152 (152); Urt. v. 16. Februar 1973 — DVBl. 1973, 451—454 (453); Urt. v. 18. Oktober 1974 — BVerwGE 47, 126—132 (128 f.).

[105] So z. B. im Urt. v. 30. April 1969 — BauR 1970, 93 (93); Urt. v. 30. Juni 1969 — BauR 1970, 96 (96 f.); Urt. v. 21. Januar 1972 — DVBl. 1972, 219 (220) = BauR 1972, 152 (152) u. Urt. v. 16. Februar 1973 — DVBl. 1973, 451 (453).

[106] So z. B. Urt. v. 21. Januar 1972 — DVBl. 1972, 219 (220) = BauR 1972, 152 (152 f.) und Urt. v. 18. Oktober 1974 — BVerwGE 47, 126 (128 ff.).

[107] So z. B. Urt. v. 19. Oktober 1966 — BVerwGE 25, 161 (162 f.) und Urt. v. 22. September 1967 — BVerwGE 27, 341 (343).

[108] So im Urt. v. 25. November 1970 — BVerwGE 36, 296 (301).

[109] Vgl. *Breuer*, S. 156 f.

[110] So das BVerwG, z. B. in BVerwGE 26, 111 (116); BVerwGE 47, 126 (130 ff.) und BVerwG NJW 1976, 765 (767 f.).

Eine solche *„eigentumskräftig verfestigte Anspruchsposition"* entstehe bei ganz besonders gelagerten Sachverhalten, in denen sich der Eigentumsschutz eines bebauten Grundstücks nicht im Bestandsschutz der vorhandenen Baulichkeit erschöpft[111]. Dies könne dann der Fall sein, wenn ein Bauwerk durch ein Naturereignis, durch ein Brandunglück oder durch einen ähnlichen Vorgang zerstört werde[112]. Eine solche „eigentumskräftig verfestigte Anspruchsposition" entstehe jedoch nur dann, wenn erstens überhaupt irgendwann ein Anspruch auf die Zulassung der Bebauung entstanden sei. Zweitens müsse dieser Anspruch nach Art. 14 Abs. 1 GG gegen eine entschädigungslose Entziehung geschützt, also „Eigentum" geworden sein. Ob dies der Fall ist, hängt nach der Rechtsprechung des Bundesverwaltungsgerichts von der Lage des Grundstücks und von der auf sie reagierenden Verkehrsauffassung ab.

Entscheidend ist nach dieser Rechtsprechung, „ob sich der Verkehrsauffassung aus der gegebenen Situation die Bebaubarkeit eines Grundstücks aufdrängt". Dazu kann es beispielsweise im Zusammenhang mit einem Brandschaden kommen, und dabei kann gerade das Vorhandensein des teilzerstörten Bauwerks von ausschlaggebender Bedeutung sein. Es sei denkbar, daß die auf die gegebene Situation reagierende Verkehrsauffassung das zerstörte Bauwerk geradezu vermisse[113]. Dies hänge, so das Bundesverwaltungsgericht, vom Alter des Gebäudes und von dessen Umgebung ab. Das Alter spiele deshalb eine Rolle, weil nur bei einer handgreiflich vorzeitigen Zerstörung — dort also, wo „eine (freiwillige) Beseitigung des Bauwerks der Verkehrsauffassung als offensichtlich unvernünftig erscheinen müßte" — eine aus der Zerstörung hergeleitete Anspruchsposition in Erwägung gezogen werden könne.

Die Beschaffenheit der Umgebung spiele eine Rolle, weil Art. 14 Abs. 1 GG nur zugunsten von Vorhaben eingreife, die der vorgegebenen Situation entsprächen. Es müsse so sein, „daß die aus den einschlägigen baurechtlichen Vorschriften folgende Unzulässigkeit des Vorhabens in der gegebenen Situation nicht vorgezeichnet ist, daß dieser Situation vielmehr (auch) der Wiederaufbau des Bauwerks entspricht, ja, daß die Verkehrsauffassung bei Berücksichtigung der vorhanden gewesenen und vorzeitig zerstörten Bebauung diese Bebauung geradezu vermißt und daß sich ihr damit insgesamt die Angemessenheit des Wiederaufbaus aufdrängt"[114].

---

[111] Siehe Entsch. in Fn. 110.

[112] So BVerwGE 47, 126 (131).

[113] BVerwGE 47, 126 (131).

[114] BVerwGE 47, 126 (132); ebenso die Argumentation im *Lavaurteil* — NJW 1976, 765 (767).

Auch für die Beurteilung eines Bauverbots, wo vorher keine Bebauung vorhanden war, kommt es nach der Rechtsprechung des Bundesverwaltungsgerichts darauf an, ob eine eigentumskräftig verfestigte Anspruchsposition vorliegt, die auch mehrdeutig mit *„Baulandqualität"* bezeichnet werde[115]. Eine solche eigentumskräftig verfestigte Anspruchsposition setze zweierlei voraus: *Erstens*, daß überhaupt irgendwann ein Anspruch auf die Zulassung der Bebauung entstanden[116], und *zweitens*, daß dieser Anspruch „Eigentum" geworden sei[117].

Für die Möglichkeit der Verfestigung komme es wesentlich auf die „Situation", die „Situationsgebundenheit" und die „Verkehrsauffassung" an. Damit befindet sich das Bundesverwaltungsgericht in Übereinstimmung mit jenen Kriterien, die auch der Bundesgerichtshof zur Bestimmung der Baulandqualität prüft[118]. Ebenso wie der Bundesgerichtshof[119] verneint das Bundesverwaltungsgericht auch in seinen späteren Urteilen eine Enteignung, wenn vor dem Eingriff die Baulandqualität — z. B. mangels ausreichender Erschließung — nicht gegeben war[120].

Nach der Rechtsprechung des Bundesverwaltungsgerichts hat ein Bauverbot aus Landschaftsschutzgründen, das eine nach § 34 BBauG zulässige Bebauung verhindert, i. d. R. enteignende Wirkung[121]. Ein nach § 34 BBauG unbedenklich zu bebauendes Grundstück weise wohl kaum naturgegebene Bindungen auf, die einer Bebauung wegen der Situationsgebundenheit entgegenstünden. Anders liegt es nach der Rechtsprechung des Bundesverwaltungsgerichts bei Außenbereichsgrundstükken, wo z. B. ein Uferbauverbot i. d. R. keine enteignende Wirkung entfalte[122].

3. *Das Deichbauurteil*

Eine lediglich situationsbedingte Belastung nahm das Bundesverwaltungsgericht in seinem am 22. Juni 1962 ergangenen *Deichbauurteil* an[123]. Zur Entscheidung stand die Frage, ob die Überschüttung mit einem Deich und die spätere Erweiterung des Deichs durch den Wasser-

---

[115] BVerwGE 26, 111 (117 f.).

[116] BVerwGE 26, 117 f.

[117] BVerwGE 26, 111 (117 f.).

[118] So BVerwG DVBl. 1972, 219 (221); dazu auch: *Ernst/Zinkahn/Bielenberg:* BBauG, Bd. II, § 35 Rdnr. 131.

[119] Z. B. im Urt. v. 20. Dezember 1973 — NJW 1974, 638 (639) = MDR 1974, 474 = DVBl. 1974, 432 (433); vgl. auch A I 6.

[120] Vgl. Urt. v. 27. Januar 1967 — BVerwGE 26, 111—121 (118 ff.).

[121] Vgl. Urt. v. 12. Juni 1970 — NJW 1970, 1939 (1941) und Urt. v. 24. Februar 1978 — NJW 1979, 327 (329) = JuS 1979, 374 (375).

[122] So das BVerwG im Urt. v. 24. Februar 1978 — NJW 1979, 327 (329).

[123] BVerwGE 15, 1—3 = NJW 1962, 2171—2173 (ausführlicher!).

verband eine Enteignung begründen kann. Mit der Erweiterung waren im Ausgangsfall 40 % gegenüber früher 26 % der Grundstücksfläche der landwirtschaftlichen Nutzung entzogen worden.

Das Bundesverwaltungsgericht führte in den Entscheidungsgründen aus: Die Ortsbezogenheit des Grundstücks liege in seiner naturgegebenen Lage als Ufergrundstück. Daraus folge die Pflicht, u. U. eine unter den zahlreichen denkbaren, aus dem Eigentumsrecht fließenden Einzelbefugnissen — hier also die durch den Deich unmöglich gewordene landwirtschaftliche Nutzung — zu unterlassen. Es folge daraus sogar die Pflichtigkeit, auf eigenem Grund und Boden die Anlage eines fremden Unternehmens — hier die Errichtung des Deiches — zu dulden. Das Grundstück sei, wie der Rechtsspruch: „Wer nicht will deichen, muß weichen" zum Ausdruck bringe, von vornherein mit dieser Pflicht belastet. Diese Pflicht werde nicht durch die positive Regelung der Wasserverbandsordnung neu geschaffen, sondern nur in positiver Gesetzesform ausgedrückt. Sie stelle also keine zusätzliche Beschwer des ohnehin belasteten Grundstücks dar.

Die Schwere der Heranziehung würde außerdem durch die subjektiv-relative Tatsache gemindert, daß der Deich über alle gleichgelagerten Grundstücke der anderen Deichgenossen geführt worden sei. Hier läge ein genossenschaftsähnliches gemeinsames Opfer zum Wohle des gesamten Hinterlands vor.

Stellte der Bundesgerichtshof in seinem Auskiesungsurteil[124] für die Abgrenzung der Sozialbindung von einem entschädigungspflichtigen Sonderopfer auch wesentlich auf die Schwere der Beeinträchtigung ab, so kommt es hier, wo das Bundesverwaltungsgericht bei der Feststellung der Schwere auch auf den „Sonderopfercharakter" abstellt, zu einer noch stärkeren Vermischung der Schwere- mit der Sonderopfertheorie[125]. Auch in der Begründungsformel hat sich das Bundesverwaltungsgericht stark an die Rechtsprechung des Bundesgerichtshofs angelehnt.

Das Bundesverwaltungsgericht hat in diesem Urteil jedoch — entgegen seinen sonstigen Grundsätzen — unberücksichtigt gelassen, daß durch den Deich die bisherige landwirtschaftliche Nutzung des Grundstücks unmöglich geworden ist. Außerdem scheint es befremdend, daß

---

[124] Vgl. das *Auskiesungsurteil:* BGHZ 60, 126—144; weitere Fundstellen in Fn. 50.

[125] Kritisch dazu: *Bender,* NJW 1965, 1297 (1304). *Menger* (VerwArch. 54 [1963], S. 198—209 [209]) sieht in dem Urteil eine Annäherung der Entscheidungstheorie sowie einen „nicht zu unterschätzenden Fortschritt in der Enteignungslehre schlechthin", da der richtige Weg in der Kombination der formellen und materiellen Enteignungstheorie liege. Ebenfalls begrüßend: *Schack,* NJW 1963, 750 (750 ff.).

eine 40 %ige Unbenutzbarkeit eines Grundstücks zugunsten des Hinterlands als nicht schwerwiegend beurteilt wird[126].

4. Das Urteil zum Verbot baulicher Anlagen mit Feuerstellen in Waldnähe

Im Dezember 1963 bejahte das Bundesverwaltungsgericht[127] die Zulässigkeit des *Verbots baulicher Anlagen mit Feuerstellen* in Waldnähe wegen der Ortsbezogenheit. Das Bundesverwaltungsgericht verneinte einen Verstoß gegen Art. 14 GG, da das betroffene Grundstück weit außerhalb der ausgewiesenen Baugebiete und der im Zusammenhang bebauten Ortsteile lag und damit nie Baulandqualität gehabt habe. Das Verbot baulicher Anlagen mit Feuerstellen sei eine zulässige Eigentumsbindung, da ein Wald naturbedingt der durch Funkenflug drohenden Zerstörungsgefahr ausgesetzt sei. Das Verbot sei Ausdruck des Rechtsgedankens, der es verbiete, durch bauliche Maßnahmen fremdes Eigentum und die — hier durch einen Waldbrand bedrohte — Sicherheit anderer und schutzwürdige Belange der Allgemeinheit zu gefährden[128].

Wer in einem Baugebiet baue, müsse zum Schutz anderer Bauten gegen Brandgefahr bestimmte Vorschriften hinsichtlich der Bauausführung einhalten. Ebenso müsse jemand, der in einer landwirtschaftlich hervorragenden Gegend bauen wolle, im Interesse der Erhaltung der Schönheit des Landschaftsbildes hinnehmen, daß sein Grundstück einem Bauverbot unterliege. Den gleichen Beschränkungen sei ein Bauwilliger in Waldnähe unterworfen[129].

Die besondere Lage des Baugrundstücks in der Nähe des durch eine bauliche Anlage gefährdeten rechtmäßigen Objekts verpflichte deshalb den Bauherrn, die bauliche Nutzung seines Grundstücks zu unterlassen, soweit sie diesem Objekt schädlich sein könnte. Dadurch, daß die Rechtsvorschrift den Eigentümer daran hindere, durch eine bestimmte Art der Verwendung seines Grundstücks einen Wald zu gefährden, konkretisiere sie nur die Pflicht des Eigentums, die sich aus der Lage und Umgebung für den Nutzungsberechtigten ergebe. Sie enthalte damit die, dem Gesetzgeber überlassene, nähere Bestimmung des Eigentums[130].

---

[126] Kritisch dazu: *Breuer*, S. 154 und *Bender*, NJW 1965, 1297 (1303 f.).

[127] Urt. v. 19. Dezember 1963 — BVerwGE 17, 315—322.

[128] BVerwGE 17, 315 (318).

[129] BVerwGE 17, 315 (318 f.).

[130] BVerwGE 17, 315 (319).

5. *Das Lotsenhausurteil*

Im Falle eines unter Denkmalschutz gestellten *Lotsenhauses*[131] ließ das Bundesverwaltungsgericht dahingestellt, ob wegen der Ortsbezogenheit die Unterstellung unter Denkmalschutz lediglich Ausfluß der Sozialbindung des Eigentums ist, oder ob darin angesichts der schon durch die Unterstellung eingetretenen Nachteile eine Enteignung liege.

Damit bekannte sich das Bundesverwaltungsgericht dazu, die Theorie der Situationsgebundenheit auch auf den Denkmalschutz anzuwenden.

6. *Das Schaumlavaurteil*

Im *Schaumlavaurteil*[132] entschied das Bundesverwaltungsgericht, daß Befugnisse zur Nutzung oder Benutzung des Grundstücks der Sozialbindung insbesondere darin unterlägen, daß sie der jeweiligen „Lage" des Grundstücks, seiner „Situation" und der sich daraus im allgemeinen Interesse ergebenden „Situationsgebundenheit"[133] entsprechen müßten.

Das bedeute für Grundstücke, die die Voraussetzungen eines nach § 4 RNatSchG zulässigen Naturschutzes erfüllen, in aller Regel, daß ein Gebot der Erhaltung ihres gegebenen Zustands lediglich Ausdruck ihrer Situationsgebundenheit und damit zugleich ihrer Sozialgebundenheit sei. In diesem Sinne handle es sich bei Maßnahmen des Naturschutzes — bereits mit Rücksicht auf die Voraussetzungen, unter denen sie nach dem Reichsnaturschutzgesetz einzig zulässig seien — regelmäßig um eigentumsrechtlich unbedenkliche, nicht als enteignend zu wertende Maßnahmen. Eine Ausnahme liege vor, wenn bereits eine bestimmungsgemäße Nutzung verwirklicht worden sei.

Falls ein bestimmter schutzwürdiger Zustand geschaffen worden sei, sei aber unter dem Gesichtspunkt des Bestandsschutzes der (Eigentums-) Schutz nicht zu versagen. Dies verneinte das Bundesverwaltungsgericht hier ebenso wie eine eigentumskräftig verfestigte Anspruchsposition.

7. *Das Urteil zur Kiesweihererweiterung*

Anders als der Bundesgerichtshof[134] sah das Bundesverwaltungsgericht[135] in der *Einschränkung der Kiesweihererweiterung* keine Ent-

---

[131] Urt. v. 22. April 1966 — DÖV 1966, 722—724.

[132] NJW 1976, 765—768.

[133] Bereits im Urt. v. 12. Juni 1970 — BVerwGE 35, 256—262 (261) — spricht das BVerwG nicht mehr von *„Ortsbezogenheit"*. Damit gleicht das BVerwG, nicht nur in der Argumentation, sondern auch begrifflich, seine Rechtsprechung an die vom BGH verwendete Theorie der *Situationsgebundenheit* an.

[134] Vgl. BGHZ 60, 126 und den Vorlagebeschluß in NJW 1978, 2291; vgl. auch A I 7.

[135] Im Urt. v. 10. Februar 1978 — NJW 1978, 2308—2311.

eignung, da das Grundeigentum weder zu einer gestattungspflichtigen Gewässerbenutzung noch zum Abbau eines oberirdischen Gewässers berechtige.

Diese, in § 1 a Abs. 3 WHG normierten, weitreichenden Einschränkungen sowohl der Eigentümerbefugnisse als auch der allgemeinen Handlungsfreiheit seien im Zusammenhang mit der Gewässerbewirtschaftung vor Art. 14 Abs. 1 GG und Art. 2 Abs. 1 GG aus einem doppelten Grund gerechtfertigt: Zum einen beruhten sie auf der hervorragenden Bedeutung, die dem in der Natur nach Menge und Qualität nur begrenzt vorhandenen und nicht vermehrbaren Wasser, sowie seiner sachgerechten, haushälterischen Bewirtschaftung für die Erhaltung des Lebens und die Sicherung der wirtschaftlichen Entwicklung des einzelnen wie der staatlichen Gemeinschaft in zunehmendem Maße zukomme; zum anderen entspräche sie der besonderen Anfälligkeit des Wasserhaushalts gegenüber Verunreinigungen und sonstigen nachhaltigen Veränderungen der Wassereigenschaft[136]. Dies sei, so das Bundesverwaltungsgericht, jedoch nicht auf andere Sachbereiche als das Wasser übertragbar[137].

Damit befindet sich das Bundesverwaltungsgericht in Übereinstimmung mit der Rechtsprechung des Bundesverfassungsgerichts[138], das ebenfalls eine enteignungsfähige Rechtsposition verneinte.

B. Kritische Würdigung

Obwohl die Theorie der Situationsgebundenheit sowohl vom Bundesgerichtshof als auch vom Bundesverwaltungsgericht zur Abgrenzung der Sozialbindung von der Enteignung im Bereich des Natur- und Denkmalschutzes verwendet wird, vermag sie dennoch in ihrer Konstruktion nicht zu überzeugen. Gewiß muß es Möglichkeiten — auch entschädigungsloser Maßnahmen — zum Natur- und Denkmalschutz geben. Dem Anspruch, „Weg aus der Sackgasse“ zu sein, wie es Wilhelm Dittus 1957 euphorisch für möglich hielt[139], kann die Theorie der Situationsgebundenheit nicht genügen[140].

Zunächst spricht keineswegs für die Theorie der Situationsgebundenheit, daß sie mit dem Pappelanbauurteil[141] des Bundesverwaltungsge-

[136] NJW 1978, 2308 (2311).

[137] BVerwG NJW, 1978, 2311.

[138] BVerfGE 58, 300; vgl. auch A I 7.

[139] In DVBl. 1957, 329 (333).

[140] So auch *Schulte:* Zur Dogmatik des Art. 14 GG, S. 29, der das Facit zieht: „Die zentralen Begriffe der heutigen Dogmatik zu Art. 14 GG haben versagt“.

[141] Urt. des BVerwG v. 21. Juni 1956 — BVerwGE 3, 335.

richts und dem Grünflächenurteil[142] des Bundesgerichtshofs im gleichen Jahr von beiden Obergerichten „entdeckt“ wurde. Denn dies lag nicht daran, daß diese Theorie „in der Luft lag“ oder eine zwingende Argumentation enthält, sondern einfach daran, daß angesichts der *Verschärfung der Abgrenzungsproblematik* durch den Ausschluß einer entschädigungslosen Enteignung im Grundgesetz sich beide Obergerichte — auch gegenseitig beeinflußt — einer Theorie besannen, die bereits unter der Geltung der WRV entwickelt wurde. Es handelt sich um die Zweckentfremdungstheorie, aus der Rudolf Reinhardt[143] die Privatnützigkeitstheorie entwickelte[144].

Diese Theorien stellen darauf ab, ob ein Gesetz das Eigentum nach seinem Zweck erfaßt bzw. es den Eigentümer lediglich in der funktionsgerechten Verwendung des Eigentumsgegenstandes bindet. Dann wird die Dispositionsbefugnis des Eigentümers in den Grenzen der Sozialgebundenheit beschränkt. Wird dagegen dem Eigentümer eine Bindung auferlegt, die das Eigentumsobjekt seinem Zweck entfremdet, dann sprengt dies den Rahmen der Sozialbindung[145].

Besonders in seinen frühen Urteilen[146] stellte das Bundesverwaltungsgericht ausdrücklich darauf ab, ob das Eigentum seinem Zweck entfremdet wird. Anklänge der Theorie finden sich auch in der Rechtsprechung des Bundesgerichtshofs[147]. Die Situationsgebundenheit wird in der Literatur sogar als Unterfall der Funktionsgebundenheit bezeichnet[148].

---

142 Urt. des BGH v. 20. Dezember 1956 — BGHZ 23, 30; weitere Fundstellen in Fn. 1.

143 *Reinhardt:* Wo liegen für den Gesetzgeber die Grenzen, gemäß Art. 14 des Bonner Grundgesetzes über Inhalt und Schranken des Eigentums zu bestimmen?, in: Reinhardt/Scheuner, Verfassungsschutz des Eigentums, S. 1 ff. Vgl. auch zweites Kapitel E II 8 b).

144 Aber bereits vorher hatte das *preußische Obertribunal* im Urt. v. 15. November 1859 — Amtliche Sammlung Bd. 20, S. 101 ff. — auf die Lage der Grundstücke abgestellt und festgestellt, daß sie „den Keim der Beschränkung“ schon in sich trügen.

145 Hierzu: *Forsthoff:* Lehrbuch des Verwaltungsrechts, Bd. I, AT, S. 344, § 18, der feststellt, daß diese Theorien sich heute mehr und mehr durchsetzen. Zur Theorie der Zweckentfremdung: *Huber*, ZgS 96, 438 (463) und *Kutscher:* Die Enteignung, S. 123 f.

146 Z. B. im *Pappelanbauurteil* — BVerwGE 3, 335 (337) und im *Badehüttenurteil* — BVerwGE 4, 57 (60).

147 Z. B. im Urt. v. 10. Dezember 1957 — WM 1958, 359 (361), weitere Fundstellen in Fn. 31 — finden sich Anklänge an die Zweckentfremdungstheorie, worauf *Breuer*, S. 60, Anm. 222 und *Bender*, NJW 1965, 1297 (1301) hinweisen. Im *Grünflächenurteil* v. 20. Dezember 1956 — BGHZ 23, 30 (35) — erinnert die Formel, daß der Eigentümer nur an der Verwendungsweise seines Eigentums gehindert werde, die der vernünftige und einsichtige Eigentümer von sich aus mit Rücksicht auf die gegebene Situation nicht ins Auge fassen würde, an den Begriff der „funktionsgerechten Verwendung“.

148 *Maunz/Zippelius:* Deutsches Staatsrecht, § 28 Nr. 4, S. 226.

Die Zweckentfremdungstheorie ist jedoch — wie sich besonders im Nationalsozialismus gezeigt hat — für eine Aushöhlung besonders offen[149]. Wurde in der Weimarer Zeit unter dem „Zweck" eine Art Privatnützigkeit verstanden, die vom Eigentümer bestimmt wurde, so wandelte sich der „Zweck" im Nationalsozialismus zum Gemeinschaftszweck[150]. Nach dieser während des Nationalsozialismus herrschenden Ansicht unterliegt das Eigentum gewissen Gemeinschaftsbindungen, welche immanent sind. Diese dem Eigentum innewohnenden Gemeinschaftsbindungen mußte und durfte der Staat im Wege der Sozialbindung entschädigungsfrei realisieren. Damit wurde das Eigentum nicht mehr anderen Werten gegenübergestellt und „von außen" eingeschränkt, sondern „von innen" aus einem gewandelten Eigentumsbegriff bestimmt. Im Nationalsozialismus hat dieser „gefährliche Weg"[151] dazu geführt, daß das Eigentum nicht mehr zurückgedrängt und gebunden werden mußte, sondern von innen erobert wurde[152].

Gerade die Erfahrungen im Nationalsozialismus sollten Grund dafür sein, die Theorie der Situationsgebundenheit besonders kritisch zu betrachten[153]. Denn auch hier geht es um eine immanente Bindung des Eigentums. Wie weit diese Bindung letztlich geht, bestimmt der Richter mit der Begründung, daß ein „vernünftiger und einsichtiger Eigentümer" eine solche Nutzung überhaupt nicht ins Auge fassen würde. Gerade dieser fiktive Eigentümer kann — je nach Anschauungen — mehr oder weniger für Gemeinschaftszwecke einstehen müssen. Es hängt letztlich von den Ansichten der Richter ab, wie sehr ein vernünftiger Eigentümer sich Gemeinschaftszwecken beugen muß. *Bernd Bender* hält daher das Situationsgebundenheitskriterium für eine inhaltslose, bedenklich manipulierbare Formel, die in der Kurzfassung auf die Frage hinauslaufe, ob der Eigentümer nach dem unerforschten Ratschluß des Bundesgerichtshofs daran glauben müsse[154].

Bei der Theorie der Situationsgebundenheit besteht nicht nur die Gefahr der Aushöhlung des Eigentums, was gerade das Grundgesetz verhindern wollte, als es nur noch die Enteignung gegen Entschädigung zuließ; sie ermöglicht auch nicht das Finden von der *Rechtssicherheit* genügenden, vorhersehbaren Entscheidungen[155].

---

[149] Vgl. zur *Zweckentfremdungstheorie* auch zweites Kapitel E II 5.

[150] So *Leisner:* Sozialbindung, S. 36 f.

[151] So *Leisner:* Sozialbindung, S. 38 f.

[152] Siehe *Leisner:* Sozialbindung, S. 38 f. Vgl. als Beispiel insbes. *Kutscher:* Die Enteignung, S. 104 zu § 7 Schutzbereichgesetz.

[153] Vgl. besonders die eingehende Kritik *Leisners:* Sozialbindung, S. 171 ff., 178 ff.

[154] So *Bender*, NJW 1956, 1297 (1301).

[155] So bereits *Schack*, NJW 1963, 750 (752).

Einzig dort, wo eine *bisher ausgeübte Nutzung* verboten wird, kommt die Theorie zum klaren Ergebnis, daß eine Enteignung vorliegt. Abgesehen davon, daß dieses Ergebnis bis zu einem gewissen Grad bereits aus Bestandsschutz-[156] und Vertrauensschutzgründen herzuleiten ist und nur insoweit auch seine Berechtigung hat, wird dieser eindeutige Grundsatz dort relativiert, wo wie im Hinterhausurteil[157] des Bundesgerichtshofs eine nicht mehr situationsgerechte Nutzung vorliegt. Die Formel von der „Situationsgerechtheit" und der „Situationsbedingtheit" liefert jedoch nicht unmittelbar Ergebnisse, sondern ist lediglich Einstieg in eine weitere Diskussion, welche Nutzung denn nun „der Lage und Situation" entspricht.

Ganz besondere Probleme hat diese Rechtsprechung bei der Feststellung, wann der *Entzug einer künftigen Nutzung* den Tatbestand der Enteignung verwirklicht. Es bedarf keiner Theorie um zu ermitteln, daß dort, wo bereits vorher eine bestimmte Nutzung nicht möglich war, das Verbot dieser Nutzung auch keine Enteignung darstellt, weil das Verbot dem Eigentümer nichts nimmt, was ihm vorher gehört hat. Daher entfällt eine Enteignung wegen des Entzugs der Baulandqualität in jenen Fällen, wo vorher eine solche Baulandqualität weder gegeben noch in absehbarer Zeit zu erwarten war.

Wie aber ist zu entscheiden, wenn diese Nutzung vorher möglich war? Wie soll hier mit Hilfe der Fiktion des „vernünftigen Eigentümers" eine eindeutige Entscheidung ergehen, wo selbst innerhalb der Gesellschaft und der Regierung dem Natur- und Denkmalschutz unterschiedliche Bedeutung zugemessen wird? Ein wirtschaftlich vernünftig denkender Eigentümer würde wohl kaum seine Buchen nicht zu Geld machen, sein Grundstück nicht zum Pappelanbau nutzen, sein Ufergrundstück nicht mit Badehütten versehen, sein Grundstück nicht bebauen, sein denkmalwürdiges Gebäude nicht abbrechen, wenn sich dies für ihn finanziell lohnt.

Eindeutig auszuschließen vermag diese Theorie daher allenfalls wirtschaftlich unvernünftige, verlustreiche Nutzungen. Ein Grundstück wird aber schwerlich eine Minderung des Marktwertes erfahren, wenn eine unrentable Nutzung verboten wird. Wenn jedoch dieser „vernünftige Eigentümer" nicht rein egoistisch denkt, sondern auch Gemeinschaftsinteressen in seine Entscheidungsfindung einbezieht, wo soll dann die Grenzziehung verlaufen[158]?

---

[156] Ähnlich *Leisner:* Sozialbindung, S. 175, 210 f. Auch das BVerfG wendet sich gegen das Kriterium „bisher ausgeübte Nutzung" zugunsten der Anwendung des Vertrauensgrundsatzes, vgl. BVerfGE 58, 300 (348 ff.).

[157] Vgl. das *Hinterhausurteil:* BGHZ 48, 193 (196).

[158] Vgl. auch die Kritik *Leisners* an der Figur des vernünftigen Eigentümers, in: Sozialbindung, S. 182 f.

Die Unsicherheiten der Theorie darüber, was „vernünftig" und „situationsbedingt" ist, führt dazu, daß dem Richter ein *sehr großer Entscheidungsspielraum* eingeräumt wird, wobei nicht selten außerhalb der Theorie liegende Gründe den Ausschlag für eine bestimmte Entscheidung geben[159]. Besonders fiskalische Erwägungen spielen bei vielen Entscheidungen eine Rolle[160], so daß *Sellmann*[161] die Rechtsprechung auffordert, sich zum Kriterium der „Entschädigungsmöglichkeit durch die öffentliche Hand" zu bekennen. Daß eine Abgrenzung danach, was der Staatshaushalt noch tragen kann und was nicht — mit der Konsequenz, daß schwerwiegendere (= teurere) Eingriffe entschädigungslos bleiben — jeglicher Rechtsstaatlichkeit widerspricht, bedarf keiner Erörterung[162].

Ganz abgesehen von der Schwierigkeit, aus der Formel ein konkretes Ergebnis herzuleiten, ist die Figur des „vernünftigen Eigentümers" ungeeignet, die Grenze des *eng mit der Freiheit verknüpften Eigentums* zu definieren. Das Eigentum ist deswegen verfassungsrechtlich geschützt, weil es als reale Basis personaler Existenz und Entfaltung die Freiheit des einzelnen sichert[163]. Dies ist sowohl in der Rechtsprechung[164] als auch in der Literatur[165] anerkannt. Aber wo bleibt eine Freiheit des Eigentümers, wenn diese Freiheit darauf reduziert wird,

---

159 Vgl. dazu die Kritik *Benders* in NJW 1965, 1297 (1301).

160 Vgl. *Leisner:* Sozialbindung, S. 98, der behauptet, daß Fiskalinteressen tatsächlich fast immer hinter dem Bestreben stünden, etwas als Sozialbindung von der Entschädigungspflicht auszunehmen. Bereits *Diester:* Enteignung und Entschädigung, S. 16, beklagt, daß fiskalische Gesichtspunkte Eingang in die Abgrenzungsproblematik finden.

161 In NJW 1965, 1689 (1694 ff.).

162 Dazu auch *Leisner:* Sozialbindung, S. 97 ff.; ebenso der BGH im Beschl. v. 13. Juli 1978 — NJW 1978, 2290 (2293) m. w. H. Dazu zweites Kapitel E II 1.

163 So *Meyer-Abich:* Der Schutzzweck der Eigentumsgarantie, S. 58.

164 Insbes. ausgesprochen vom *BVerfG* im *Hamburger Deichurteil* v. 18. Dezember 1968 — BVerfGE 24, 367 (389), im *Conterganurteil* v. 8. Juli 1976 — BVerfGE 42, 263 (293) und im *Mitbestimmungsurteil* v. 1. März 1979 — BVerfGE 50, 290 (339 f.); vom *BGH* im Beschl. des GS v. 10. Juni 1952 — BGHZ 6, 270 (276) und vom *BVerwG* im Urt. v. 14. März 1957 — BVerwGE 4, 342 (346) und im Urt. v. 25. September 1968 — BVerwGE 30, 235 (238).

165 Z. B. Ekkehart *Stein:* Staatsrecht, § 13 II, S. 162; *Maunz/Zippelius,* § 28 II, S. 223; *Hesse:* Grundzüge des Verfassungsrechts der Bundesrepublik Deutschland, § 12 Rdnr. 442; *Sellmann,* NJW 1965, 1689 (1691); *Kimminich:* BK, Art. 14 Rdnr. 17 ff.; *v. Münch:* GG, Bd. 1, zu Art. 14 Rdnr. 1; *Scheuner:* Grundlagen und Art der Enteignungsentschädigung, in: Reinhardt/Scheuner, Verfassungsschutz des Eigentums, S. 115; vgl. auch *Meyer-Abich,* S. 58 f. m. w. N.

Witzel (Eigentumsgarantie und städtisches Bauland, S. 6 ff.) unterscheidet drei Funktionen dieser Freiheit: Die Abwehr-, die Sicherheits- und die Entfaltungsfunktion. Die entscheidende Funktion müsse in der Gewährleistung der Persönlichkeit gesehen werden. Und *Witzel,* S. 8: Die Eigentumsgarantie diene somit der „Selbstdarstellung der Person".

daß er nur „vernünftig" handeln darf oder daß ihm sogar unter mehreren vernünftigen Möglichkeiten eine einzige Möglichkeit vorgeschrieben wird?

Außerdem verbirgt sich hinter der fiktiven Person des „vernünftigen Eigentümers" lediglich eine *allgemeine Abwägung* öffentlicher Interessen gegen private Interessen. Dies wird insbesondere bei Entscheidungen zum Natur- und Landschaftsschutz deutlich. Es wird hier das private Erwerbsinteresse des Eigentümers dem Allgemeininteresse Natur- und Landschaftsschutz gegenübergestellt und darauf abgestellt, ob die Nutzung „im Blick auf die Interessen der Allgemeinheit an der Erhaltung des Landschaftsbildes" vernünftigerweise überhaupt in Betracht zu ziehen ist[166]. Oder es wird, wie vom Bundesgerichtshof ausgesprochen[167], geprüft, „ob die besondere Qualität und Abbauwürdigkeit des dortigen Gipsvorkommens seinen Abbau in einer Weise wirtschaftlich fordert, die sich bei Abwägung aller Umstände und Belange gegenüber den Interessen des Natur- und Landschaftsschutzes durchsetzt".

Eine Abwägung des öffentlichen Interesses gegen das private Interesse ist jedoch für die Entschädigungsfrage als Abgrenzungskriterium ungeeignet. Denn sowohl für eine entschädigungslose Eigentumsbindung als auch für eine rechtmäßige Enteignung muß das öffentliche Interesse an der Maßnahme überwiegen[168]. Liegt kein überwiegendes öffentliches Interesse vor, so ist die Maßnahme nicht lediglich entschädigungspflichtig, sondern rechtswidrig.

Zwar ist — anders als nach der klassischen Enteignungslehre — für die Rechtmäßigkeit der Enteignung nicht mehr erforderlich, daß der Nutzen für das Gemeinwohl durch ein bestimmtes öffentliches Unternehmen repräsentiert wird. Der Grundsatz der Verhältnismäßigkeit verlangt aber, daß der Nutzen für die Allgemeinheit das durch die Enteignung beeinträchtigte Individualinteresse überwiegt[169]. Somit wäre eine Enteignung, wenn das öffentliche Interesse an der Maßnahme nicht überwiegt, verfassungswidrig.

Umgekehrt folgt aus der Tatsache, daß das öffentliche Interesse an der Maßnahme überwiegt, noch nicht, daß die Maßnahme auch entschädigungslos zu dulden ist[170]. Die Stärke eines öffentlichen Interesses al-

---

[166] So im *Schaumlavaurteil* des BGH — NJW 1977, 945 (946); ähnlich das BVerwG im *Badehüttenurteil* — BVerwGE 4, 57 (60) und im *Pappelanbauurteil* — BVerwGE 3, 335 (337). Zum gleichen Ergebnis kommt auch *Schulze-Osterloh:* Eigentumsopferentschädigung, S. 202 f.

[167] So im Urt. v. 2. Februar 1978 — BauR 1978, 211 (213).

[168] Ebenso *Bender*, NJW 1965, 1297 (1301). Dazu zweites Kapitel E II 3.

[169] Vgl. *Maunz/Zippelius*, § 28 II 6, S. 228.

[170] So auch der BGH im Urt. v. 25. Januar 1973 in BGHZ 60, 126 (134 f.).

lein kann einen entschädigungslosen Entzug von Eigentümerpositionen eben nicht rechtfertigen[171]. Gerade bei einem starken Allgemeininteresse gebietet der Grundsatz der Lastengleichheit, nicht dem „zufällig" von einem Eingriff Betroffenen die Lasten des Eingriffs aufzubürden, sondern diese von der begünstigten Allgemeinheit tragen zu lassen[172].

Hans Schulte[173] beklagt ebenfalls die mangelnde Reichweite der Theorie von der Situationsgebundenheit, insbesondere dort, wo die Situationsgebundenheit eines Gebäudes durch den in ihm verkörperten künstlerischen Gehalt entstehe. Es würden, so Schulte, jeweils beliebige Eigenschaften zur relativen „Situation" gestempelt. Er führt den Fall an, daß man zur Straßenverbreiterung Vorgärten wegnimmt. Deren Situation führe so zwingend zur Wegnahme, daß man von einer entschädigungslosen Sozialbindung sprechen müsse, wenn man das Merkmal der Situationsgebundenheit völlig ernst nehme. Man müsse sich hier, um zu einem vernünftigen Ergebnis zu kommen, auf den Wesensgehalt des Eigentums besinnen. Eine „Großformel" sei also mit der Situationsgebundenheit nicht gefunden[174].

Diese Probleme hat die Rechtsprechung wohl erkannt, da sie — neben der Situationsgebundenheit — auch auf die Schwere des Eingriffs[175] abstellt und prüft, ob der Wesensgehalt verletzt ist[176]. Trotz der dadurch erzielten, i. d. R. befriedigenden Ergebnisse, ist dieser Doppelprüfung entgegenzuhalten, daß sie *inkonsequent* ist. Denn nach der Theorie von der Situationsgebundenheit besteht die Pflichtigkeit von vornherein kraft „Situation" und wird durch die Maßnahme nur zur Pflicht konkretisiert. Dann kann doch in der Maßnahme, und sei sie noch so schwerwiegend — da die Rechtsposition gar nicht betroffen ist[177] — keine Enteignung liegen! Und wie kann das Verbot einer bestimmten Nutzung, die nicht von Art. 14 GG geschützt ist, den Wesensgehalt des Eigentums berühren?

Auch in anderen Bereichen werden die Konsequenzen daraus, daß die Sozialgebundenheit von vornherein besteht und lediglich konkretisiert

---

[171] Wie auch vom BGH im Beschl. v. 13. Juli 1978 — NJW 1978, 2290 (2293) — ausgesprochen.

[172] So der BGH in NJW 1978, 2290 (2293) m. w. H.

[173] *Schulte:* Zur Dogmatik, S. 14.

[174] So *Schulte:* Zur Dogmatik, S. 14; dazu auch *Bender,* NJW 1965, 1297 (1301).

[175] So z. B. BGHZ 60, 126 (132); 60, 145 (150); BVerwGE 15, 1 (2).

[176] So bereits BGHZ 23, 30 (32); BGH DÖV 1957, 669; BGH LM Nr. 70 zu Art. 14 GG; BGH WM 1958, 359 (360); BGH NJW 1960, 1618 (1619); BGH WM 1962, 307 (308); besonders deutlich in BGHZ 60, 145 (147) und BGH LM Nr. 1 zu Art. 14 (B) GG. Ebenso das BVerwG in st. Rspr., z. B. BVerwGE 3, 335 (337).

[177] So die st. Rspr., z. B.: BGHZ 23, 30 (33); BGH DÖV 1957, 669 f.; BGH LM Nr. 70 zu Art. 14 GG; BGH WM 1958, 359 (361); BVerwGE 15, 1 (2).

wird, nicht gezogen. So dürfte, wenn die Pflichtigkeit von vornherein wegen der Lage des Eigentumsobjekts besteht, die Frage, ob eine Nutzung bereits ausgeübt wurde, keine Rolle spielen. Denn ein schützenswertes Vertrauen auf eine bestimmte Nutzung konnte kraft der Situationsgebundenheit gar nicht erst entstehen. Eine Ausnahme bestünde nur für jene Fälle, wo eine Nutzung begonnen wurde, bevor sich eine situationsbedingte Pflichtigkeit entwickeln konnte.

Daneben bestehen sogar Unklarheiten, ob die ergänzend herangezogene Schwere- und *Zumutbarkeitsgrenze objektiv oder subjektiv* zu bestimmen ist. Eine subjektive Unzumutbarkeitsgrenze, die auf die finanziellen Möglichkeiten des Eigentümers abstellt, ist aber schon deshalb abzulehnen, weil das Eigentumsobjekt nicht mehr oder weniger geschützt sein kann, je nachdem, ob der Eigentümer mehr oder weniger reich ist, mehr oder weniger verfügbare Barmittel hat[178].

Abgesehen davon ist nach der Theorie der Situationsgebundenheit dasjenige Eigentumsobjekt mehr geschützt, das als Wirtschaftsobjekt erst geschaffen oder erworben wurde[179]. Damit werden aber faktisch Spekulanten geschützt.

Es besteht außerdem der faktische Zwang, werterhöhende Nutzungen auszuüben — also z. B. Kies und Schaumlava abzubauen oder das alte Gebäude frühzeitig durch ein neues zu ersetzen — um in den Schutz der bisher ausgeübten Nutzung zu kommen und dadurch den im Grundstück liegenden Wert zu erhalten. Denn nur die bisher ausgeübte Nutzung wird nach der Theorie der Situationsgebundenheit effektiv geschützt.

C. Zwischenergebnis

Die Theorie der Situationsgebundenheit wurde von der Rechtsprechung aus der Zweckentfremdungs- und der Privatnützigkeitstheorie entwickelt, da mit dem Ausschluß der entschädigungslosen Enteignung im Grundgesetz nach den bis dahin gültigen Abgrenzungskriterien eine für den Staat kaum tragbare Entschädigungswelle auf ihn zugekommen wäre.

Gegen die Theorie der Situationsgebundenheit sprechen jedoch verschiedene Gesichtspunkte: Abgesehen von einer nicht zu unterschätzenden Gefahr der Aushöhlung des Eigentums mittels dieses Begriffs führt die Theorie zu keinen eindeutigen, der Rechtssicherheit genügenden Ergebnissen und hat daher ein untragbares Ermessen der mit der Sache

178 So auch *Moench*, NJW 1980, 1545 (1549) m. w. N. Vgl. auch zweites Kapitel E 7 a) bb) α).

179 So BGH DÖV 1957, 669 (670).

befaßten Richter zur Folge. Von deren innerer Einstellung hängt es letztlich ab, ob eine Maßnahme lediglich als Realisierung der Sozialbindung des Eigentums oder bereits als Enteignung angesehen wird. Oft fließen auch fiskalische Gesichtspunkte in die Entscheidung ein, was die Gefahr in sich birgt, daß schwerere (= teurere) Maßnahmen entschädigungslos bleiben.

Die Theorie läuft letztlich auf eine bloße Abwägung öffentlicher Interessen gegen die privaten Interessen des Eigentümers hinaus, was als Kriterium für die Abgrenzung der entschädigungslosen Eigentumsbindung von der Enteignung ungeeignet ist, da sowohl für eine rechtmäßige Eigentumsbindung als auch für eine rechtmäßige Enteignung ein überwiegendes öffentliches Interesse vorliegen muß.

Außerdem ist die Figur des „vernünftigen Eigentümers" nicht in der Lage, die Grenzen eines mit der Freiheit eng verbundenen Grundrechts zu definieren.

Die Theorie wird überdies von der Rechtsprechung nicht konsequent durchgehalten, wenn sie neben den der Theorie immanenten Kriterien als „Notbremse" Schwerekriterien und eine Wesensgehaltsprüfung einführt, obwohl nach der Theorie eine situationsbedingte Belastung dem Grundrecht bereits immanent ist. Keine Rolle spielen dürfte ebenfalls die Frage, ob eine Nutzung bisher ausgeübt wurde, da ein schutzwürdiges Vertrauen auf eine bestimmte Nutzung kraft Situationsgebundenheit gar nicht erst entstehen konnte.

Daneben führt die Theorie zur ungewollten Konsequenz, daß Spekulanten geschützt werden und ein faktischer Zwang zur Ausübung werterhöhender Nutzungen besteht.

Die Theorie der Situationsgebundenheit vermag daher ihre Aufgabe der Abgrenzung der Eigentumsbindung von der Enteignung nicht zu erfüllen. Es bedarf neuer, stärker an der Systematik des Art. 14 GG orientierter Abgrenzungskriterien.

Zweites Kapitel

Inhalt und Systematik der Eigentumsgarantie

A. Die Eigentumsgewährleistung

I. Der Meinungsstand

Nach Art. 14 Abs. 1 Satz 1 GG wird *„das Eigentum"* gewährleistet.

Das Privatrecht versteht unter Eigentum überwiegend das umfassendste Herrschaftsverhältnis an einer Sache[1]. Nach § 903 BGB kann der Eigentümer einer Sache, „soweit nicht das Gesetz oder Rechte Dritter entgegenstehen, mit der Sache nach Belieben verfahren und andere von jeder Einwirkung ausschließen".

Heute ist für die Individualgarantie des Art. 14 GG anerkannt[2], daß dieser Eigentumsbegriff nicht mit dem von Art. 14 GG übereinstimmt, sich vielmehr sowohl im Umfang als auch in seiner Funktion unterscheidet: Während § 903 BGB als Privatrechtsnorm in erster Linie das Verhältnis der Bürger zueinander regelt, also die Ebene rechtlicher Gleichstellung betrifft, bezieht sich Art. 14 GG auf das Verhältnis des Eigentümers zu dem ihm übergeordneten Staat[3].

Im allgemeinen Sprachgebrauch erstreckt sich der Eigentumsbegriff nicht nur, wie § 903 BGB auf das Sacheigentum, sondern auf das Herrschaftsrecht an allen Vermögensgegenständen, also auch auf alle dinglichen Rechte, Mitgliedschaftsrechte, Forderungen usw.[4]. Zu diesem „erweiterten Eigentumsbegriff" bekennt sich die Rechtsprechung seit der

---

[1] Vgl. z. B. *v. Gierke:* Das Sachenrecht des bürgerlichen Rechts, § 26 I 1, der von einer dinglichen Totalherrschaft an einer Sache und in § 26 III von dem umfassensten Herrschaftsrecht, das an einer körperlichen Sache denkbar ist, spricht. Vgl. aber auch *Westermann:* Sachenrecht, § 28 I 2 oder *Lent/Schwab:* Sachenrecht, § 24 II 1, wo zu lesen ist: „Das Eigentum ist ein umfassendes, aber nicht schrankenloses Recht".

[2] Zuletzt BVerfG 58, 300 (335). Vgl. auch *Ipsen,* AöR 91, 86 ff. (87) m. w. N. Zum Schutzumfang bei der Institutsgarantie siehe folgende Ausführungen.

[3] Vgl. *Kimminich:* BK, Art. 14 Rdnr. 8; *Dürig,* ZgS 109 (1953), S. 326 ff. (346); *Quaritsch,* DVBl. 1959, 455 (457); *Rupp:* Grundfragen der heutigen Verwaltungslehre, S. 230 Fn. 405 und S. 242 f.; *Chlosta:* Der Wesensgehalt der Eigentumsgewährleistung, S. 18.

[4] Dazu *Chlosta,* S. 18, 17; *Arndt/Rudolf:* Öffentliches Recht, S. 119.

Entscheidung des Reichsgerichts vom 13. Dezember 1924[5]. Danach schützt Art. 14 GG alle vermögenswerten Rechte, die einer Person zustehen. Dies gilt uneingeschränkt für Rechtspositionen des Privatrechts und, so die neuere Rechtsprechung, in gewissem Umfang auch für solche des öffentlichen Rechts[6].

Die Eigentumsgewährleistung verbürgt besonders die Veräußerungsfreiheit[7], den Bestandsschutz und nach der Theorie der implizierten Grundrechte[8] in gewissem Umfang auch eine Entstehenssicherung[9].

Außer dem „Haben-Dürfen" ergibt sich aus der Eigentumsgarantie eine Herrschaftsgewalt in Form des Rechts, vom Gegenstand Gebrauch zu machen[10]. Die Eigentumsgarantie hat nicht in erster Linie die Aufgabe, die entschädigungslose Wegnahme zu verhindern, sondern den Bestand des Eigentums in der Hand des Eigentümers zu sichern[11]. Nur unter den engen Voraussetzungen einer zulässigen Enteignung wandelt sich die Bestands- in eine Wertgarantie.

Vom Eigentumsschutz umfaßt werden nach herrschender Meinung nicht bloße tatsächliche Gegebenheiten, Chancen, Verdienstmöglichkeiten und Interessen[12], sondern nur Rechtspositionen, die einem Rechts-

[5] RGZ 109, 310 (319). Vgl. auch die Fortsetzung dieser Rechtsprechung durch den BGH in BGHZ 6, 270 (278). Zum erweiterten Eigentumsbegriff vgl. auch *Maunz*, in: Maunz/Dürig/Herzog/Scholz, GG, Art. 14 Rdnr. 32 und *Maurer:* Allgemeines Verwaltungsrecht, § 26 III 2.

[6] Zu den subjektiven öffentlichen Berechtigungen vgl. *Weber:* Eigentum und Enteignung, in: Neumann/Nipperdey/Scheuner, Die Grundrechte, II, S. 331 ff. (354) und die Darstellung des Meinungsstands bei *Kimminich:* BK, Art. 14 Rdnr. 68 ff. und *Maunz*, in: Maunz/Dürig/Herzog/Scholz, Art. 14 Rdnr. 33 ff.; ausführlich auch *Ossenbühl:* Staatshaftungsrecht, § 14, 4 a, S. 103 ff.

[7] Der *Veräußerungsfreiheit* kommt nach dem Beschl. des BVerfG v. 19. Juni 1969 entscheidende Bedeutung zu, vgl. BVerfGE 26, 215 (222).

[8] Dieser Auslegungsgrundsatz ist in der Schweizerischen Rechtsprechung entwickelt worden, aber auch vom BVerfG vereinzelt herangezogen worden, vgl. zu dieser Auslegungsmethode *Bleckmann:* Allgemeine Grundrechtslehren, S. 65.

[9] *Kloepfer* (Grundrechte als Entstehenssicherung und Bestandsschutz, S. 45 ff.) begründet die Garantie der Entstehenssicherung zunächst mit dem „Fingerzeig" der Eigentumserwerbsmöglichkeit durch Erbfolge und hauptsächlich damit, daß eine Veräußerungsfreiheit ohne Erwerbsfreiheit nicht vorstellbar ist.

[10] Vgl. *Hamann/Lenz:* GG, zu Art. 14 Anm. B 4 b) dd), S. 286.

[11] BVerfGE 24, 367 (400) und 38, 175 (181).

[12] So die ständige Rechtsprechung des *BVerfG*, z. B. BVerfGE 17, 232 (248); 20, 31 (34); 28, 119 (141 f.); 30, 292 (334 f.); 31, 8 (32); 39, 210 (237); 45, 272 (296) und 51, 193 (222). Dies entspricht auch der ständigen Rechtsprechung des *BGH*, vgl. dazu insbesondere die *Elbeleitdammentscheidung* in BGHZ 45, 150 (155). Das *BVerwG* entwickelte die Figur der „eigentumskräftig verfestigten Anspruchsposition" um einer zukünftigen Nutzungschance (z. B. der Baulandeigenschaft) Eigentumsschutz zukommen zu lassen, vgl. z. B. BVerwGE 26, 111 (115 ff.); vgl. auch 1. Kapitel A II 2. Vgl. dazu: *Maurer*, § 26 II 2 Rdnr. 21 und *Arndt/Rudolf*, S. 119.

subjekt bereits zustehen. Ebensowenig schützt Art. 14 GG nach Meinung der Rechtsprechung vor der Auferlegung von Geldleistungen, falls der Pflichtige nicht übermäßig belastet wird und seine Vermögensverhältnisse grundlegend beeinträchtigt werden[13]. Demgegenüber wird aber von der Rechtslehre gefordert, Geldleistungspflichten als grundsätzlich dem Eigentumsschutz des Art. 14 GG unterstellt anzusehen. Es sei inkonsequent, den Schutz des Art. 14 GG zunächst zu versagen, um dann in Extremfällen doch Art. 14 GG für anwendbar zu befinden[14].

Es lassen sich zwei Schutzrichtungen der einheitlichen Eigentumsgarantie unterscheiden[15]: Zunächst gewährt Art. 14 GG als *Rechtsstellungsgarantie*[16] das konkrete Vermögensrecht des einzelnen so, wie er es besitzt. Die *Institutsgarantie* verpflichtet den Staat darüber hinaus, durch seine Gesetzgebung Rechtsinstitute aufrechtzuerhalten oder fortzuentwickeln, die am Maßstab des verfassungsrechtlichen Eigentumsbegriffs gemessen, den Namen Eigentum verdienen[17]. Als Institutsgarantie wendet sich Art. 14 Abs. 1 Satz 1 GG nur an den Gesetzgeber, d. h. an den Schöpfer von Gesetzen im materiellen Sinn.

Die Institutsgarantie sichert einen Grundbestand von Normen, der gegeben sein muß, um das Recht als „Privateigentum" bezeichnen zu

[13] Vgl. dazu *Leibholz/Rinck:* GG, Art. 14 Rdnr. 7. Vom *BVerfG* ist der Grundsatz, daß Art. 14 GG nicht vor der Auferlegung von Geldleistungen schützt, zuerst im *Investitionshilfeurteil* v. 20. 7. 1954 — BVerfGE 4, 7 (17) ausgesprochen worden und im Urt. v. 12. 11. 1958 — BVerfGE 8, 274 (330) und auch in späteren Urteilen wiederholt worden, vgl. z. B. BVerfGE 10, 89 (116); 10, 354 (371); 11, 105 (126); 14, 221 (241); 19, 119 (128 f.); 19, 253 (267 f.); 23, 288 (314 f.); 26, 327 (338); 27, 111 (131); 27, 326 (343); 29, 402 (413). Erstmals am 24. Juni 1962 — BVerfGE 14, 221 (241) — fügte das BVerfG dem Grundsatz die Ausnahme bei der sog. *„Erdrosselungssteuer"* hinzu.

Im Urt. v. 17. 1. 1958 — BVerwGE 6, 134 (144) — ließ das *BVerwG* dahingestellt, ob die Auferlegung von Geldleistungen eine Enteignung darstellen kann und ließ eine Enteignung jedenfalls mangels Intensität des Eingriffs scheitern. Im Urt. v. 6. 8. 1959 — BVerwGE 10, 3 (7) — u. im Urt. v. 24. März 1961 — BVerwGE 12, 140 (162) — schloß es sich der Meinung des BVerfG an, daß Art. 14 GG das Vermögen nicht vor der Auferlegung von Geldleistungen schützt.

Nach den gleichen Grundsätzen wie das BVerfG urteilt der *Bundesfinanzhof* in st. Rspr., vgl. z. B. das Urt. v. 27. 7. 1967 — BFHE 89, 422 (441) und das Urt. v. 19. 4. 1968 — BFHE 92, 495 (505 f.).

[14] Vgl. die Nachweise der kritischen Stimmen bei *Kimminich:* BK, Art. 14 Rdnr. 62 ff.

[15] Zu den zwei Garantiefunktionen: *Weber:* Eigentum, S. 331 ff. (355); *Kimminich:* BK, Art. 14 Rdnr. 85; *Maunz/Zippelius,* § 28 II 2, S. 223; *Ekkehart Stein,* § 13 II, S. 164; *Maunz,* in: Maunz/Dürig/Herzog/Scholz, Art. 14 Rdnr. 30 und *Leibholz/Rinck,* Art. 14 Rdnr. 1. Vgl. auch BVerfGE 24, 367 (389) und BVerfGE 42, 263 (294).

[16] Gegen diese Begriffsbestimmung: *Mangoldt/Klein:* Das Bonner GG, Bd. I, Art. 14 Anm. II 6 a, S. 417, wo behauptet wird, daß „dieser neuartige Begriff" entbehrlich sei.

[17] BVerfGE 24, 367 (389). Zum Umfang der Institutsgarantie vgl. auch B III dieses Kapitels.

können[18]. Dazu gehört nach der Rechtsprechung des Bundesverfassungsgerichts insbesondere die „Privatnützigkeit" und die grundsätzliche Verfügungsfreiheit des Eigentümers über das Eigentumsobjekt[19].

Während Rechtsprechung und Lehre bei der Rechtsstellungsgarantie einheitlich vom „erweiterten Eigentumsbegriff" ausgehen, ist der Schutzumfang bei der Institutsgarantie umstritten. Während das BVerfG und ein Teil der Rechtslehre[20] den gleichen Schutzumfang wie für die Rechtsstellungsgarantie zugrunde legen, hält ein anderer Teil der Rechtslehre den Eigentumsbegriff des BGB hier für einschlägig[21]. Dem ist jedoch nicht zu folgen. Denn der Eigentumsbegriff des BGB hat mit dem Verhältnis des Eigentümers zum Staat, wie bereits zu Anfang erläutert, nichts zu tun. Wenn ein vermögenswertes Recht zum Grundbestand von Normen gehört, die gegeben sein müssen, damit das Institut „Eigentum" bejaht werden kann, so ist dieses Recht dem Institutsschutz zu unterstellen, unabhängig davon, ob nach dem Sachenrecht des BGB „Eigentum" vorliegt oder nicht.

In der modernen, arbeitsteiligen Industriegesellschaft ist nicht mehr nur das Sacheigentum die entscheidende Grundlage und das ordnende Element für eine möglichst unabhängige Existenzerhaltung und Sicherung einer eigenverantwortlichen Lebensgestaltung. Vielmehr beruht die wirtschaftliche Lebensgrundlage der meisten Menschen auf schuldrechtlichen, dinglichen, arbeitsrechtlichen und verwaltungsrechtlichen Beziehungen und Rechtsstellungen. Daher hat die Rechtsprechung für die Individualgarantie auch deren Schutz anerkannt[22]. Der Schutz des Bürgers kann aber nur effektiv und umfassend sein, wenn der Gesetzgeber auch für solche vermögenswerten Güter grundsätzlich verpflichtet ist, Rechtsinstitute aufrecht zu erhalten und fortzuentwickeln. Daher muß nach dem Grundsatz „in dubio pro liberate" auch für die Institutsgarantie der erweiterte Eigentumsbegriff gelten[23].

---

[18] BVerfGE 24, 367 (389); 26, 215 (222).

[19] Vgl. dazu insbes. den *ersten Urheberrechtsbeschluß* v. 7. Juli 1971 — BVerfGE 31, 229 (240). Ebenso: BVerfGE 37, 132 (140) und BVerfGE 38, 348 (370).

[20] Vgl. insbes. BVerfGE 31, 229 (239 ff.). Zu den Vertretern der Rechtslehre: vgl. *Ekkehart Stein,* § 13 II, S. 164; *Hamann/Lenz,* Art. 14 Anm. B 1 b), S. 281 und B 3, S. 284; *Hesselberger:* GG, Art. 14 Anm. II 1, S. 97. Vgl. auch *Weber:* Eigentum, S. 331 ff. (355).

[21] Z. B. *Maunz,* in: Maunz/Dürig/Herzog/Scholz, Art. 14 Rdnr. 30, Anm. II 2.

[22] Vgl. *Weber:* Eigentum, S. 331 ff. (352 f.), der darlegt, daß diese Tatsache hinter der Begründung des BGH (BGHZ, 270 [278]) stand, daß wenn es eine Eigentümlichkeit des modernen Verwaltungsstaats sei, daß die staatliche Enteignung nach dem ganzen Vermögen der Bürger greife, dann müsse auch das ganze Vermögen unter den Schutz der Verfassung genommen werden.

[23] Ähnlich *Chosta,* S. 19 ff. (22). Zur Grundgesetzauslegung nach diesem Grundsatz vgl. *Bleckmann,* S. 63 f. m. w. N. und die Erweiterung dieses

II. Die Funktion der Eigentumsgarantie[24]

Um Inhalt und Grenzen der Eigentumsgewährleistung im Einzelfall feststellen zu können, bedarf es der Rückbesinnung auf den Zweck und die Funktion des Art. 14 Abs. 1 Satz 1 GG.

Unter der Geltung des Grundgesetzes hat sich die Einsicht in die Notwendigkeit und Legitimität teleologischer Interpretation der Eigentumsgarantie rasch durchgesetzt, nachdem der Große Senat des Bundesgerichtshofs in seinem Urteil vom 10. Juni 1952[25] entsprechende Maßstäbe gesetzt hat und es nicht bei einer kommentarlosen Übernahme der ständigen und gefestigten Rechtsprechung des Reichsgerichts beließ. Das Bundesverfassungsgericht folgte seinem Beispiel und formulierte in seinem 1974 ergangenen Urteil[26]: Das Grundgesetz enthält „keine Definition des Eigentumsbegriffs im verfassungsrechtlichen Sinne. Bei der Beantwortung der Frage, welche vermögenswerten Güter als Eigentum im Sinne des Art. 14 GG anzusehen sind, muß daher auf den Zweck und die Funktion der Eigentumsgarantie unter Berücksichtigung ihrer Bedeutung im Gesamtgefüge der Verfassung zurückgegriffen werden".

Damit vollzog sich ein Wechsel von einer mehr historisch zu einer mehr funktionsbestimmten Auslegung[27]. Auch in der Lehre ist heute anerkannt, daß der Rückgriff auf ein historisches Verständnis vom Eigentum allein nicht mehr genügt, sondern daß es notwendig geworden ist, den verfassungsrechtlich vorgegebenen Gewährleistungsbereich von der Funktion des Grundrechts her zu bestimmen[28].

Dennoch muß betont werden, daß gerade die teleologische Interpretation, die im Unterschied zur historischen Interpretation gegenüber einem Meinungswandel besonders offen ist, nicht dazu mißbraucht wer-

---

Grundsatzes S. 56 f. Kritisch dazu allerdings *Hesse*, § 2 Rdnr. 72. Hesses Kritik wendet sich jedoch grundsätzlich nur gegen die Anwendung dieser Auslegungsmethode zur Bestimmung des Verhältnisses von verfassungsrechtlicher Freiheitsgewährung und -beschränkung. Diese Auslegungsmethode muß jedoch Anwendung finden, wenn es darum geht, den Schutzumfang der Eigentumsgewährleistung zu bestimmen und die anderen Auslegungsmethoden zu keinem eindeutigen Ergebnis führen.

[24] Die Darstellung der Funktionen beschränkt sich wegen der vorliegenden Thematik auf solche des Privateigentums an Grund und Boden. Funktionen des unternehmensgebundenen Eigentums bleiben daher weitgehend unberücksichtigt. Vgl. zum unternehmensgebundenen Eigentum: *v. Plessen:* Qualifizierte Mitbestimmung und Eigentumsgarantie, S. 34 ff.

[25] BGHZ (GS) 6, 270 (276 ff.).

[26] BVerfGE 36, 281 (290); ebenso BVerfGE 42, 263 (292 f.).

[27] So dargelegt von *Meyer-Abich*, S. 22; ebenso *Ekkehart Stein*, § 13 III, S. 165.

[28] Vgl. *Meyer-Abich*, S. 22 f. m. w. N. Nach *Arndt/Rudolf*, S. 104 f. kann man nur mittels der teleologischen Interpretation der „unbestimmten Weite und Offenheit der Grundrechtsnorm" Herr werden.

den darf, den Eigentumsschutz — entgegen dem Willen des Gesetzgebers — unzulässig zu verkürzen. Sie darf lediglich dazu dienen, die Grundsätze, die der Eigentumsgarantie zugrunde liegen, auf heutige Verhältnisse zu übertragen.

1. Die Abwehrfunktion

Nach der klassischen liberalen Auffassung begründen die Grundrechte in erster Linie *Abwehrrechte* des einzelnen gegen Beeinträchtigungen seiner Freiheits- und Eigentumssphäre durch den Staat[29].

In neuerer Zeit wird mehrfach die Auffassung vertreten, die Grundrechte hätten einen Bedeutungswandel erfahren und spielten als Abwehrrechte faktisch keine Rolle mehr[30]. Sie seien nur noch für die heute auf wenige Prozent der Bevölkerung geschrumpfte, reiche Schicht von Bedeutung, die vom Staat unabhängig aus eigenen Mitteln existieren könnten.

Dem ist entgegenzuhalten[31], daß die meisten Urteile des Bundesverfassungsgerichts die Grundrechte gerade in ihrer Funktion als Abwehrrechte herangezogen haben, ohne daß es sich bei den Klägern um reiche Leute gehandelt hat. Gegen diese These spricht auch ein Vergleich mit autoritären Wohlfahrtsstaaten, in denen zwar die staatlichen Leistungspflichten verstärkt wurden, aber die Grundrechte als Abwehrrechte verkümmert sind. Wenn durch den Wandel vom Liberalismus zum Sozialstaat der Bürger vom Staat nicht nur ein „In-Ruhe-gelassen-werden", sondern einen Anspruch auf staatliche Leistungen erwarten darf, so kann das nicht bedeuten, daß damit der Staat legitimiert wird, stärker in die Freiheitssphäre des einzelnen einzugreifen. Auch wenn man nach einem neuen Grundrechtsverständnis die Grundrechte als Teilhaberechte betrachtet, so bedeutet dies keineswegs, daß der Staat diesen Teilhabeanspruch durch Einbrüche in die Freiheit des einzelnen Eigentümers erfüllen darf. Denn auch der Sozialstaat kann nur als Rechtsstaat tätig werden[32]. Damit ist aber die Abwehrfunktion der Grundrechte nach wie vor aktuell.

---

[29] Vgl. *Bleckmann*, S. 156 und *Arndt/Rudolf*, S. 106.

[30] So z. B. *Kratzmann:* Grundrechte — Rechte auf Leistungen, S. 59 f.; auch *Arndt/Rudolf*, S. 106, weisen auf die Gefahr hin, daß lediglich für eine Minderheit der soziale Besitzstand abgesichert und verfestigt wird.

[31] Vgl. *Klein:* Die Grundrechte im demokratischen Staat, S. 38 ff., insbes. S. 40; *Schwabe:* Probleme der Grundrechtsdogmatik, S. 13 f. m. w. N.; *Bleckmann*, S. 156 f. m. w. N.

[32] Ähnlich *Starck:* Vom Grund des Grundgesetzes, S. 56 ff.

2. Die Freiheitsfunktion

Das Eigentum ist nach der herrschenden Auffassung deshalb verfassungsrechtlich geschützt, weil es als reale Basis personaler Existenz und Entfaltung die *Freiheit des einzelnen* sichert. Als Antwort auf die elementaren Freiheitsverletzungen der NS-Zeit griffen die Grundgesetzgeber auf die klassischen Freiheitsrechte und das Freiheitsprinzip des liberalen Rechtsstaats zurück[33].

Auch das *Bundesverfassungsgericht* hat in ständiger Rechtsprechung erklärt, daß Art. 14 GG die materielle Basis der Freiheit schützt. Im Hamburger Deichurteil vom 18. Dezember 1968[34] führte das Bundesverfassungsgericht aus: „Das Eigentum ist ein elementares Grundrecht, das in einem inneren Zusammenhang mit der Garantie der persönlichen Freiheit steht. Ihm kommt im Gesamtgefüge der Grundrechte die Aufgabe zu, dem Träger des Grundrechts einen Freiheitsraum im vermögensrechtlichen Bereich sicherzustellen und ihm damit eine eigenverantwortliche Gestaltung des Lebens zu ermöglichen".[35]

Der große Senat des *Bundesgerichtshofs* hat bereits im Beschluß vom 10. Juni 1952[36] ausgesprochen, daß der in den Staat eingegliederte einzelne, um unter seinesgleichen als Person, d. h. frei und selbstverantwortlich leben zu können und um nicht zum bloßen Objekt einer übermächtigen Staatsgewalt zu werden — also um seiner Freiheit und Würde willen —, einer rechtlich streng gesicherten Sphäre des Eigentums bedürfe.

Auch das *Bundesverwaltungsgericht* anerkennt in seinen Urteilen die freiheitssichernde Funktion des Eigentums[37].

Die *Rechtslehre* hat sich überwiegend dieser Meinung angeschlossen[38]. Die Eigentumsgewährleistung dient danach der Verwirklichung der Freiheit durch und mit der Sache. Sie macht als wirtschaftliche Resource frei und dient der „Selbstdarstellung der Person".

---

[33] *Böckenförde* (NJW 1974, 1529 ff. [1537 f.]) fordert daher, die Auslegung der Grundrechte nicht nach wechselnden Grundrechtstheorien, sondern auf der Grundlage einer liberalen Theorie unter Berücksichtigung des Sozialstaatsprinzips, vorzunehmen. Zu den versch. Grundrechtstheorien vgl. auch *Arndt/Rudolf*, S. 106 ff.

[34] BVerfGE 24, 367 (389).

[35] Ähnlich im *Conterganurteil* v. 8. Juli 1976 — BVerfGE 42, 263 (293) und im *Mitbestimmungsurteil* v. 1. März 1979 — BVerfGE 50, 290 (339).

[36] BGHZ 6, 270 (276).

[37] Vgl. z. B. BVerwGE 30, 235 (238).

[38] Vgl. *Maunz/Zippelius*, § 28 II 1, S. 223; *Ekkehart Stein*, § 13 II, S. 162; *Hesse*, § 12 III 1 a, Rdnr. 442; *Sellmann*, NJW 1965, 1689 (1691); *Kimminich:* BK, Art. 14 Rdnr. 17 ff.; *v. Münch*, Art. 14 Rdnr. 1; *Scheuner:* Enteignungsentschädigung, S. 115; Vgl. auch *Meyer-Abich*, S. 58 f. m. w. N. *und Krüger*, DÖV 1955, 597 (601). Vgl. auch Fn. 165 des ersten Kapitels.

Dieser Funktionsbestimmung der Eigentumsgarantie liegt eine breite und tief verwurzelte Tradition zugrunde, die teilweise bis in die Antike zurückreicht[39]. Dennoch wenden sich gegen diese noch herrschende Auffassung immer mehr Kritiker. Es handle sich um eine heute überholte, zu sehr liberalistische Denkweise. Bei dem heutigen Funktionsverlust des Sacheigentums als private Existenzsicherung, Verfügung, individuelle Lebensgestaltung und als gesellschaftlicher Ordnungsfaktor sei eine Eigentumsbegründung aus Freiheitsgesichtspunkten nicht mehr haltbar. Außerdem sei besonders das Privateigentum an Grund und Boden und dem sog. „Produktiveigentum" sozial schädlich und begünstige allenfalls die Freiheit einer kleinen Minderheit, während es die Freiheit der breiten Masse beschränke[40].

Diese Argumente können jedoch nicht überzeugen. Ziel der Sozialgesetzgebung war es gerade, der Verwirklichung der Freiheit dadurch Vorschub zu leisten, daß die Realbedingungen verbessert wurden. Der Sozialstaat schafft und erweitert Freiheitsräume im gegenständlichen Bereich, Substrate eigenverantwortlichen Lebens und Handelns und damit auch im Sinne der Freiheitsthese das verfassungsgeschützte Eigentum. Damit kann im Wandel vom Liberalismus zum Sozialstaat kein Funktionsverlust gesehen werden[41]. Auch das Bundesverfassungsgericht hat ausgesprochen, daß der Schutz des Eigentums im sozialen Rechtsstaat auch und gerade für die sozial Schwachen besteht. Denn diese Bürger seien es, die dieses Schutzes um der Freiheit willen in erster Linie bedürften[42]. Denn die Eigentumsgarantie, so das Bundesverfassungsgericht[43], zielt gerade darauf, dem einzelnen die wirtschaftliche Voraussetzung für eine eigenverantwortliche Lebensgestaltung zu gewährleisten.

Zwar hat sich heute die Art der sozialen Sicherung von der Familie zum Staat verlagert, aber eine existenzsichernde Funktion des Eigentums hat de facto immer nur für eine kleine Minderheit der Bevölkerung bestanden. Außerdem kann dem Eigentum die freiheitssichernde Funktion nicht schon deshalb abgesprochen werden, weil das Eigentum in nur wenigen Händen ist, wenn für diese wenigen Eigentümer das Eigentum diese Funktion erfüllt[44].

---

[39] Dazu *Meyer-Abich*, S. 59-62.

[40] Zu den Kritiken: Vgl. die Nachweise bei *Kimminich:* BK, Art. 14 Rdnr. 10 f. *Meyer-Abich*, S. 78 ff. führt zusätzlich das Argument des Auseinanderfallens von Rechtsträgerschaft und Verfügungsmacht bei Großunternehmen an, das jedoch Konsequenzen allenfalls für Großunternehmen hat.

[41] Dazu ausführlich *Meyer-Abich*, S. 67 f.

[42] BVerfGE 42, 64 (77).

[43] BVerfGE 40, 65 (83 f.).

[44] Vgl. *Meyer-Abich*, S. 72 ff.; ebenso *Kimminich:* BK, Art. 14 Rdnr. 12 f.

Ganz abgesehen davon wäre die Tatsache, daß das Eigentum seine freiheitssichernde Funktion faktisch eingebüßt hätte, keine Rechtfertigung dafür, den Eigentumsschutz deshalb zu verkürzen oder ganz aufzuheben. Es ist vielmehr Aufgabe des Gesetzgebers, durch Inhalts- und Schrankenbestimmungen das Grundrecht wieder voll zur Entfaltung zu bringen.

Die freiheitssichernde Funktion der Eigentumsgarantie ist in der heutigen Zeit außerdem dadurch gestärkt worden, daß die Rechtsprechung auch Lohnansprüche und Versorgungsrechte verfassungsrechtlich als Eigentumsobjekt anerkannt hat[45].

3. Die Leistungsfunktion

Das Eigentum hat nach traditioneller und heute noch anerkannter Auffassung die Funktion, Dasjenige zu schützen, was der einzelne *durch seine Arbeit* geschaffen hat, und daneben einen Leistungsansporn zu geben[46].

Im Erdölbevorratungsbeschluß vom 16. März 1971 führte das *Bundesverfassungsgericht* aus[47]: „Die Gewährleistung des Eigentums ergänzt insoweit die Handlungs- und Gestaltungsfreiheit (BVerfGE 14, 288 [293]), indem sie dem Einzelnen vor allem den durch eigene Arbeit und Leistung erworbenen Bestand an vermögenswerten Gütern anerkennt".

Das Eigentum wird als „motorische Kraft" angesehen[48], die dazu führt, daß der Nichteigentümer nach einem Eigentumserwerb strebt und der Eigentümer versucht, sein Eigentum so gut als möglich zu nutzen.

Die Sicht, Eigentum als „geronnene Arbeit" zu bezeichnen, reicht ideengeschichtlich zurück bis *John Locke*[49].

Vermögenswerte Rechte werden aber in der Industriegesellschaft nicht nur durch Arbeit, sondern z. B. auch durch Vererbung, Schenkung, Spekulation, Leistung von Dritten (z. B. Arbeitnehmern) und staatlichen Fürsorgeleistungen erworben. In der Literatur wenden sich daher immer mehr Kritiker gegen die Leistungsthese[50].

Tatsächlich führt es zu untragbaren Ergebnissen, wenn man das Eigentum im jeweiligen Fall auf seine „Wurzel der Arbeit" abklopfen

---

[45] Vgl. zur Stärkung der Eigentumsgarantie: *Timm:* Eigentumsgarantie und Zeitablauf, S. 26 ff.

[46] Dazu *Witzel,* S. 9 ff. und *Meyer-Abich,* S. 25 ff.

[47] BVerfGE 30, 292 (334).

[48] So *Witzel,* S. 11 m. w. N. und *Krüger:* Allgemeine Staatslehre, S. 426.

[49] Vgl. die Darstellung bei *Meyer-Abich,* S. 28 ff.

[50] Vgl. die Nachweise bei *Meyer-Abich,* S. 50.

würde[51]. Dann wäre konsequenterweise bei Sozialversicherungsansprüchen nur der einbezahlte Betrag, bei einer Enteignung von Grund und Boden nur der einmal gezahlte Kaufpreis und ein Beschenkter und ein Empfänger einer Subvention gar nicht gegen eine Entziehung geschützt[52].

Außerdem ist fraglich, was überhaupt eine „Leistung" bedeutet, mit der man Eigentum erwirbt. Ist die Einholung einer Baugenehmigung wirklich eine Tätigkeit, mit der man die Baulandqualität „erarbeitet"[53]? Die Ansicht, die die Genehmigung deshalb dem Eigentumsschutz unterstellt, weil sie „Vorspannrecht" der Leistung[54] oder durch nachträgliches Ins-Werk-setzen erarbeitet ist[55], übersieht, daß nicht die Genehmigung, sondern nur das auf dieser Basis aufgebaute Bauwerk oder der „mit eigenen Händen aufgebaute Betrieb" erarbeitet ist. Konsequenterweise müßten nach dieser Auffassung fast alle ins Werk gesetzten, begünstigenden und vermögenswerten Verwaltungsakte „Eigentum" sein[56].

Folglich kann aus der These, daß das Eigentum deshalb geschützt ist, weil es eine Leistungsfunktion hat, nicht geschlossen werden, daß im Einzelfall, wo diese Funktion nicht bejaht werden kann, auch ein Eigentumsschutz verneint werden muß. Vielmehr war das Leistungskriterium *Motiv* für den Gesetzgeber, das Eigentum zu schützen. Über die Frage, ob Eigentum im konkreten Fall vorliegt, bietet die These lediglich einen Anhalt, ist aber kein notwendiges konstitutives Moment des Eigentums.

Es ist aber andererseits *Aufgabe* des Gesetzgebers, Regelungen zu schaffen, daß Eigentum Leistungsansporn bleibt und der Arbeitende Eigentum als „geronnene Arbeit" erwerben kann.

4. *Die Machtverteilungsfunktion*

Das Bundesverfassungsgericht[57] und die herrschende Lehre[58] sind der Auffassung, daß das Grundgesetz kein Wirtschaftsverfassungsmodell

[51] Dies ist aber gerade die Grundthese von *Breuer*.

[52] Oder nur durch Herabsetzung der Anforderungen an das, was „Leistung" ist. Vgl. zu dieser Problematik *Meyer-Abich*, S. 35 ff.

[53] *Herzog:* „Eigentum", in: Evangelisches Staatslexikon, Sp. 516, bejahend für die gewerbliche oder wasserrechtliche Konzession.

[54] So *Brammen:* Die Ausdehnung der verfassungsrechtlichen Eigentumsgarantie auf Rechte des öffentlichen Rechts, S. 124 f.

[55] So *Dürig:* Der Staat und die vermögenswerten öffentlich-rechtlichen Berechtigungen seiner Bürger, in: Festschrift für W. Abelt, S. 13 ff. (46 f.).

[56] Vgl. zu dieser Problematik: *Meyer-Abich*, S. 53.

[57] Besonders deutlich ausgesprochen im *Mitbestimmungsurteil* — BVerfGE 50, 290 (336 ff.).

[58] Zum Diskussionsstand: *Tettinger*, BB 1977, 1617 ff.; a. A. *Rupp:* Grundgesetz und „Wirtschaftsverfassung", S. 41, Anm. 68; *Zuck:* Wirtschaftsverfassung und Stabilitätsgesetz, S. 38 ff.

festschreibt. Auch historisch[59] und verfassungsgeschichtlich[60] läßt sich eine Abhängigkeit von Marktsystem und demokratischer Freiheit nicht nachweisen.

Was jedoch Art. 14 GG festschreibt, ist eine *„Gewaltenteilung durch Eigentum"*[61]. Sie dient dazu, dem übermächtigen Staat ein mächtiges Äquivalent, die Eigentümer und die freie Wirtschaft, gegenüberzustellen. Damit kommt es erstens zur innerwirtschaftlichen Gewaltenteilung — denn es gibt viele Arbeitgeber, viele Vermieter und Anbieter von Gütern, die einen vom Staat unabhängigen Gewinnerzielungszweck verfolgen —, und zweitens zu einer Gewaltenteilung zwischen Staat und Wirtschaft, da die wesentlichen Entscheidungen im Bereich der Wirtschaft von privater und nicht von staatlicher Seite getroffen werden.

Wenn Planungs- und Entscheidungskompetenzen für die Produktion und die Verteilung von Gütern und Dienstleistungen nicht beim Staat liegen, so ist damit die Ausübung politischer Gewalt und damit der Einsatz staatlicher Machtmittel von vornherein sachlich begrenzt. Es kommt dadurch auch zu einer Konfliktbegrenzung und einer Reduktion von Komplexität, da verschiedene Eigentümer über kleinere Bereiche entscheiden.

5. Die Erziehungsfunktion

Nach *Manfred Witzel*[62] kommt dem Eigentum zusätzlich eine *Erziehungsfunktion* zu. Der Eigentümer habe Entscheidungsfreiheit, aber als Korrelat dazu auch die Verantwortlichkeit. Er trage das Risiko für sein Handeln.

Im *Privatbereich* greife Art. 14 Abs. 2 GG nicht ein, da die Gemeinschaft nicht vom Handeln des Eigentümers betroffen werde. Die Privatsphäre sei neutral. Hier müsse der Eigentümer nicht verantwortlich handeln. Er diene nur mittelbar der Gemeinschaft, indem er zu einem privatnützigen, d. h. eigennützigen Verhalten erzogen werde. Nach dem Prinzip der Privatnützigkeit werde aber vermutet, daß sich privatnütziges Eigentümerverhalten vorteilhaft für die Gemeinschaft auswirke.

Wirke sich dagegen das Eigentümerverhalten *unmittelbar auf die Gemeinschaft* aus, so müßten dagegen die Belange der Gemeinschaft be-

---

[59] Dazu *Meyer-Abich*, S. 114.

[60] Man war sich im Parlamentarischen Rat einig, daß man die künftige Ausgestaltung der Wirtschafts- und Sozialordnung dem Gesetzgeber überlassen wollte; vgl. dazu *Ekkehart Stein*, § 16 II, S. 190 f.

[61] Dazu *Meyer-Abich*, S. 142 ff.

[62] *Witzel*, S. 11 ff.

achtet werden. Hier, im „öffentlichen Bereich“[63], solle die Möglichkeit, als Eigentümer wirken zu können, dazu dienen, daß der einzelne sich in die Gemeinschaft einordne. Der Staat habe dem Eigentümer im öffentlichen Bereich private Befugnisse anvertraut, damit er zu einem gemeinschaftsgebundenen Bürger erzogen werde. Das Eigentum diene hier der Integration des einzelnen in die Gemeinschaft. Der Staat vertraue dem einzelnen Bürger das Eigentum im öffentlichen Bereich, ein „Stück Sozialstaat“[64] an, um die Zusammenarbeit mit der Gemeinschaft zu ermöglichen. Das Eigentum mache daher sozial.

Die Privatnützigkeit sei nur ein Mittel, um die Erziehungswirkung zu erreichen. Der Eigennutz solle den Eigentümer im öffentlichen Bereich zum Handeln bewegen, die Gemeinnützigkeit solle die Art und Weise des Handelns bestimmen, was unmittelbar aus Art. 14 Abs. 2 GG folge. Die Gemeinnützigkeit sei neben der gleichberechtigten Privatnützigkeit eine Zwecksetzungskomponente beim Eigentumsgebrauch. Während im Privatbereich die Art der Nutzung prinzipiell gleichgültig sei, müsse im öffentlichen Bereich die Art der Nutzung an den verfassungspolitischen Zielen gemessen werden.

Diese Funktion des Eigentums, mag sie vom Standpunkt der Politikwissenschaft auch gerechtfertigt sein, stimmt mit dem *Menschenbild des Grundgesetzes* und seiner Zielsetzung nicht überein. Nach dem Grundgesetz ist der höchste Wert der Mensch in seiner lebendigen Wirklichkeit. Ihm kommt in der Gemeinschaft ein sozialer Wert- und Achtungsanspruch zu. Es widerspricht der Menschenwürde, den Menschen zum bloßen Objekt im Staat zu machen oder ihm sein Selbstbestimmungsrecht streitig zu machen[65].

Nach Art. 2 Abs. 1 GG wird diesem selbstverantwortlichen Menschen die allgemeine Handlungsfreiheit, d. h. das Recht zu tun und zu lassen, was er will, garantiert. Das Grundgesetz geht nicht von einem unmündigen Menschen aus, der der Erziehung bedarf. Nicht der Wille des Staates, sondern die selbständige, freie Entscheidung des Menschen wird geschützt.

Wenn diese Freiheit des einzelnen mit Staatsinteressen kollidiert, so ist im Einzelfall zu entscheiden, welchem Interesse der Vorrang eingeräumt wird. Den Menschen nur deshalb zum Eigentümer zu machen, damit er lernt, sozial, d. h. gemeinschaftsnützig zu handeln, ist mit dem Denken des Grundgesetzes nicht vereinbar. Wo bleibt die Würde und Freiheit des Menschen, die das Grundgesetz so hoch hält, wenn der

---

[63] Als „öffentlichen Bereich“ bezeichnet Witzel jenen Bereich, wo sich das Eigentümerverhalten unmittelbar auf die Gemeinschaft auswirkt.

[64] So *Witzel*, S. 16.

[65] Vgl. *Ekkehart Stein*, § 20 I, S. 212 ff.

Mensch zum Objekt der Staatsräson wird, wenn er dazu „erzogen“ wird, staatlichen Interessen zu dienen?

Auch die Privatnützigkeit dient nicht dazu, den Menschen durch eigennütziges Verhalten dazu zu erziehen, mittelbar der Gemeinschaft zu dienen. *Reinhardt*[66], der den Begriff der Privatnützigkeit ins Leben gerufen hat, wollte mit diesem Begriff lediglich die Abgrenzung einer zulässigen Eigentumsbindung von einer Enteignung vornehmen. Die Privatnützigkeit ist daher nichts, das dazu dient, staatliche Interessen, wenn auch nur mittelbar, zu fördern. Mit Privatnützigkeit bezeichnet Reinhardt das Minimum an Freiheit, das da sein muß, um eine Enteignung noch verneinen zu können. Diese Privatnützigkeit erlaubt es gerade, eigene Interessen zu verfolgen, ohne irgendwelchen Zwang mittelbar Staatsinteressen fördern zu müssen.

Auch wenn man davon ausgeht, daß auch privatnütziges Verhalten i. d. R. dem Gemeinwohl dient, so soll umgekehrt der einzelne nicht zu einem solchen privatnützigen Verhalten erzogen werden. Vielmehr wird dem einzelnen ein Freiheitsbereich eingeräumt, wo er ohne Berücksichtigung der Staatsinteressen in gewissem Umfang eigene Ziele verfolgen darf.

Fassen wir also zusammen: Die Eigentumsgarantie erfüllt eine Abwehr-, eine Freiheits-, eine Leistungs- und eine Machtverteilungsfunktion. Eine Erziehungsfunktion kommt Art. 14 GG jedoch nicht zu. Die Freiheitsfunktion soll der Verwirklichung der Freiheit vom Staat und damit auch der Verwirklichung der Abwehr- und der Machtverteilungsfunktion dienen. Daher steht in Art. 14 GG die Garantie der Freiheit im Vordergrund.

III. Folgerungen für die Eigentumsgewährleistung

Da Art. 14 GG in erster Linie die Freiheit des einzelnen vom Staat verwirklichen soll, ist besonderes Augenmerk auf die selbständige Entscheidung des Eigentümers zu richten.

Die *Abwehrfunktion* fordert, daß der Eigentümer einen eigenen Herrschaftsbereich vorfindet, wo er ungeachtet staatlicher Machtansprüche eigene Interessen und Motive verfolgen kann. Daher ist im Bereich des Eigentums die Entscheidungsfreiheit überwiegend dem Eigentümer zugewiesen und dem Staat entzogen.

Das Eigentum soll den *einzelnen frei machen* und zwar in zweierlei Hinsicht: Einerseits soll ihm das Eigentum eine gewisse Unabhängigkeit in materieller Hinsicht geben. Daher hat die Rechtsprechung zu

[66] *Reinhardt*, S. 1 ff.

Recht den Eigentumsbegriff auf schuldrechtliche, dingliche, arbeitsrechtliche und sonstige vermögenswerte Rechte ausgedehnt, da darauf die wirtschaftliche Grundlage der meisten Menschen heute beruht.

Es ist aber auch das zweite Merkmal zu beachten: Das Eigentum soll dem Eigentümer die Möglichkeit geben, seine Persönlichkeit zu entfalten; es soll der Selbstdarstellung der Person dienen. Dies bedeutet aber, daß nicht nur das Innehaben des Eigentums, sondern auch das dem eigenen Willen entsprechende Gebrauchmachen vom Eigentum wichtiges Element der Eigentumsgarantie ist. Nicht nur die Privatnützigkeit ist es, die das Eigentum ausmacht, sondern auch die Privatbestimmtheit. Der Eigentümer darf nicht zum Objekt der Staatsräson gemacht werden.

Außerdem soll das Eigentum *Leistungsansporn*, motorische Kraft sein. Daher muß der Gesetzgeber dafür sorgen, daß der Bürger mit Hilfe eigener Arbeit und Leistung Eigentum erwerben kann und Eigentum als Leistungsansporn attraktiv bleibt.

B. Der Regelungsvorbehalt des Art. 14 Abs. 1 Satz 2 GG

I. Das Verhältnis der Eigentumsgarantie zur Inhalts- und Schrankensetzungsbefugnis vom Standpunkt der herrschenden Meinung

Das Grundgesetz hat darauf verzichtet, „Inhalt und Schranken" des Eigentums selbst zu bestimmen und diese Aufgabe in Art. 14 Abs. 1 Satz 2 GG dem einfachen Gesetzgeber überlassen.

Nach übereinstimmender Ansicht von Rechtsprechung und Lehre ist aber die Regelungsbefugnis des Gesetzgebers nach Art. 14 Abs. 1 Satz 2 GG nicht unbegrenzt.

Dies betont das *Bundesverfassungsgericht* in ständiger Rechtsprechung. So formulierte es in seinem Urteil vom 7. August 1962[67]: „Der Regelungsbefugnis des Gesetzgebers scheinen nach dem Wortlaut des Art. 14 Abs. 1 Satz 2 GG keine Schranken gesetzt zu sein. Es ist jedoch selbstverständlich, daß jede gesetzliche Inhalts- und Schrankenbestimmung sowohl die grundlegende Wertentscheidung des Grundgesetzes zugunsten des Privateigentums im herkömmlichen Sinne (vgl. BVerfGE 1, [276]; 4, 219 [240]) zu beachten hat als auch mit allen übrigen Verfassungsnormen in Einklang stehen muß, also insbesondere dem Gleichheitssatz, dem Grundrecht auf freie Entfaltung der Persönlichkeit und den Prinzipien der Rechts- und Sozialstaatlichkeit". Im Jahre 1968 führ-

[67] BVerfGE 14, 263 (277 f.).

te das Bundesverfassungsgericht in einem Urteil aus[68], daß Inhalt und Funktion des Eigentums der Anpassung an die gesellschaftlichen und wirtschaftlichen Verhältnisse fähig und bedürftig seien und es Aufgabe des Gesetzgebers sei, unter Beachtung der grundlegenden verfassungsrechtlichen Wertentscheidungen eine solche Anpassung vorzunehmen.

Im Unterschied zum Bundesverfassungsgericht stellt das *Bundesverwaltungsgericht* darauf ab, ob die Inhaltsbestimmung dazu erfolgt, „um das Eigentum gegen übergeordnete oder gleichgeordnete kollidierende Werte abzugrenzen"[69].

Nach überwiegender Ansicht darf ein auf der Grundlage von Art. 14 Abs. 1 Satz 2 GG ergehendes Gesetz den Wesensgehalt nicht antasten[70]. Nach herrschender Meinung ist Art. 19 Abs. 2 GG, der unmittelbar nur für Schrankenbestimmungen gilt, auf Eigentumsinhaltsbestimmungen wegen der Funktion, die Aushöhlung von Grundrechten durch übermäßige Einengung von Freiheitsbefugnissen abzuwenden, entsprechend anzuwenden[71].

Es ist allerdings umstritten, ob die Wesensgehaltsgarantie des Art. 19 Abs. 2 GG sowohl für die Rechtsstellungs- als auch für die Institutsgarantie des Eigentums gilt.

Für die Anwendung auf die *Rechtsstellungsgarantie* wird auf die Formulierung des Art. 19 Abs. 2 GG verwiesen, der davon spricht, daß ein Grundrecht „in keinem Fall" in seinem Wesensgehalt angetastet werden darf. Dabei sei „in keinem Fall" als „in keinem Einzelfall" zu lesen, da sowohl der grammatische Zusammenhang mit Absatz 1 als auch die Tatsache, daß der Einzelmensch nach Art. 1 GG im Mittelpunkt des Grundrechtsschutzes steht, diese Auslegung begründe[72].

[68] BVerfGE 24, 367 (389).

[69] Vgl. BVerwGE 2, 172 (174) und BVerwGE 7, 297 (299). Kritisch dazu *Krüger*, DÖV 1961, 721 (725 f.), der in dieser Formulierung die Reduzierung der Befugnisse zur Inhaltsbestimmung auf eine bloße Schrankenziehung sieht. Vgl. auch D dieses Kapitels.

[70] Vgl. *Kimminich:* BK, Art. 14 Rdnr. 100 und *Chlosta,* S. 39; BVerfGE 58, 300 (348).

[71] Vgl. bes. *Closta,* S. 39 und S. 14 Fn. 3 m. w. H. Und *Maunz/Zippelius,* § 28 II 3, S. 225 und § 20 I 3, S. 153, der auch nach dem Wortlaut des Art. 19 Abs. 2 GG diesen für Inhaltsbestimmungen für anwendbar hält. Ebenfalls für die Geltung der Wesensgehaltssperre: BVerfGE 14, 263 (270); BGHZ 6, 270 (279). Mit für seine Theorie der Eigentums‚hülse' spezieller Begründung: *Schwerdtfeger:* Unternehmerische Mitbestimmung der Arbeitnehmer und Grundgesetz, S. 235, Fn. 567. Außerdem: *Weber:* Eigentum, S. 369; *Ipsen,* VVDStRL 10, 94; *v. Mangoldt/Klein,* Art. 19 Anm. V 1 d), S. 433 m. w. H.; *Leisner:* Sozialbindung, S. 150, Fn. 340 f.; *Bielenberg,* DVBl. 1971, 441 (446). Nach *Lerche:* Übermaß und Verfassungsrecht, S. 248 f. gilt dagegen Art. 19 Abs. 2 GG nicht für grundrechtsprägende Normen.

[72] Vgl. *Chlosta,* S. 39 ff. m. w. H. und *Kimminich:* BK, Art. 14 Rdnr. 100; dazu ausführlich E 8 a) aa) dieses Kapitels.

Ernst Knoll[73] bezweifelte dagegen, ob die Wesensgehaltsgarantie des Art. 19 Abs. 2 GG für die Rechtsstellungsgarantie anwendbar ist, da Art. 14 Abs. 3 GG die Entziehung des Eigentums für zulässig erklärt. Man könne nicht sagen, daß die Gewährleistung sich in einer Entschädigung fortsetze. Eine Verfassung aber, die die völlige Aufhebung des Rechts gutheiße, könne dieses Recht nicht gewährleisten.

Dem wird entgegengehalten, daß gerade weil Art. 14 GG das Eigentum des einzelnen und nicht nur das Eigentumsinstitut schützt, die Enteignungsregelung notwendig wird, um die Anpassung an Entwicklungen zum Wohle der Allgemeinheit zu ermöglichen[74].

Gegen die Anwendung der Wesensgehaltsgarantie auf die *Institutsgarantie* wird eingewandt, daß Art. 19 Abs. 2 GG nur von Grundrechten spreche. Die Institutsgarantie schützt nach herrschender Meinung und nach der Rechtsprechung des Bundesverfassungsgerichts einen „Grundbestand von Normen", den *Kimminich*[75] als „institutionellen Wesenskern" bezeichnet, der nicht ohne Verletzung des Grundrechts der Eigentumsfreiheit beseitigt werden könne[76].

Um die Reichweite der gesetzlichen Befugnis exakt bestimmen zu können, bedarf es der Analyse dessen, was unter „Inhalt" und „Schranken" genau zu verstehen ist.

II. Die Abgrenzung der Inhalts- von der Schrankensetzungsbefugnis

Obwohl die Unterscheidung Inhaltsbestimmung und Schrankensetzung „der Schlüssel für das Verständnis der gesamten Bestimmung des Art. 14 Abs. 1 Satz 2 GG" ist[77], ist das Verhältnis der Begriffe „Inhalt" und „Schranken" bis heute nicht eindeutig geklärt.

---

[73] *Knoll*, AöR 1979, 455 (486 ff.); ebenso *v. Mangoldt/Klein*, Art. 19 Anm. V 1 d), S. 433. Ebenfalls gegen eine Anwendung, da nach dieser Ansicht die Wesensgehaltsgarantie nur deklaratorischen Charakter hat, spricht sich *Häberle:* Die Wesensgehaltsgarantie des Art. 19 Abs. 2 GG, S. 234 ff. aus.

[74] So *Kimminich:* BK, Art. 14 Rdnr. 100; gleicher Ansicht ist auch *Breuer*, S. 35 f. m. w. H. und *Scheuner:* Enteignungsentschädigung, S. 69.

[75] *Kimminich:* BK, Art. 14 Rdnr. 100.

[76] Vgl. zu dieser Problematik *Kimminich:* BK, Art. 14 Rdnr. 100. Für die Anwendung des Art. 19 Abs. 2 GG spricht sich die herrschende Meinung aus, vgl. z. B. *Scheuner:* Enteignungsentschädigung, S. 69; *Kimminich:* BK, Art. 14 Rdnr. 100; *Bielenberg*, DVBl. 1971, 441 (446); *Breuer*, S. 35 ff. m. w. H.; *Chlosta*, S. 39 ff. m. w. H.; anderer Ansicht aber: *Krüger:* Die Bestimmung des Eigentumsinhalts, in: Festschrift für F. Schack, S. 73 f.

[77] So *Ramsauer:* Die faktischen Beeinträchtigungen des Eigentums, S. 69 zu Recht.

1. *Die Auffassung in der Rechtsprechung*

In der Rechtsprechung werden die Inhalts- und Schrankensetzungsbefugnis des Gesetzgebers erwähnt, ohne daß aus der Unterscheidung Konsequenzen gezogen werden.

Wie *Herbert Limpens*[78] zu Recht feststellt, sind in den Urteilen des *Bundesverfassungsgerichts* kaum Hinweise darauf vorhanden, ob das Bundesverfassungsgericht sich die Frage der genauen funktionellen Bedeutung der beiden Merkmale Inhalts- und Schrankenbestimmung je ernsthaft gestellt hat. Zwar sieht *Herbert Krüger*[79] in verschiedenen Entscheidungen[80] eine Differenzierung. Dies ist jedoch unzutreffend, da zwar beide Begriffe verwendet werden, aber ohne Unterschiede herauszustellen[81].

Allenfalls im *Urheberrechtsbeschluß* des Bundesverfassungsgerichts vom 7. Juli 1971[82] ist zuzugeben, daß Anhaltspunkte für eine Differenzierung vorhanden sind. Bei näherer Betrachtung kann aber auch hier keine grundlegende Differenzierung gesehen werden. Zunächst spricht das Bundesverfassungsgericht aus, daß Befugnisse und Pflichten den Inhalt des Rechts ausmachen. Andererseits ist zu lesen, daß dem verfassungsrechtlich geschützten Urheberrecht in mannigfacher Hinsicht „Schranken" gesetzt sind. Es scheint, daß das Bundesverfassungsgericht — wie auch in anderen Entscheidungen, wo es die beiden Begriffe doppelt verwendet[83] oder im Einzelfall verschiedentlich von Inhalts-[84], andere Male von Schrankenbestimmung[85] spricht — keine grundlegende Stellungnahme zum Verhältnis von „Inhalt" und „Schranken" abgeben wollte.

Im Beschluß vom 12. Januar 1967[86] hatte das Bundesverfassungsgericht über die Verfassungsmäßigkeiten von Bestimmungen des Grundstücksverkehrsgesetzes zu entscheiden. Hier verquickte das Bundesverfassungsgericht nicht nur Inhalts- und Schrankenbestimmung, sondern auch die Sozialbindung des Art. 14 Abs. 2 GG. Das hat in der Rechts-

---

[78] *Limpens:* Funktion und Grenzen der Inhaltsbestimmung des Eigentums im Sinne von Art. 14 Abs. 1 Satz 2 des Grundgesetzes, S. 68; ebenso auch *Ramsauer,* DVBl. 1980, 539 ff. (539).

[79] *Krüger:* Eigentumsinhalt, S. 71 und Fn. 5.

[80] BVerfG DÖV 1962, 142 (143); BVerfG DVBl. 1965, 203 (204); BVerfGE 14, 263 (279).

[81] Gleicher Ansicht: *Timm,* S. 43 f., Anm. 13.

[82] BVerfGE 31, 229 (240); ähnlich BVerfGE 58, 300 (330).

[83] Z. B. BVerfGE 21, 150 (154 f.) und BVerfGE 26, 215 (222).

[84] Z. B. BVerfGE 21, 73 (79) und BVerfGE 21, 92 (93).

[85] BVerfGE 8, 71 (79).

[86] BVerfGE 21, 73 (82 f.).

lehre zur Kritik geführt[87], daß das Bundesverfassungsgericht ohne Rücksicht auf die vom Grundgesetz sorgfältig getrennten Funktionen durch Inhaltsbestimmung und Schrankensetzung einerseits und dem Begriff der Sozialbindung andererseits die Eigentumsverfassung zu einem „Konglomerat" vermische, aus dem eine über die kasuistischen Fallentscheidungen hinausgehende Beurteilung nicht mehr zu entnehmen sei.

Auch das *Bundesverwaltungsgericht* bemühte sich nicht um eine grundlegende Abgrenzung von „Inhalt" und „Schranken". So führte es in einem Urteil von 1955 aus[88]: „Das Recht bauliche Anlagen zu errichten und zu verändern, in diesem Zusammenhang also auch die Befugnis, Werbevorrichtungen aufzustellen und anzubringen, gehört nach den Grundsätzen des Baurechts zum Inhalt des Eigentums. Vorschriften, welche die Ausgestaltung dieses Rechtes regeln, bestimmen daher grundsätzlich Inhalt und Schranken des Eigentums und sind durch Art. 14 Abs. 1 Satz 2 des Grundgesetzes — GG — gedeckt. Eine solche Inhaltsbestimmung kann aber nicht beliebig erfolgen ...".

Es scheint, daß das Bundesverwaltungsgericht wahlweise von Inhalts- oder Schrankenbestimmung spricht, ohne Aussagen über die Stellung beider Begriffe zueinander machen zu wollen.

Auch der *Bundesgerichtshof*[89] unterscheidet nicht zwischen Inhalts- und Schrankenbestimmung, sondern behandelt beide Befugnisse als einfache Ermächtigung zur Auferlegung von Beschränkungen.

2. *Die Auffassungen in der Rechtslehre*

a) Die Theorie von der Deckungsgleichheit

Von verschiedenen Autoren[90] wird vertreten, daß eine Unterscheidung von Inhalts- und Schrankenbestimmung nicht möglich ist, sondern es sich um einen einheitlichen Akt des Gesetzgebers handelt.

---

[87] Vgl. *Limpens*, S. 71 f.

[88] BVerwGE 2, 172 (174).

[89] Z. B. BGHZ 6, 270 (280).

[90] Vgl. *Hamel:* Die Bedeutung der Grundrechte im sozialen Rechtsstaat, S. 45 ff.; *ders.*, DVBl. 1958, 37 (41 f.); *Faehling:* Die Eigentumsgewährleistung durch Art. 14 des Grundgesetzes als Schranke der Besteuerung, S. 85; *Häberle*, S. 179 ff.; *Lerche:* Übermaß, S. 144, Fn. 140; *Rupp:* Grundfragen, S. 240 f. Anm. 431; *Schneider*, VerwArch. 58, 197 (212); *Ridder*, VVDStRL 10, 148; *Rittstieg:* Eigentum als Verfassungsproblem, S. 391 f. mit Hinweis auf die Rechtsprechung des BVerfG; *Hoffmann-Riem:* Rechtsfragen der Währungsparität. Festsetzung und Vollzug der DM-Parität im Verfassungs-, Verwaltungs- und Völkerrecht, S. 72; *Huber:* Wirtschaftsverwaltungsrecht, Bd. II, S. 11 und Fn. 4; *Roth:* Die öffentlichen Abgaben und die Eigentumsgarantie im Bonner Grundgesetz, S. 67 f.; *Schack*, NJW 1954, 577 ff. (579); *Breuer*, S. 19 ff.

Nach *Walter Hamel*[91] ist jeder Inhalt, auch derjenige eines Rechts, durch Schranken bestimmt. Umgekehrt bestimme jede Schranke auch einen Inhalt. Daher gäbe es keine Inhaltsbestimmung, die nicht zugleich Schrankenbestimmung sei und keine Schrankenbestimmung, die nicht zugleich den Inhalt bestimme. „Inhalt" und „Schranken" meinten vielmehr dasselbe, das eine Mal von der Warte des begrenzten Inhalts, das andere Mal von der Grenze des Inhalts aus betrachtet[92].

Jürgen Faehling[93] stimmt Hamels Ansicht zu. Er lehnt die Gegenansicht, daß durch das Tätigwerden des Gesetzgebers — der Inhaltsbestimmung — das Gesamtrecht erst geschaffen werden müsse, ab. Eine solche Ansicht sei mit dem Menschenrechtscharakter des Eigentums unvereinbar, da das Eigentumsrecht nicht vom Tätigwerden des Gesetzgebers abhängen könne. Denn es bestehe kein „nullum", sondern ein „Vollrecht", dem die Bereitschaft innewohne, Beschränkungen hinzunehmen.

Peter Häberle[94] hält eine Unterscheidung ebenfalls für unrichtig. Der Gesetzgeber, der Grundrechte begrenze, bestimme sie damit auch inhaltlich und umgekehrt. Er verweist auf die Innentheorie *Sieberts*[95] im Zivilrecht, der seine Ansicht wiederum auf das deutschrechtliche Denken stützt, wonach die Schranke eines Rechts zu dessen Inhalt gehört.

Helmut Rittstieg[96] argumentiert, daß, weil es keinen absoluten Eigentumsinhalt gebe, es nur Inhaltsbestimmungen, keine Schrankenbestimmungen geben könne. Daher enthalte Art. 14 Abs. 1 S. 2 GG nur eine einheitliche Befugnis.

Die Annahme der Deckungsgleichheit wäre nur dann gerechtfertigt, wenn sich für die von üblichen Gesetzesvorbehalten abweichende Formulierung kein vernünftiger Sinn finden würde[97]. Dies ist jedoch nicht der Fall. In der Rechtslehre werden verschiedene Vorschläge zur Abgrenzung diskutiert[98].

Und zu Art. 153 WRV: *Wolff:* Reichsverfassung und Eigentum, in: Festgabe für W. Kahl, S. 7 und *Jellinek:* Verwaltungsrecht, 4. Aufl. 1948, S. 413.

[91] *Hamel:* Bedeutung der Grundrechte, S. 45. Vgl. auch *ders.*, DVBl. 1958, 37 (41 ff.).

[92] Ähnlich *Rupp:* Grundfragen, S. 240 f., Anm. 431.

[93] *Faehling*, S. 85 f.

[94] *Häberle*, S. 179; Kritisch dazu die Buchbesprechung *Lerches*, DÖV 1965, 212 (213).

[95] *Siebert:* Verwirkung und Unzulässigkeit der Rechtsausübung, S. 65 f., 94 f.

[96] *Rittstieg:* Eigentum, S. 391 f.

[97] Vgl. dazu *Chlosta*, S. 31.

[98] Auch *Kimminich* (BK, Art. 14 Rdnr. 97) hält die Theorie der Deckungsgleichheit für „heute überwunden".

b) Die Unterscheidung der Funktionen

Nach *Herbert Krüger*[99] sei der Mut Faehlings und Hamels zu bewundern, mit der „der zweifache Auftrag des Verfassungsgebers an den Gesetzgeber zu einem einfachen verkürzt" werde. Die Notwendigkeit, zwischen „Inhalt" und „Schranken" zu unterscheiden, ergebe sich nicht nur aus dem unzweideutigen Wortlaut, sondern auch aus der Tatsache, daß sich das Eigentum als Ermächtigung zur Herrschaft und sogar zur Machtbildung als von vornherein der Inhaltsbestimmung bedürftig erweise. Wenn der Staat überhaupt private Herrschaft dulde, dann müsse er sich vorbehalten, daß er es sei, der Art und Maß dieser Herrschaft bestimme[100].

Außerdem könne eine Schrankenziehung lediglich aussprechen, wo die Grenze des Rechts verlaufe, sie meine: „Bis hierher und nicht weiter." Daraus könne sich — entgegen der Theorie von der Deckungsgleichheit — nicht ergeben, wie es innerhalb des begrenzten Raumes aussehe oder aussehen soll[101].

Ansonsten würde man den Raum innerhalb der Grenze der Willkür seines Inhabers überantworten. Mit dem Vorbehalt der Inhaltsbestimmung durch den Gesetzgeber erkläre die Verfassung, daß die Eigentumsermächtigung im Unterschied zu § 903 BGB „keine Blankoermächtigung" sei. Andernfalls hätte ein Schrankenziehungsauftrag genügt. Art. 14 Abs. 1 Satz 2 GG überlasse die Ausfüllung der Ermächtigung „Eigentum" nicht allein dem Eigentümer, sondern auch und vor allem dem Gesetzgeber. Daraus folge, daß für den Eigentümer Eigentum und Vermögen von vornherein nicht mehr hergäben, als ihnen die im Recht ausgeformte Sozialordnung überhaupt an Inhalt und Möglichkeiten zuerkenne[102].

Allerdings sei diese Befugnis des Gesetzgebers, wie vom Bundesverfassungsgericht mehrfach ausgesprochen, nicht beliebig. Vielmehr sei der Gesetzgeber an die Wertentscheidung zugunsten des Privateigentums und an die übrigen Verfassungsnormen gebunden. Art. 19 Abs. 2 GG finde, da der Gesetzgeber den Inhalt erst bestimmen müsse und daher auf keine Schranke stoße, allenfalls als Gebot eines Mindestmaßes an Ausstattung der Ermächtigung „Eigentum" Anwendung[103, 104].

---

[99] *Krüger:* Eigentumsinhalt, S. 72.

[100] *Krüger:* Eigentumsinhalt, S. 71 ff.

[101] Ebd., S. 72. *Ramsauer* (Die faktischen Beeinträchtigungen, S. 73) hält diese Aussage für unzutreffend, da der Inhalt gerade durch das Dürfen, das freie Belieben in den gezogenen Grenzen, gekennzeichnet sei.

[102] So *Krüger:* Eigentumsinhalt, S. 72 f. mit Verweis auf *Weber:* Eigentum, S. 331 ff. (347 f.).

[103] *Krüger:* Eigentumsinhalt, S. 73 f.

Bereits *Hans Peter Ipsen*[105] betonte 1952, daß die in Art. 14 GG vorbehaltene Inhaltsbestimmung des Eigentums durch Gesetz einzigartig im Grundrechtsteil sei. Sie bedeute nämlich das Recht des Staates zur positiven Normierung des Eigentumsmachtbereichs, begrenzt allerdings durch die Substanzgarantie des Art. 19 Abs. 2 GG.

Nach *Herbert Limpens*[106] ist die Inhaltsbestimmung des Eigentums „durchaus in der Lage, den Schutzumfang des Eigentums zu verändern, bisher geschützte Positionen aus dem Grundrechtsschutz zu entlassen und in Ausführung des historisch nachweisbaren Auftrags die Anpassung dieses Grundrechts an den Wandel der gesellschaftlichen Verhältnisse vorzunehmen". Sie gehe damit über das dem gesamten Grundrechtsteil immanente Bedürfnis zur Ausgestaltung des Grundrechts hinaus[107, 108]. Sie sei das als Korrektiv wirkende Element der Eigentumsverfassung, um das Grundrecht stärker anpassen zu können[109].

Die Schrankensetzung sei zur Lösung eines Interessenkonflikts notwendig, wenn andernfalls die Ausübung des Eigentumsrechts in einem aktuellen Konflikt mit anderen rechtserheblichen Positionen oder Rechtsgütern einzelner, der Gemeinschaft oder des Staates gerate[110]. Dagegen gebe die Ermächtigung zur Inhaltsbestimmung dem Gesetzgeber ein Recht zur Neuordnung, um gesellschaftlichen und sozialen Wandlungen Rechnung zu tragen. Dabei sei jedoch, entgegen der Ansicht von Herbert Krüger, die Wesensgehaltsschranke des Art. 19 Abs. 2 GG zu beachten[111]. Außerdem dürfe der Gesetzgeber die inhaltsbestimmende Funktion i. d. R. nur ausüben, um eine grundsätzliche und langfristige Neuorientierung des grundgesetzlichen Schutzumfangs vorzunehmen. Auch müsse die Entscheidung von einem der Bedeutung der Ermächtigung entsprechenden Gewicht sein und die Wandlung der ge-

---

[104] Zustimmend zur Notwendigkeit der Unterscheidung: *Bachof* (Verfassungsrecht, Verwaltungsrecht, Verfahrensrecht in der Rechtsprechung des BVerwG, S. 157, Anm. 39), der die Unterscheidung für dogmatisch richtig, aber in der Praxis für oft schwer trennbar hält; a. A. aber *Hamel* (DVBl. 1958, 37 [41]), da ansonsten eine Enteignung undenkbar wäre.

[105] VVDStRL 10 (1952), S. 74 ff. (84 f.).

[106] *Limpens*, S. 85 ff. (107).

[107] Vgl. dazu auch *Knoll*, AöR 79, 455 (486) m. w. N., der darlegt, daß es ein von der Gesetzgebung unabhängiges Eigentum nicht gebe.

[108] Ähnlich *Frantz* (Verfassungseigentum aus der Sicht der Zivilrechtswissenschaft, S. 34, 36), nach dem sich aus Art. 14 Abs. 1 Satz 2 GG ein, da das Grundgesetz wirtschaftlich neutral sei, weiter Spielraum zur inhaltlichen Normierung ergebe.

[109] *Limpens*, S. 118 ff., 174.

[110] *Limpens*, S. 117 f., 173 f.

[111] Auch nach *v. Plessen*, S. 74 ist dem Gesetzgeber mit dem Recht, Inhalt und Schranken des Eigentums zu bestimmen, kein „Freibrief zu einer beliebigen Ausgestaltung des Eigentumsbegriffs gegeben", da Art. 19 Abs. 2 GG zu beachten sei.

sellschaftlichen und sozialen Struktur müsse eine Anpassung des Eigentumsschutzes unumgänglich machen[112]. Die Schrankensetzung sei dagegen in erster Linie den in der Verfassung enthaltenen Grenzen und in zweiter Linie dem Wesensgehalt unterworfen.

Nach *Hans Schulte*[113] erscheine es sinnvoll, Eingriff und Entschädigungspflicht auf der einen Seite, Inhaltsbestimmung und Entschädigungsausschluß auf der anderen Seite zu koppeln. Der Bundesgerichtshof gehe von jeher von dieser Gleichstellung aus, wenn er sich frage, ob eine Sozialbindung (Inhaltsbestimmung) oder eine Enteignung (Eingriff) vorliege[114]. Inhalt und Eingriff hätten aber keine eigenständige Bedeutung, sondern seien nur Bilder[115]. Die Kriterien, die angeben, was Inhalt und was Eingriff sei, seien vielmehr das Sonderopfer, die Schwere, die Situationsgebundenheit und die Zweckgebundenheit. Die Vorstellungshilfe mache lediglich deutlich, daß Eigentum nichts Unbegrenztes sei, sondern einen Inhalt habe und daß nicht alles, was den Eigentümer tangiere, ein Eingriff sei.

Es bestehe die Gefahr, mit den Bildern etwas erklären zu wollen, was wegen der Kompliziertheit des Gedankenbildes „Eigentum" nicht möglich sei[116]. Daher fordert Schulte, die Ausdrücke „Inhalt" und „Eingriff" aus der Eigentumsdiskussion zu verbannen[117]. Allerdings sollten sie in einem neuen Sinn, als Denkmodell, verwendet werden: Inhalt solle die formale Regel des totalen Eigentümerbeliebens bezeichnen, Eingriff dagegen alle Ausnahmen von dieser Regel[118].

Nach *Bernd Bender*[119] sind Regelungen, die Antwort auf die Frage geben, was der Eigentümer in Bezug auf das Eigentumsobjekt tun kann, tun darf oder auch tun muß, Inhaltsbestimmungen. Wenn dagegen geregelt werde, was der Eigentümer unterlassen oder von dritter Seite dulden muß, werden die Schranken des Eigentums bestimmt. Hier werde besonders der Sozialvorbehalt des Art. 14 Abs. 2 GG konkretisiert.

Nach *Ulrich Ramsauer*[120] ist Eigentum als Rechtsinstitut ein Ausschnitt der Rechtsordnung, der sich aus der Gesamtheit der eigentums-

---

[112] *Limpens,* S. 140.

[113] *Schulte:* Eigentum und öffentliches Interesse, S. 48 f.

[114] Ähnlich wohl auch *Dicke,* in: v. Münch, Art. 14 Rdnr. 45, der die Inhaltsbestimmung gegenüber der entschädigungspflichtigen Enteignung abgrenzt.

[115] *Schulte:* Eigentum, S. 50 ff.

[116] *Schulte:* Eigentum, S. 53 f.

[117] Ebd., S. 54.

[118] Ebd., S. 54 f. Begrüßend *Bender,* Bespr. in NJW 1971, 694 (695).

[119] NJW 1965, 1297 (1297 f.); kritisch dazu: *Kimminich,* JuS 1969, 349 (356).

[120] *Raumsauer:* Die faktischen Beeinträchtigungen, S. 73 ff.; *ders.,* DVBl. 1980, 539 (540 ff.).

regelnden Normen ergibt. Bei der Änderung einzelner Normen verändere sich daher auch der Inhalt des Instituts. Daher könne es für das Institut keine Schrankenziehung geben, sondern lediglich eine Veränderung des Inhalts[121].

Dagegen sei eine Rechtsnorm, die die Befugnisse des Eigentümers berühre, eine Schranke, da die konkrete Rechtsstellung des Eigentümers eine in der sozialen Wirklichkeit verfestigte Position sei. Jede Rechtsposition, die Eigentum i. S. des Art. 14 GG sei, verleihe dem Eigentümer bestimmte Möglichkeiten und Befugnisse, um derentwillen die Position grundrechtlich geschützt werde.

Nach *Erwin Stein*[122] hat die Inhaltsbestimmung die Konkretisierung der Herrschaftsbefugnisse des Eigentümers zum Gegenstand. Dagegen bedeute der Ausdruck „Schranke" eine dem Eigentum von außen her auferlegte Beschränkung, wie sie vor allem von dem konkreten öffentlichen Interesse gesetzt sei. Er weist auf die Ansicht von Helmut Strebel hin.

Helmut Strebel[123] bemängelt, daß sich im deutschen Schrifttum der Unterschied zwischen Bestimmung des Eigentumsinhalts und Beschränkung des Eigentums weitgehend verwischt habe und unter dem Sammelbegriff „Eigentumsbindung" auftauche. Er unterscheidet zwischen Beschränkungen, die dem Privateigentum „durch Normen öffentlichen Rechts als ‚Schranke' gewissermaßen von außen im konkret faßbaren öffentlichen Interesse auferlegt werden", und den Wandlungen des Eigentums-‚Inhalts', „die in der inneren Entwicklung der Privatrechtsordnung" begründet seien.

Inhalt und Schranken seien daher Bezugnahme auf zweierlei Rechtsnormen. Dies habe zur Folge, daß beschränkende, öffentlich-rechtliche Gesetze, um verfassungsgemäß zu sein, in einem öffentlichen Interesse hinreichend fundiert sein müßten. Andererseits müsse die Inhaltsbestimmung lediglich die Institution des Eigentums als eines grundsätzlich zur freien Disposition des Berechtigten stehenden absoluten Rechts unangetastet lassen.

Peter Selmer[124] hält die Theorie von der Gleichartigkeit von Inhalt und Schranken bei näherer Betrachtung für irrig, da jeder Eigentümerposition ein irgendwie gearteter Inhalt zukomme. Dieser präge seinerseits Qualität und Ausmaß der grundrechtlich garantierten Herr-

---

[121] Ähnlich *Witzel*, S. 18 f.

[122] *Erwin Stein:* Zur Wandlung des Eigentumsbegriffes, in: Festschrift für Gebhard Müller, S. 503 (525 f.).

[123] *Strebel:* Staat und Privateigentum. Vergleichende Übersicht und Schlußfolgerungen, in: Staat und Privateigentum, S. 223 ff. (236 f.).

[124] *Selmer:* Steuerinterventionismus und Verfassungsrecht, S. 310.

schaftsbeziehung zwischen dem geschützten Gut und seinem Inhaber. Da eine Regelung schwerlich zugleich grundrechtsprägend und grundrechtsbeeinträchtigend sein könne, werde die Grundrechtsgarantie wesensmäßig niemals durch „Inhalts"- sondern ausschließlich durch „Schranken"-Gesetze berührt.

Nach Selmer meint der in direktem Zusammenhang mit Art. 14 Abs. 2 GG stehende Schrankenvorbehalt, solche Regelungen, die aus konkretem, durch überwiegende Gründe des Gemeinwohls bestimmtem Anlaß das Eigentum beeinträchtigen oder teilweise in Anspruch nehmen. Voraussetzung sei jedoch, daß diese die inhaltliche Zugehörigkeit der in concreto beanspruchten Eigentumsausschnitte zum grundrechtlich geschützten Eigentum nicht ganz prinzipiell und allgemein in Frage stellten. Diese Regelungen würden zu Enteignungseingriffen, sofern sie die durch Rechtsprechung und Rechtslehre entwickelten Grenzen der Gemeinwohlbindung des Art. 14 Abs. 2 GG überschreiten.

Demgegenüber enthalte die „Inhalts"-Klausel, wie bereits von Strebel ausgesprochen, einen Vorbehalt zugunsten einer generellen gesetzlichen Konkretisierung der Herrschaftsbefugnisse des Eigentums. Sie müsse die Institution des Eigentums als eines grundsätzlich zur freien Disposition des Berechtigten stehenden absoluten Rechts unangetastet lassen.

Nach *Gunther Schwerdtfeger*[125] schützt Art. 14 Abs. 1 Satz 1 GG ein von Verfassungs wegen anerkanntes Eigentum. Innerhalb dieser „Hülse" werde der Inhalt des Eigentums im einzelnen vom Gesetzgeber bestimmt. Dabei sei die Gesetzgebungsbefugnis lediglich insoweit beschränkt, als die verfassungsrechtlich gesicherte Eigentumshülse nicht angetastet werden dürfe. Dies folge daraus, daß Art. 14 GG nicht von einem abstrakt-allgemeinen Begriff des Eigentums ausgehe, sondern Eigentum als Typus verstehe[126]. Nur typenprägende, nicht die sonstigen Merkmale gehörten daher zur Eigentumshülse, die allein in Art. 14 GG geschützt sei[127].

Nach *Ekkehart Stein*[128] ergibt sich die Trennungslinie zwischen Inhalt und Schranken aus dem Zweck des Art. 14 GG, die materielle Grundlage der Freiheit zu schützen. Daher entscheide Art. 14 GG Konflikte zwischen dem Eigentümerinteresse, sein Gut für seine Selbstverwirklichung zu nutzen, und dem Staatsinteresse.

Gesetze, die dagegen ausschließlich im privaten Interesse ergingen und nur die Art und Weise der Güternutzung regelten, ohne sie nen-

---

[125] *Schwerdtfeger:* Unternehmerische Mitbestimmung, S. 225 ff.

[126] *Schwerdtfeger:* Unternehmerische Mitbestimmung, S. 227.

[127] Kritisch dazu *Rittstieg:* Eigentum, S. 385.

[128] *Ekkehart Stein*, § 13 II, S. 163 f.

nenswert zu erschweren, stünden außerhalb dieses Konflikts. Sie regelten nicht das Verhältnis Privatinteressen — öffentliche Interessen, sondern das Verhältnis der einzelnen Bürger zueinander. Damit beschränkten sie aber nicht die staatsgerichtete Eigentumsgarantie, sondern bestimmten lediglich den Inhalt des Eigentums. Eine Beschränkung liege hingegen vor, wenn die Verwertung eines Gutes zugunsten öffentlicher Interessen erschwert werde. Als Beispiel für eine Inhaltsbestimmung führt Ekkehart Stein §§ 903 ff. BGB, als Beispiel für eine Schrankenbestimmung ein Abrißverbot aus Denkmalschutzgründen an[129].

Joachim Chlosta[130] ist der Auffassung, daß die Inhaltsbestimmung zur konstitutiven Festlegung dessen, welchen Umfang die Rechte der Inhaber vermögenswerter Rechte haben, erforderlich sei. Mit der detaillierten Ausgestaltung der Privatrechtsbeziehung, einschließlich der Abgrenzung privater Interessen gegeneinander, bestimme der Gesetzgeber den Inhalt des Eigentums.

Er beschränke dagegen das Eigentum, wenn er die Nutzung und Verwertung eines Guts zugunsten öffentlicher Interessen erschwere. Daher seien, so Chlosta[131], Inhaltsbestimmungen privatrechtliche und Schrankenbestimmungen öffentlichrechtliche Normen. Dies stimme weitgehend mit der Unterscheidung Institutionsgarantie und Rechtsstellungsgarantie überein. Während bei der Inhaltsbestimmung Rechtsstellungs- und Institutionsgarantie schützen würden, greife bei der Einschränkung im öffentlichen Interesse nur die Rechtsstellungsgarantie ein.

Nach Chlosta stehen „Inhalt, Zweck und Ausmaß" neuer Inhaltsbestimmungen des Eigentums nicht im Belieben des Gesetzgebers, sondern sind durch den Zielbegriff „Eigentum" im Sinne von Art. 14 Abs. 1 Satz 1 GG gesteuert. Die Ermächtigung zur Inhaltsbestimmung sei als ein Zielbegriff oder eine Ermächtigungsnorm in analoger Vorstellung zu Art. 80 Abs. 1 GG zu sehen[132].

Auch *Charlotte Timm*[133] ist der Ansicht, daß die Befugnis zur Inhaltsbestimmung bedeute, daß der Gesetzgeber das Leitbild vom Eigentum durch Bereitstellung und Entwicklung der objektiven Privatrechts-

---

[129] A. A. *Raumsauer:* Die faktischen Beeinträchtigungen, S. 70 f., der meint, daß die Privatrechtsnorm dem Eigentümer genauso Schranken setze, wie eine Norm im öffentlichen Interesse. Dem ist entgegenzuhalten, daß das Grundgesetz vom Blickpunkt des Gesetzgebers ausgeht, was dieser an Inhalt und Schranken bestimmen kann. Außerdem bedeutet diese Unterscheidung nicht, daß Normen im privaten Interesse vom Gesetzgeber beliebig getroffen werden können.

[130] *Chlosta,* S. 31 f.

[131] *Chlosta,* S. 32.

[132] *Chlosta,* S. 26 f.

[133] *Timm,* S. 45 ff. (48).

ordnung konkretisieren müsse. Der Gesetzgeber könne aber auch das Eigentum mit Hilfe öffentlichrechtlicher Normen auf der Grundlage einer Güter- und Interessenabwägung beschränken.

3. Bewertung

Wegen der ausdrücklichen Doppelbefugnis des Gesetzgebers zur Inhalts- und zur Schrankenbestimmung liegt es nahe, daß auch beiden Begriffen eine selbständige Funktion zukommt. Gerade weil nur beim Eigentum eine solche zweifache Befugnis niedergelegt wurde, spricht die wörtliche Interpretation eindeutig gegen die Theorie von der Dekkungsgleichheit. Der Wortlaut ist es aber, der Ausgangspunkt jeder Auslegung sein muß.

Die Grundursache der kontroversen Auffassungen liegt bei näherer Betrachtung in einem unterschiedlichen Verständnis von der Rolle des Gesetzgebers im Bereich des Eigentums.

Die Vertreter der Theorie von der Deckungsgleichheit[134] wehren sich überwiegend gegen die Vorstellung, daß der Eigentumsinhalt etwas ist, was erst geschaffen werden muß. Sie gehen von einem „Vollrecht" aus, das vom Gesetzgeber lediglich vermindert, also eingeschränkt werden kann. Mit diesem Akt der Einschränkung verändere sich gleichzeitig auch der Eigentumsinhalt[135].

Die Gegenthese wird besonders eingehend von Herbert Krüger[136] diskutiert. Der Gesetzgeber findet nach dieser Ansicht kein beschränkbares Vollrecht vor. Es sei ihm vorbehalten, wenn er überhaupt private Herrschaft dulde, Art und Maß dieser Eigentümerherrschaft zu bestimmen. Die Grenzen eines Rechts sagen daher nach Krüger nichts darüber aus, wie es innerhalb der Grenzen aussehe.

Art. 14 Abs. 1 Satz 2 GG kann nur richtig verstanden werden, wenn man sich der *Doppelfunktion* dieser Vorschrift bewußt wird. Diese Doppelfunktion ergibt sich bereits aus dem Wortlaut: Anders als bei anderen Grundrechten hat der Grundgesetzgeber nicht formuliert: „Das Eigentum ist unverletzlich. Eingriffe und Beschränkungen ..." Statt dessen spricht Art. 14 GG von einer „Gewährleistung" des Eigentums und davon, daß der Gesetzgeber „Inhalt und Schranken bestimmt". Unter „Gewährleisten" ist bereits im allgemeinen Sprachgebrauch mehr zu verstehen als ein lediglich Unverletztlassen. Wenn

---

[134] Vgl. insbes. *Faehling*, S. 85 f.

[135] Anders aber z. B. *Rittstieg:* Eigentum, S. 391 f., ähnlich bereits *Wolff*, S. 7, die argumentieren, daß, da es keinen absoluten Eigentumsinhalt gebe, ein Inhalt auch nicht beschränkt, sondern nur geschaffen werde.

[136] *Krüger:* Eigentumsinhalt, S. 71 ff.

der Verfassungsgeber dafür Gewähr bietet, daß es Privateigentum gibt, dann geht diese Gewährleistung i. V. m. der Befugnis zur Inhaltsbestimmung über das Versprechen hinaus, das Eigentumsrecht nicht zu verletzen. Vielmehr bietet das Grundgesetz zusätzlich die Garantie dafür, daß auch von anderen als dem Staat das Eigentum nicht beeinträchtigt wird[137].

Da ist zunächst die Garantie des Eigentums als *Abwehrrecht* gegen staatliche Eingriffe. Dazu braucht das Eigentum inhaltlich nicht erst geschaffen zu werden. Es handelt sich um ein Grundrecht im üblichen Sinne, mit der Aussage, daß der Staat nicht in die Freiheitssphäre des Eigentümers eingreifen darf. Wie weit dieses staatsgerichtliche Grundrecht zugunsten öffentlicher Interessen einschränkbar ist und was unter „Eigentum" zu verstehen ist, ist wie bei anderen Grundrechten durch Auslegung zu ermitteln.

Entsprechend war es der Rechtsprechung auch möglich, mittels Auslegung festzustellen, daß auch vermögenswerte Rechte „Eigentum" i. S. v. Art. 14 GG sind. Es bedurfte keines Aktes des Gesetzgebers, dem Eigentum diesen Inhalt zu geben. Wäre auch der Inhalt der Abwehrfunktion durch den Gesetzgeber mehr oder weniger beliebig bestimmbar, so würde dieses klassische Menschenrecht, um dessen Freiheit gekämpft wurde, seines übergesetzlichen Ranges entkleidet. Die Eigentumsvorschrift könnte mittels Inhaltsbestimmung übergangen werden[138].

Neben diese Abwehrfunktion tritt eine *zweite Funktion*, die in den Formulierungen „Gewährleistung" und „Inhalt" zum Ausdruck kommt. Sie stellt die Abkehr vom totalen „Laisser-faire"-Prinzip dar. Der Gesetzgeber darf nämlich nicht nur die Abwehrfunktion des Eigentums in gewissem Rahmen nicht beschränken, sondern er ist zusätzlich dazu verpflichtet, den „Inhalt" des Privateigentums zu bestimmen.

Art. 14 GG enthält den Auftrag an den Gesetzgeber, die Eigentumsrechte im *Verhältnis Bürger zu Bürger*, das Eigentumsinstitut auszugestalten. Daher auch die positive Formulierung „Inhalt und Schranken *bestimmt* der Gesetzgeber", und nicht lediglich die Erwähnung der Möglichkeit oder Befugnis zur Regelung. Solche Bestimmungen, die nicht die staatsgerichtete Abwehrfunktion des Eigentums betreffen, sondern das Verhältnis Bürger zu Bürger regeln, sind aus der Sicht

---

[137] Vgl. *Wolff*, S. 3 ff. (5); anders aber v. *Mangoldt/Klein*, Art. 14 Anm. III 3 a), S. 427, wonach die Änderung des Wortlauts von „ist unverletzlich" nach den alten Verfassungen in „wird gewährleistet" der WRV, keine Bedeutung für die Auslegung hat. Ebenso: *Anschütz*, WRV, 14. Aufl. 1933, Art. 153 Anm. 3 f. und *Badura*, BayVBl. 1973, 1 ff. (3 und Fn. 23).

[138] Zur Bedeutung des Eigentumsrechts vgl. *Hamel*, DVBl. 1958, 37 (41), um dessen Freiheit gekämpft wurde.

des Grundgesetzes — das grundsätzlich nur Rechte des Bürgers gegen den Staat festlegt — keine Einschränkungen des Eigentumsrechts, sondern lediglich eine Ausgestaltung des Inhalts[139].

Hier, im Verhältnis Bürger zu Bürger, liegt kein Eigentum als Vollrecht vor, sondern dieses muß durch den Gesetzgeber erst geschaffen werden. Erst durch Regelungen wie §§ 903 ff. und § 1004 BGB ist der Eigentümer in der Lage, Einwirkungen anderer Bürger von seinem Eigentum abzuwehren. Denn die Grundrechte wirken unmittelbar grundsätzlich nur im Verhältnis des Bürgers zum Staat[140].

Solche Inhaltsbestimmungen sind nicht nur Normen des privaten Rechts[141]. Die meisten Regelungen des Bauplanungsrechts enthalten vielmehr solche Inhaltsbestimmungen. Sie dienen dem Nebeneinander von Eigentümern. Das wird besonders deutlich, wenn man die Festlegung von Baugebieten nach der BauNVO betrachtet. Deren Festlegung erfolgt nämlich nicht in erster Linie im öffentlichen, d. h. staatlichen Interesse, sondern im Interesse der optimalen Ausnutzung des Eigentums durch die betroffenen Eigentümer. Würde ein Gewerbebetrieb neben einem Wohnhaus erbaut werden dürfen, so ginge das sowohl zu Lasten der Gewerbetreibenden, die sich Unterlassungs- und Schadensersatzklagen der umliegenden Wohnbevölkerung zu erwehren hätten, als auch zu Lasten der Wohnbevölkerung, deren Eigentumsobjekt durch die Nachbarschaft zum Industriebetrieb sowohl eine Verminderung des Werts als auch des Komforts erfahren würde.

Hier geht es also nicht um die Frage: Privatnützigkeit oder Gemeinwohlnützig, sondern um die Frage des Ausgleichs verschiedener nichtöffentlicher Interessen. Der Gesetzgeber wird hier quasi als Schiedsrichter tätig.

III. Folgerungen für die Regelungsbefugnis des Gesetzgebers

Die herrschende Rechtsprechung und Lehre erkennt nicht genügend, daß für die Inhaltsbestimmung andere Grundsätze gelten als für die Schrankenbestimmung.

Der Gesetzgeber hat *erstens* das Recht, zugunsten eines öffentlichen Interesses das Abwehrrecht des Eigentümers zu beschränken. Hier geht es um die Beschränkbarkeit eines Grundrechts im üblichen Sinne. Der Gesetzgeber muß dabei insbesondere die Wesensgehaltsgarantie des Art. 19 Abs. 2 GG und die rechtsstaatlichen Grundsätze beachten.

---

[139] Vgl. *Ekkehart Stein*, § 13 II, S. 163 f.

[140] Vgl. BVerfGE 7, 198 (204 ff.).

[141] Anders *Chlosta*, S. 32, der allein solche des privaten Rechts unter den Begriff Inhaltsbestimmung subsumiert.

Er hat bei der Schrankenziehung über den Konflikt Privatnützigkeit — Gemeinnützigkeit des Eigentumsobjekts zu entscheiden. Unter der Voraussetzung des Art. 14 Abs. 3 GG kann sich mittels Enteignung die Bestands- in eine Wertgarantie umwandeln.

Der Gesetzgeber hat *zweitens* die positive Pflicht zur Bereitstellung von Normen, die zum elementaren Bestandteil der Betätigung im vermögensrechtlichen Bereich gehören. Es geht hier nicht um den Konflikt Privatnützigkeit — Gemeinwohlnützigkeit, sondern um das Nebeneinander von Eigentümern und das Verhältnis der Eigentümer zu Nichteigentümern. Hier muß der Gesetzgeber Regelungen für den Inhalt des Eigentums erst schaffen. Die Wesensgehaltsgarantie des Art. 19 Abs. 2 GG findet hier keine Anwendung. Denn die Wesensgehaltsgarantie setzt ein Grundrecht voraus, das vom Gesetzgeber bis zur Antastung des Wesensgehalts beschränkt wird.

Auch der Grundsatz der Verhältnismäßigkeit kann hier, da es sich nicht um eine Beschränkung eines Grundrechts zugunsten öffentlicher Interessen handelt, keine Anwendung finden[142]. Aus Art. 14 Abs. 1 GG, der „Gewährleistung" i. V. m. der Verpflichtung zur Inhaltsbestimmung, ergibt sich jedoch an den Gesetzgeber der Auftrag zur Bereitstellung eines Minimums an Normen, die gegeben sein müssen, um das Recht als Privateigentum bezeichnen zu können[143].

Der Gesetzgeber hat dabei darauf zu achten, daß die Funktionen des Eigentums, wie das Grundgesetz es vorsieht und gewährleistet, voll zur Entfaltung kommen. Der Gesetzgeber muß bei der Inhaltsbestimmung zwischen den einzelnen Bürger- und Eigentümerinteressen einen gerechten Ausgleich treffen. Er hat dabei einen relativ weiten Spielraum. Da der Gesetzgeber gemäß Art. 1 Abs. 3 GG an die Grundrechte gebunden ist, ist vom Richter eine Inhaltsbestimmung aber insbesondere darauf zu überprüfen, ob Art. 3 GG verletzt ist und ob die rechtsstaatlichen Grundsätze wie z. B. der Vertrauensgrundsatz beachtet sind.

Entsprechend besteht bei der Aufstellung eines Bebauungsplans, soweit er Inhaltsbestimmungen — also nicht Regelungen im öffentlichen Interesse — enthält, ein Planungsermessen, das nur beschränkt gerichtlich überprüfbar ist. Ebenso hat der Gesetzgeber bei der Aufstellung von Regelungen des Nachbarrechts einen weiten gesetzgeberischen Spielraum.

---

[142] Vgl. dazu D dieses Kapitels.

[143] So auch das BVerfG in st. Rspr., vgl. den Beschl. v. 7. 7. 1971 — BVerfGE 31, 229 (241) zur Institutsgarantie.

Mit dieser Abgrenzung ergibt sich auch eine andere Bedeutung für die Unterscheidung der Rechtsstellungs- von der Institutionsgarantie: Die *Rechtsstellungsgarantie* garantiert die Unverletzlichkeit des Eigentums durch staatliche Eingriffe. Sie garantiert das Grundrecht „Eigentum". Die *Institutsgarantie* garantiert dagegen den Grundbestand von Normen, die im Verhältnis Bürger zu Bürger gegeben sein müssen, um das Recht als „Eigentum" ansehen zu können[144]. Unter die Institutsgarantie fallen nicht diejenigen Normen, die das Eigentum im Bürger (Eigentümer)-Staat-Verhältnis ausmachen. Denn diese sind, weil sie einer Inhaltsbestimmung gar nicht bedürfen, bereits durch das Grundrecht gesichert. In diesem Sinne betreffen die Instituts- und die Rechtsstellungsgarantie verschiedene Bereiche der grundgesetzlichen Eigentumsgewährleistung.

IV. Die Konsequenzen für die Rechtsfolgen bei Überschreitung der gesetzgeberischen Befugnis

Überschreitet der Gesetzgeber bei einer *Schrankensetzung* seine Befugnis, das Eigentümerinteresse an einer privatnützigen und privatbestimmten Ausnutzung des Eigentumsobjekts zugunsten öffentlicher Interessen zu beschränken, so ist die Regelung grundsätzlich rechtswidrig. Sie kann jedoch nach Art. 14 Abs. 3 GG als Enteignung zulässig sein, wenn die Voraussetzungen dafür vorliegen, insbesondere die Junktimklausel beachtet wurde. Wie das Bundesverfassungsgericht nochmals in seiner neueren grundlegenden Entscheidung[145] darlegt, darf jedoch eine rechtswidrige, weil enteignende Schrankenbestimmung nicht als enteignungsgleicher Eingriff gegen Entschädigung aufrechterhalten bleiben. Die rechtswidrige Regelung ist in einem solchen Fall aufzuheben. Der Gesetzgeber kann allerdings unter der Voraussetzung des Art. 14 Abs. 3 GG eine neue rechtmäßige Regelung schaffen, die eine Entschädigung vorsieht.

Verletzt der Gesetzgeber dagegen seine Pflicht und Befugnis zur *Inhaltsbestimmung*, indem er die beteiligten Interessen nicht zu einem gerechten Ausgleich führt, so ist die Maßnahme verfassungswidrig und als solche vom Richter aufzuheben. Da eine Enteignung nur zum Wohle der Allgemeinheit zulässig ist, kann diese Maßnahme auch nicht durch eine Enteignungsentschädigung legalisiert werden.

---

[144] Dabei ist vom erweiterten Eigentumsbegriff auszugehen, denn in diesem Sinne ist das Eigentum „gewährleistet". Vgl. dazu auch A I dieses Kapitels.

[145] BVerfGE 58, 300 (323 f.).

C. Die Sozialbindung nach Art. 14 Abs. 2 GG

I. Das Verhältnis der Inhalts- und Schrankensetzungsbefugnis zur Sozialbindung

Nach Art. 14 Abs. 2 GG *„verpflichtet“* das Eigentum, und *„sein Gebrauch soll zugleich dem Wohle der Allgemeinheit dienen“*.

Obwohl bereits Art. 153 Abs. 3 WRV eine entsprechende Regelung enthielt, bestehen heute noch Meinungsverschiedenheiten über die Bedeutung dieser sog. Sozialbindung, verschiedentlich auch Sozialgebundenheit, Sozialpflicht, Sozialverpflichtung oder Gemeinschaftsbindung genannt.

Insbesondere bestehen Unklarheiten über das Verhältnis der Regelungsbefugnis des Art. 14 Abs. 1 Satz 2 GG zur Sozialbindung des Absatzes 2.

Nach *Walter Leisner*[146] handelt es sich bei Art. 14 Abs. 1 Satz 2 und Abs. 2 GG nicht um zwei verschiedene Beschränkungsmöglichkeiten, sondern um einen einheitlichen Sozialvorbehalt. Die eigentliche Eingriffsermächtigung ergebe sich dabei bereits aus Art. 14 Abs. 1 Satz 2 GG. Absatz 2 sei sicher nicht mehr als eine Gesetzgebungsrichtlinie. Leisner benutzt daher den Begriff der Sozialbindung als Oberbegriff für Eigentumsbeschränkungen.

Nach *Herbert Limpens*[147] ergänzt die Sozialbindung die Inhalts- und Schrankensetzungsbefugnis des Gesetzgebers. Die Inhalts- und Schrankensetzungsbefugnis stelle die funktionelle Ermächtigung, Art. 14 Abs. 2 GG die materielle Generalklausel dar, durch die der Verfassungsgeber den „Trend“ gesetzgeberischer Regelungen habe festlegen wollen. Aus ihr ergebe sich auch die fortwährende Aufgabe und Verpflichtung des Gesetzgebers, die Ausgewogenheit der aus dem Eigentum fließenden Befugnisse und ihre Wirkungen in den gesellschaftlichen und sozialen Bezügen zu überprüfen.

Nach *Theodor Maunz*[148] betrifft Absatz 1 Satz 2 das Eigentum als Rechtsinstitut, Absatz 2 stelle dagegen die Grenze des individuellen Rechts dar.

Nach *Detlev Christian Dicke*[149] zählt Art. 14 Abs. 2 GG zur Inhaltsbestimmung, die wiederum Gegensatz zur entschädigungspflichtigen Enteignung sei.

---

146 *Leisner:* Sozialbindung, S. 44.

147 *Limpens,* S. 144 f.

148 *Maunz,* in: Maunz/Dürig/Herzog/Scholz, Art. 14 Rdnr. 47.

149 In: v. Münch, Art. 14 Rdnr. 39.

Otto Kimminich[150] sieht die Abgrenzung darin, daß sich die Sozialbindung im Unterschied zur Inhalts- und Schrankenbestimmungsbefugnis nicht nur an den Gesetzgeber, sondern darüber hinaus direkt an den Eigentümer wende. Die Sozialbindung sei daher keine „Möglichkeit“ sondern eine „durch Art. 14 Abs. 2 GG normierte Realität“[151]. Adressat der Sozialbindung sei aber zweitens auch der Gesetzgeber, der bei der Bestimmung von Inhalt und Schranken des Eigentums nach Art. 14 Abs. 1 Satz 2 GG der Sozialbindung nach Abs. 2 Rechnung tragen müsse[152].

Häufig, insbesondere in der Rechtsprechung, wird eine Stellungnahme zum Verhältnis des Art. 14 Abs. 1 Satz 2 zu Abs. 2 GG vermieden, indem Sozialbindung einerseits als auch Inhaltsbestimmung und Schrankensetzung andererseits dem Oberbegriff „Eigentumsbindung“ zugeordnet werden[153]. Damit wird jedoch die Möglichkeit vergeben, durch exakte Analyse des Art. 14 GG der Eigentumsproblematik näherzukommen. Dies gilt um so mehr, als häufig geäußert wird, Art. 14 GG enthalte zu wenige Differenzierungskriterien[154].

II. Art. 14 Abs. 2 GG als unmittelbar pflichtbegründend gegenüber dem Eigentümer?

Nach überwiegender Meinung wendet sich Art. 14 Abs. 2 GG an den Gesetzgeber, durch Bestimmung von Inhalt und Schranken des Eigentums nach Art. 14 Abs. 1 Satz 2 GG der Sozialbindung Rechnung zu tragen[155].

Daneben begründet Art. 14 Abs. 2 GG nach herrschender Meinung unmittelbare Pflichten des Eigentümers und bindet Verwaltung und Rechtsprechung als Auslegungsrichtlinie[156]. Diese Deutung geht damit

[150] *Kimminich:* BK, Art. 14 Rdnr. 116.

[151] *Kimminich:* BK, Art. 14 Rdnr. 110.

[152] *Kimminich:* BK, Art. 14 Rdnr. 107; BVerfGE 25, 112 (117); 37, 132 (140).

[153] Vgl. *Kimminich:* BK, Art. 14 Rdnr. 104, der diese Zusammenfassung als für die Praxis gerechtfertigt hält; *Gähtgens,* BBauBl. 1970, 364 (367) hält eine Abgrenzung ebenfalls für praktisch müßig und für die Rechtspraxis nicht geboten.

[154] Vgl. *Badura,* BayVBl. 1973, 3 f., der von einer lapidaren Undifferenziertheit des Eigentumsartikels spricht.

[155] Vgl. z. B. *Ekkehart Stein,* § 13 V, S. 166, der von einem verbindlichen Verfassungsauftrag spricht; *Maunz/Zippelius,* § 28 II 4, S. 225 f.; *Kimminich:* BK, Art. 14 Rdnr. 107; *Breuer,* S. 43; *Chlosta,* S. 28; *Herzog,* Sp. 519; BVerfGE 25, 112 (117); 37, 132 (149).

[156] Vgl. BVerfG, Beschl. v. 17. 11. 1966 — BVerfGE 20, 351 (361); BGH, Urt. v. 15. 6. 1951 — LM Nr. 1 zu § 903 BGB; Urt. v. 13. 7. 1954 — BGHZ 14, 294 (300); *Kimminich:* BK, Art. 14 Rdnr. 105; *Maunz/Dürig/Herzog/Scholz,* Art. 14 Rdnr. 2; *Herzog,* Sp. 518 f., aber lediglich im Kern; *Ekkehart Stein,* § 13 V, S. 166; *Huber:* Wirtschaftsverwaltungsrecht, II. Bd., S. 13 ff.; *Knoll,* AöR 79,

über die Auslegung des im Wortlaut nahezu gleichen Art. 153 Abs. 3 WRV hinaus[157], der nach herrschender Meinung lediglich einen Programmsatz an den Gesetzgeber darstellte[158].

Begründet wird der Wandel der Auffassung damit, daß die Sozialbindung im modernen Sozialstaat gegenüber dem liberalen Rechtsstaat einen Funktionszuwachs erfahren habe[159]. Die Auslegung mit der Forderung nach größter Wirkungsintensität des Sozialstaatsprinzips fordere die unmittelbare Geltung des Art. 14 Abs. 2 GG[160]. Die Sozialbindung beruhe auf der Verantwortung, die in jeder gesunden Sozialordnung mit Besitz und Macht gegeben sei[161]. Mit Absatz 2 werde die Eigentumsordnung dem Gesamtsystem des Grundgesetzes angepaßt, da das Grundgesetz von einem „gemeinschaftsgebundenen Individuum" ausgehe[162].

Die unmittelbare Geltung der Sozialpflicht ergebe sich auch aus Art. 1 Abs. 3 GG, dem keine entsprechende Regelung in der WRV voranging[163]. Sie ergebe sich außerdem aus der Entstehungsgeschichte, da Art. 14 Abs. 2 GG ebenso wie Art. 153 Abs. 3 WRV in der lutherischen Eigentumsethik wurzle[164]. *Friedrich Naumann*, der entscheidend für die Fassung des Art. 153 Abs. 3 WRV mitverantwortlich gewesen sei, sei der lutherischen Eigentumslehre gefolgt. Danach gehöre alles irdi-

---

489 f.; *Rudolph:* Die Bindungen des Eigentums, S. 15 f.; *Kübler*, AcP 159, 236 ff. (257 ff.) m. w. N.; *Erwin Stein*, S. 503 ff. (515); *Dürig*, JZ 1953, 193 (197); *Breuer*, S. 42; *Witzel*, S. 4; *Chlosta*, S. 28 f.; *Scholtissek*, BB 1952, 981; *Gähtgens*, BBauBl. 1970, 364 (367). — A. A. aber: Staudinger — *Seufert:* BGB, § 903 Bem. 23; *Leisner:* Sozialbindung, S. 44; *Schöne*, DÖV 1954, 552 (553).

[157] Art. 153 Abs. 3 WRV lautete: „Eigentum verpflichtet. Sein Gebrauch soll zugleich Dienst sein für das Gemeine Beste."

[158] Vgl. *Anschütz*, Art. 153 Anm. 16; *Giese*, Art. 153 Anm. 6; *Schelcher:* Die Rechte und Pflichten aus dem Eigentum, in: Nipperdey, Die Grundrechte und Grundpflichten der Reichsverfassung, III. Bd., S. 244 ff. mit ausführlicher Darstellung des damaligen Meinungsstandes. Die herrschende Meinung konnte sich damals insbesondere auf die Entstehungsgeschichte berufen, wo davon ausgegangen wurde, daß keine unmittelbare rechtliche Wirkung entfaltet werde; vgl. dazu *Kübler*, AcP 159, 257 mit Hinweis auf die Sten. Prot. Bd. 336, S. 383 und Bd. 328, S. 1748 D. — Anderer Ansicht waren aber bereits damals: *Wolff*, S. 10 ff. u. *Holstein:* Die Lehre von der öffentlich-rechtlichen Eigentumsbeschränkung, S. 94 ff.

[159] So z. B. *Erwin Stein*, S. 526.

[160] Vgl. *Kübler*, AcP 159, 260.

[161] So *Huber:* Wirtschaftsverwaltungsrecht, II. Bd., S. 15 f.

[162] So die Argumentation *Dickes*, in: v. Münch, Art. 14 Rdnr. 42.

[163] Dazu insbes. BGH LM Nr. 1 zu § 903 BGB und BGHZ 14, 294 (300); *Dürig*, AöR 79, 57 ff. (79); *ders.*, JZ 1953, 193 (197); *Knoll*, AöR 79, S. 489; *Huber:* Wirtschaftsverwaltungsrecht, II. Bd., S. 14. Und auch in neuerer Zeit: *Maunz/Dürig/Herzog/Scholz*, Art. 14 Rdnr. 2; *Dicke*, in: v. Münch, Art. 14 Rdnr. 44.

[164] Dazu eingehend *Kübler*, AcP 159, 237 (241 ff.); zustimmend *Breuer*, S. 42; dagegen aber *Herzog*, Sp. 518.

sche Eigentum Gott und sei von Gott aus Liebe dem Menschen anvertraut worden. Das Eigentum müsse daher ganz in den Dienst der Liebe gestellt werden. Nach der lutherischen Lehre sei der Eigentümer der Gesamtheit und dem einzelnen verpflichtet[165].

Art. 14 Abs. 2 GG geht nach herrschender Meinung über die Einschränkung des Eigentums in § 903 BGB weit hinaus[166] und betont nicht nur die negative Seite der Schranken des Eigentumsgebrauchs. Der Eigentümer sei darüber hinaus verpflichtet, den Gebrauch seines Eigentums so einzurichten, daß das Wohl der Allgemeinheit dadurch gefördert werde[167]. Es obliege den Gerichten, soweit die Sozialgebundenheit nicht gesetzlich normiert sei, bei der Anwendung des Art. 14 GG die Konkretisierung der Sozialbindung vorzunehmen[168].

Nach *Roman Herzog*[169] dagegen gilt Art. 14 Abs. 2 GG unmittelbar nur für einen engen Kern. Daher sei eine Eigentumsausübung, die einzig und allein auf die Schädigung des Allgemeinwohls oder eines einzelnen abziele, von Art. 14 GG nicht geschützt. Über diesen Kern hinaus bedürfe Art. 14 Abs. 2 GG der Konkretisierung durch den einfachen Gesetzgeber und könne nicht unmittelbar aus dem Verfassungstext abgeleitet werden.

Nach *Rüdiger Breuer*[170] sind sowohl die unmittelbare Begründung von Rechtspflichten wie auch die konstitutive Prägung einfacher Gesetze inhaltlich auf die Abwehr sozialer Mißbräuche beschränkt[171]. Dagegen wird eingewandt, daß bei einem solchen Verständnis erstens Art. 14 Abs. 2 GG quasi-deliktischer Charakter zukomme. Zweitens würde Art. 14 Abs. 2 GG auf die Möglichkeiten bei Grundrechtsschranken begrenzt, wonach die grundgesetzliche Freiheit ihre Grenzen in bestimmten übergeordneten Rechtsgütern finde[172].

Im rechtspolitischen und juristischen Schrifttum besteht im übrigen die einhellige Tendenz und Forderung, die in Art. 14 Abs. 2 GG nor-

---

[165] Vgl. AcP 159, 241 ff. (248).

[166] Dazu *Krüger:* Naturschutz und Eigentum, S. 5 f., der die Delegation der Befugnis zur Inhaltsbestimmung in § 903 BGB durch Art. 153 WRV und durch Art. 14 GG als zurückgenommen sieht; vgl. auch *Dicke,* in: v. Münch, Art. 14 Rdnr. 44, der von einer entsprechenden Auslegungsbedürftigkeit des § 903 BGB als vorkonstitutionellem Recht ausgeht. Zu beachten ist jedoch der unterschiedliche Gültigkeitsbereich der Vorschriften.

[167] Vgl. *Kimminich:* BK, Art. 14 Rdnr. 106.

[168] Vgl. *Kimminich:* BK, Art. 14 Rdnr. 112.

[169] *Herzog,* Sp. 518 f.

[170] *Breuer,* S. 42 f.

[171] *Breuer,* S. 42 f. verweist zur Begründung insbes. auf BGH LM Nr. 1 zu § 903 BGB und BGHZ 14, 294 (300).

[172] So *Chlosta,* S. 28 f.; ebenfalls ablehnend *Witzel,* S. 4 m. w. N.

mierte Sozialbindung in Zukunft zu verstärken[173]. Auch in Gesetzgebung und Rechtsprechung ist eine solche Tendenz festzustellen[174]. Dies sei ohne Änderung des Art. 14 GG möglich, da kein absoluter Eigentumsbegriff festgelegt sei. Es sei sogar möglich, die Grenzen zwischen der entschädigungspflichtigen Enteignung und der entschädigungslosen Eigentumsbindung durch die Praxis der Behörden und Gerichte zu verschieben[175].

Die Möglichkeit der Ausdehnung der Sozialbindung sei allerdings nach der Rechtsprechung des Bundesverfassungsgerichts beschränkt durch die Forderung, die schutzwürdigen Interessen aller Beteiligten in einen gerechten Ausgleich und in ein ausgewogenes Verhältnis zu bringen[176]. Außerdem sei der in Art. 14 Abs. 1 Satz 1 GG garantierten personalen Freiheit und dem Übermaßverbot Rechnung zu tragen[177].

Auch sei eine äußerste Grenze zu beachten. Daher wird in der Lehre vertreten, daß der Totalentzug von Rechten und alles, was dem gleichkomme, keine Sozialbindung sei[178]. Andererseits wurde aber die Tötung eines tollwütigen oder tollwutverdächtigen Hundes mit überwiegender Zustimmung in der Literatur von der Rechtsprechung als Sozialbindung eingestuft. Das Bundesverwaltungsgericht[179] sprach von einer Inhalts- und Schrankenbestimmung des Eigentums und von einer, der Maßnahme zugrundeliegenden Sozialbindung, deren Begrenzung wegen der potentiellen Gefährlichkeit dem Eigentum von vornherein innewohne. Der Bundesgerichtshof begründete die Verpflichtung zur Tötung des tollwütigen oder tollwutverdächtigen Hundes mit der in naher „Berührung mit einem polizeiwidrigen Zustand" stehenden Situation. Der Gesetzgeber spreche nur aus, was der Hundehalter von sich aus tun müßte, was der dem heutigen Stand der Wissenschaft immanent anhaftenden Schadenslage entspreche[180]. Die Regelung verstoße, da sie

[173] So *Kimminich:* BK, Art. 14 Rdnr. 107. Vgl. *Limpens,* insbes. S. 4, der für eine vermehrte Anpassung an den Wandel der gesellschaftlichen Verhältnisse eintritt. Vgl. auch *Sendler,* DÖV 1974, 73 ff. (85), nachdem dafür nicht nur eine verfassungsrechtliche Möglichkeit, sondern auch eine verfassungspolitische Notwendigkeit bestehe um Revolution durch Evolution abzuwenden.

[174] Vgl. dazu *Schulte:* Zur Dogmatik, S. 16 ff. m. w. N.

[175] Vgl. *Kimminich:* BK, Art. 14 Rdnr. 108 mit Verweis auf BGHZ 60, 135 und 60, 149.

[176] BVerfGE 25, 112 (117); 37, 132 (140).

[177] So *Kimminich:* BK, Art. 14 Rdnr. 109.

[178] Vgl. *Kimminich:* BK, Art. 14 Rdnr. 115 mit Verweis auf *Leisner:* Sozialbindung, S. 119 ff.; ebenso auch *Mangoldt/Klein,* Art. 14 Anm. V 2 b, S. 434. *Hamann/Lenz* kommen zum gleichen Ergebnis, indem sie Art. 14 Abs. 2 Satz 2 GG nur für den Eigentumsgebrauch für anwendbar halten, vgl. *Hamann/Lenz,* Art. 14 Anm. 5 c, S. 287.

[179] BVerwGE 7, 257 (260 f.).

[180] BGHZ 43, 196 (208).

nur in seltenen Fällen die Tötung gestatte, nicht gegen Art. 19 Abs. 2 GG[181]. Außerdem sei durch das Inberührungkommen mit tollwütigen Hunden der Verkehrswert auf Null gesunken[182].

Die Rechtsprechung hat mit Billigung der überwiegenden Rechtslehre aus dieser Sicht des Art. 14 Abs. 2 GG als unmittelbar pflichtbegründend heraus für das Bodeneigentum die Theorie von der Situationsgebundenheit entwickelt. Die Situationsgebundenheit ist daher nichts anderes als die Konkretisierung der Sozialbindung in der Situation des Eigentumsobjekts[183].

Gegen die These, daß Art. 14 Abs. 2 GG unmittelbare Pflichten des Eigentümers begründe, die lediglich konkretisiert würden, bestehen daher zunächst die gleichen Bedenken, wie sie gegen die Theorie der Situationsgebundenheit geäußert wurden[184].

Insbesondere besteht die *Gefahr der Aushöhlung* des Eigentums durch diese „immanente Bindung“. Dies gilt um so mehr, als die Meinung vertreten wird, mittels Sozialbindung könne die Grenze der Enteignung verschoben werden. Dies widerspricht der Intention des Grundgesetzgebers, der unter den Ausschluß der Enteignungsentschädigung durch Gesetz, wie sie noch unter Geltung der WRV möglich war, einen Schlußstrich zugunsten einer umfassenden Wertgarantie ziehen wollte.

Darüberhinaus genügt die Auffassung nicht der *Rechtssicherheit,* da es keine eindeutigen Kriterien gibt, wann denn im Einzelfall der Eigentümer kraft Verfassung zu einer Handlung entschädigungslos verpflichtet ist. Denn sowohl die so verstandene Sozialbindung als auch die Enteignung gehen vom Vorrang des Allgemeininteresses vor dem Eigentümerinteresse aus.

Außerdem bedeutet es eine *Verlagerung der politischen,* dem Gesetzgeber zustehenden *Macht,* wenn der Richter, über die Kontrolle der Gesetzgebung und Verwaltung hinaus, befugt sein soll, dem sozialen Wandel durch eine Konkretisierung der Sozialbindung Rechnung zu tragen, dort, wo der Gesetzgeber es bisher unterlassen hat.

Auch mit dem *Wandel vom Liberalismus zum Sozialstaat* kann die Änderung der Auffassung, daß Art. 14 Abs. 2 GG im Unterschied zur entsprechenden Regelung der WRV unmittelbare Pflichten begründet, nicht gerechtfertigt werden. Denn auch der Sozialstaat muß als Rechts-

---

[181] BGHZ 43, 196 (208 f.).

[182] BGHZ 43, 196 (209).

[183] Vgl. *Kimminich:* BK, Art. 14 Rdnr. 114.

[184] Vgl. erstes Kapitel B.

staat handeln und kann seine sozialen Pflichten nicht beliebig den Bürgern auflasten[185]. Auch ein gemeinschaftsbezogenes Wesen kann, wenn man von einem freien und selbstverantwortlichen Menschenbild ausgeht, nicht beliebig für die Verwirklichung des Gemeinwohls in Anspruch genommen werden.

Das Sozialstaatsprinzip begründet außerdem Forderungen des Bürgers gegenüber dem Staat, nicht grundgesetzliche Forderungen im Bereich Bürger zu Bürger. Höchstens mittelbar kann der Sozialbezug der Grundrechte ein Eingreifen des Gesetzgebers im Verhältnis Bürger zu Bürger ausnahmsweise rechtfertigen.

Die unmittelbare Geltung kann auch nicht aus der Geschichte, als Ausfluß lutherischer Eigentumsethik, hergeleitet werden[186]. Wenn Art. 14 Abs. 2 GG tatsächlich Ausfluß der im 19. und 20. Jahrhundert von christlicher und sozialistischer Seite an den sozialen Verhältnissen und am wirtschaftlichen Unternehmergebaren geäußerten Kritik ist, gilt hier der Grundsatz, daß das weltliche Recht nur ein ethisches Minimum enthalten kann[187]. Die reformatorische Eigentumsethik betrifft das Verhältnis Mensch zu Gott und nicht das Staat-Bürger-Verhältnis, für das ganz andere Regeln gelten, die zwar von der christlichen Lehre beeinflußt, aber nicht mit dieser konform sind.

Auch aus *Art. 1 Abs. 3 GG* kann eine unmittelbare Geltung nicht hergeleitet werden[188]. Zunächst spricht Art. 1 Abs. 3 GG nur von Grundrechten, nicht von Grundpflichten[189]. Außerdem binden nach Art. 1 Abs. 3 GG die Grundrechte die Gesetzgebung, die vollziehende Gewalt und die Rechtsprechung, also gerade nicht den Bürger, den Eigentümer gegenüber dem Staat und anderen Bürgern. Die Umkehrung des staatlichen Schutzes des Bürgers in eine Bindung des einzelnen an staatliche Interessen bedeutet, so *Friedrich Karl Kübler*[190] zu Recht, „eine methodisch nicht zu rechtfertigende völlige Umkehr und Perversion des Wortlauts und Sinnes des Art. 1 / III: eine Norm, die nur die Funktion hat, die Umgehung und Unterwühlung der Grundrechte durch den Staat zu verhindern, kann in keinem Fall dazu benützt werden, dem Staat neue Befugnisse einzuräumen“. Art. 1 Abs. 3

185 Vgl. dazu *Starck*, S. 59 ff.

186 So aber *Kübler*, AcP 159, 237 (241 ff.).

187 Gleichermaßen äußert sich *Herzog*, Sp. 518.

188 Ebenso *Kübler*, AcP 159, 259 m. w. N.; a. A. aber der BGH in LM Nr. 1 zu § 903 BGB und BGHZ 14, 294 (300); *Dürig*, AöR 79, 57 ff. (79); ders., JZ 1953, 193 (197); *Knoll*, AöR 79, 489; *v. Mangoldt:* GG, 1. Aufl., Art. 14 Anm. 2; *Huber:* Wirtschaftsverwaltungsrecht, II. Bd., S. 14; *Maunz/Dürig/Herzog/Scholz*, Art. 14 Rdnr. 2.

189 Ebenso *Kübler*, AcP 159, 236 (259) m. w. N.

190 *Kübler*, AcP 159, 259.

GG spricht daher nicht für, sondern gegen die Annahme einer positiven Pflicht des Eigentümers.

Auch die Argumentation, die Rechtsprechung sei gemäß Art. 1 Abs. 3 GG an Art. 14 Abs. 2 GG gebunden und müsse daher Art. 14 Abs. 2 GG als unmittelbar geltendes Recht anwenden, überzeugt nicht. Art. 1 Abs. 3 GG bestimmt zwar die Art und Weise der Rechtsprechung; damit ist jedoch nichts darüber gesagt, daß damit das durch die Rechtsprechung anzuwendende materielle Recht den gleichen Bindungen unterliegt[191].

Darüberhinaus ergeben sich weitere Bedenken gegen eine solche Auslegung, da, wie im folgenden dargelegt wird, weder der Wortlaut, noch die Verfassungsgeschichte, noch die systematische oder teleologische Auslegung ein Verständnis des Art. 14 Abs. 2 GG als unmittelbar pflichtbegründend rechtfertigt.

„Eigentum verpflichtet. Sein Gebrauch soll zugleich dem Wohle der Allgemeinheit dienen". Dieser Wortlaut deutet zwar auf den ersten Blick auf eine positive Pflicht hin. Aber wozu verpflichtet denn nun das Eigentum? Es verpflichtet zu einem Gebrauch, der *zugleich* dem Wohle der Allgemeinheit dient. Das Eigentum soll also in erster Linie dem Eigentümer selbst dienen, aber „zugleich" auch dem Wohle der Allgemeinheit. Es ist also keinesfalls die Rede davon, daß das Eigentümerinteresse im Einzelfall dem Allgemeininteresse zu weichen hat. Vielmehr spricht Absatz 2 nur eine Idealvorstellung von einem Eigentum aus, das gleichermaßen Eigentümer- und Gemeinwohlinteressen Rechnung trägt. Der Eigentümer wird also nach dem Wortlaut nicht positiv verpflichtet, seine eigenen Interessen zurückzustellen und so zu handeln, daß das allgemeine Wohl dadurch gefördert wird.

Auch die *Entstehungsgeschichte* des Bonner Grundgesetzes weist nicht in Richtung positive Pflicht des Eigentümers[192]. So lautete der erste Entwurf zum Bonner Grundgesetz: „Eigentum verpflichtet gegenüber der Gemeinschaft. Sein Gebrauch darf dem Gemeinwohl nicht zuwiderlaufen". Hier war also nicht von einer positiven Pflicht zur Förderung des Gemeinwohls, sondern ausschließlich von einem Ausschluß gemeinwohlschädlichen Verhaltens die Rede. Auf Antrag zur Ergänzung des Wortlauts zugunsten einer Mißbrauchsklausel der KPD-Fraktion lautete in der 2. Lesung des Ausschusses für Grundsatzfragen und in der 1. Lesung des Hauptausschusses Art. 14 Abs. 2 GG: „Eigentum verpflichtet. Sein Gebrauch soll zugleich dem Wohle der Allgemeinheit dienen. Wer sein Eigentum mißbraucht, kann sich auf den Schutz dieser

---

[191] Vgl. *Kübler* AcP 159, 259 f. Siehe auch *Lorenz,* AöR 105 (1980), 623 (629).
[192] Vgl. zur Entstehungsgeschichte: *Kimminich:* BK, Art. 14, I 4.

Bestimmung nicht berufen". Damit wählte man bereits die endgültige Formulierung, allerdings mit dem Mißbrauchszusatz. Zum damaligen Zeitpunkt ging man also davon aus, daß mit der Formulierung: „Soll zugleich dem Wohle der Allgemeinheit dienen" nichts anderes gemeint sein sollte als mit der Formulierung: „darf dem Gemeinwohl nicht zuwiderlaufen".

Die umfassende Inpflichtnahme des Eigentümers steht außerdem im Widerspruch zum *Freiheitscharakter* der Eigentumsgarantie. Dagegen wird eingewendet[193], dieser Widerspruch bestehe nur scheinbar, da Art. 14 GG die Idee zugrundeliege, daß, wo das Eigentum gemäß der Legitimationsgrundlage ausgeübt werde, es zugleich der Allgemeinheit diene. Dem ist zuzustimmen. Aber die Begründung einer Entscheidung mit der „Sozialbindung" wird gerade erst dort relevant, wo Eigentümer- und Allgemeininteresse eben nicht miteinander konform gehen. Wo Rechtsprechung und Lehre ein Ergebnis mit einer immanenten Sozialbindung belegen, da räumen sie gerade diesem Allgemeininteresse kraft Verfassung Vorrang vor dem Privatinteresse des Eigentümers ein. Damit geht die Sozialbindung, wie sie die herrschende Meinung versteht, aber über das hinaus, was unter einem „zugleich" dem Wohle der Allgemeinheit dienen zu verstehen ist. Die Sozialbindung überschneidet sich bei dieser Auslegung mit der Entschädigungsregelung des Art. 14 Abs. 3 GG, wo ebenfalls beim Konflikt Eigentümerinteresse — Allgemeininteresse der Vorrang des Wohls der Allgemeinheit geregelt ist.

Gegen die Annahme einer positiven Pflichtigkeit spricht auch der Charakter der Grundrechte, die in erster Linie *Abwehrfunktion* haben. Selbst wenn man annimmt, daß das Grundgesetz in seltenen Ausnahmen, wie z. B. in Art. 12 a, 5 Abs. 3 Satz 2, 6 Abs. 2 GG Pflichten begründen kann[194], so verbietet die grundsätzliche Abwehrfunktion, dort die seltene Ausnahme einer Grundpflicht anzunehmen, wo der Wortlaut nicht eindeutig ist, wo sogar unter der vorhergehenden Verfassung, an die — wie ersichtlich — angeknüpft wurde[195], lediglich ein Regelungsauftrag an den Gesetzgeber angenommen wurde.

Das Grundgesetz legt in Art. 14 Abs. 1 GG das Recht des Eigentümers gegenüber dem Staat fest. Es ist nicht einzusehen, daß der Grundgesetzgeber dieses für die individuelle Freiheit und Menschenwürde so relevante Grundrecht durch Absatz 2 derart relativieren wollte, daß nun der Eigentümer sogar positiv verpflichtet werden soll, dem All-

---

[193] Vgl. *Chlosta,* S. 29.

[194] Und dies ist sogar umstritten, vgl. dazu *Stober:* Grundpflichten und Grundgesetz, S. 15 ff. m. w. H.

[195] Dazu *Kübler,* AcP 159, 236 ff. (249 f.).

gemeinwohl, also dem Staat zu dienen. Selbst wenn im Grundgesetz nach herrschender Meinung auch „Grundpflichten" festgelegt sind, muß es sich dabei um sehr konkrete, abgrenzbare Pflichten handeln. Eine Sozialbindung als positive Pflicht des Eigentümers wäre hingegen eine sehr allgemeine, in Konfrontation mit der grundsätzlichen Eigentumsgewährleistung stehende Pflicht. In ihrer allgemein gehaltenen Formulierung steckt durchaus eine Gefahr der Aushöhlung. Dies widerspricht aber der Intention des Grundgesetzes, den umfassenden Schutz des Bürgers zu gewährleisten. Insbesondere würde durch ein solches Verständnis der Sozialbindung die umfassende Wertgarantie unterlaufen.

III. Art. 14 Abs. 2 GG als Regelungsauftrag an den Gesetzgeber?

Eine Mindermeinung[196] nimmt in Tradition zur herrschenden Meinung unter der Geltung des Art. 153 Abs. 3 WRV[197] an, daß Art. 14 Abs. 2 GG lediglich einen Regelungsauftrag an den Gesetzgeber bzw. die Formulierung einer „sozialethischen Pflichtigkeit" enthält.

Auch nach der heute herrschenden Meinung tritt der Regelungsauftragscharakter neben die Normierung einer positiven Pflicht[198].

Aber auch gegen die Auslegung des Art. 14 Abs. 2 GG als Regelungsauftrag an den Gesetzgeber ergeben sich grundlegende Bedenken.

Das erste Gegenargument wird deutlich, wenn man die Diskussion über das Verhältnis des Sozialstaatsprinzips zu Art. 14 Abs. 2 GG betrachtet. Ob man Art. 14 Abs. 2 GG als Konkretisierung[199], als Ausformung oder Ausprägung des Sozialstaatsprinzips[200] oder als eine in engem Zusammenhang mit dem Sozialstaatsprinzip stehende Norm[201]

---

[196] Vgl. z. B. Staudinger — Seufert, § 903 Bem. 23; *Leisner:* Sozialbindung, S. 44.

[197] Dazu: *Anschütz,* Art. 153 Anm. 16; *Giese,* Art. 153 Anm. 6; *Schelcher:* Eigentum, S. 244 ff. (ausführlich!). Diese herrschende Meinung konnte sich insbes. auf die Entstehungsgeschichte berufen, wo davon ausgegangen wurde, daß keine unmittelbaren rechtlichen Wirkungen entfaltet werden; vgl. dazu *Kübler,* AcP 159, 257 mit Verweis auf Sten. Prot. Bd. 336, S. 383 und Bd. 328, S. 1748 D. — A. A. aber *Wolff,* S. 10 ff. und *Holstein,* S. 94 ff.

[198] Vgl. z. B. BVerfGE 25, 112 (117); 37, 132 (140); *Ekkehart Stein,* § 13 V, S. 166, der von einem verbindlichen Verfassungsauftrag spricht; vgl. auch *Maunz/Zippelius,* § 28 II 4, S. 225 f.; *Kimminich:* BK, Art. 14 Rdnr. 107; *Breuer,* S. 43; *Chlosta,* S. 28; *Herzog,* Sp. 519.

[199] So *Huber:* Wirtschaftsverwaltungsrecht, Bd. II, S. 13; *Kimminich:* BK, Art. 14 Rdnr. 115; *Böckenförde:* Eigentum, Sozialbindung des Eigentums, Enteignung, in: Gerechtigkeit in der Industriegesellschaft, S. 217; *Witzel,* S. 4 m. w. H.

[200] Vgl. *Closta,* S. 31; *Breuer,* S. 41 m. vielen H.

[201] *Ekkehart Stein,* § 13 V, S. 166. *Limpens,* S. 145 spricht von einem korrelativen Verhältnis zum Sozialstaatsprinzip; zustimmend *Kimminich:* BK, Art. 14 Rdnr. 115.

sieht: Jede dieser Lösungen macht deutlich, daß es eines exakten Regelungsauftrags an den Gesetzgeber für den Bereich der Eigentumsordnung *gar nicht bedurfte,* sondern daß er bereits hinreichend durch die Festlegung des Sozialstaatsprinzips gesichert ist[202]. Danach ist der Gesetzgeber verpflichtet, dafür zu sorgen, daß die sozial Schwachen nicht weniger reale Freiheit und Rechtsschutz erhalten als die sozial Mächtigen[203]. Diese Pflicht des Gesetzgebers wird kraft Natur der Sache hauptsächlich im Bereich des Arbeitsrechts relevant und dort, wo der mächtige Eigentümer dem sozial schwächeren Nichteigentümer, z. B. im Mietrecht oder im Bereich des Gemeingebrauchs gegenübersteht. Dies gilt vor allem für den Sozialbezug der Grundrechte, der i. d. R. dort aktuell wird, wo Eigentum Macht zu Lasten sozial Schwächerer ausübt[204].

Es ist jedoch davon auszugehen, daß angesichts der eingehenden Erörterungen des allgemeinen Redaktionsausschusses, des Hauptausschusses und des interfraktionellen Fünferausschusses zu Art. 14 Abs. 2 GG der Bestimmung ein bestimmtes Gewicht zugemessen wurde[205]. Es liegt daher fern, daß Art. 14 Abs. 2 GG nur eine Selbstverständlichkeit ausspricht, die bereits in der Normierung des Sozialstaatsprinzips hinreichenden Niederschlag fand.

Das zweite Argument gegen die Auslegung als Regelungsauftrag an den Gesetzgeber ergibt sich aus der *systematischen Stellung* des Art. 14 Abs. 2 GG. Wäre Absatz 2 wirklich Programmsatz für den Gesetzgeber, an dem er seine Inhalts- und Schrankensetzung auszurichten hat, so hätte die Normierung dieses Regelungsauftrags sinnvollerweise in Absatz 1 des Art. 14 GG erfolgen müssen, wo bereits die Kompetenz, also das Instrumentarium, festgelegt ist. Seine Stellung zwischen Inhaltsbestimmung und Schrankensetzungsbefugnis einerseits und Enteignung andererseits als eigenständiger Absatz stimmt mit einer solchen Auslegung nicht überein.

IV. Art. 14 Abs. 2 GG als Begrenzung der Eigentumsgewährleistung?

Nach überwiegender Meinung enthält Art. 14 GG keine Definition des Begriffs „Eigentum“[206].

---

[202] Auch *Benda:* Bedeutung und Garantie des Eigentums in unserem sozialen Rechtsstaat, S. 7 hält Art. 14 Abs. 2 GG für „eigentlich überflüssig“.

[203] Vgl. *Ekkehart Stein,* § 6 I, S. 70 f.

[204] Vgl. die Beispiele *Steins* zum Sozialbezug und zur Sozialpflicht: § 6 IV, S. 74 f.

[205] Ebenso auch *Kübler,* AcP 159, 260.

[206] So z. B. BVerfGE 36, 281 (290); 42, 263 (292); vgl. für alle: *Kimminich:* BK, Art. 14 Rdnr. 8; *Witzel,* S. 3 und *Arndt/Rudolf,* S. 119.

Liegt es aber nicht nahe, gerade in Absatz 2 eine Begrenzung der Eigentumsgewährleistung zu sehen, eine Begrenzung des Inhalts, daß das nach dem Grundgesetz geschützte Eigentum kein unbegrenztes Herrschaftsverhältnis darstellt, sondern Pflichten begründet, nämlich: es soll zugleich dem Wohle der Allgemeinheit dienen?

Dabei ist davon auszugehen, daß dem liberalen Verständnis[207] die Grundthese zugrundelag, daß der Eigennutz des Eigentümers zum Gesamtnutzen für die Allgemeinheit beiträgt. Dieses „Zugleich-der-Allgemeinheit-dienen" also als Vermutung beim rechtmäßigen Eigentumsgebrauch.

Absatz 2 regelt die Eigentumsgewährleistung im Umkehrschluß auch von der negativen Seite: Der Eigentumsgebrauch soll dort nicht mehr geschützt sein, wo er gemeinschädlich, gemeingefährlich, störend, aggressiv ist. Dies sind diejenigen Fälle, wo das Eigentümerverhalten *negative Auswirkungen* auf die Allgemeinheit hat.

Dies ist streng zu unterscheiden von der Theorie von einer unmittelbaren Pflicht des Eigentümers. Wenn das Eigentum positiv verpflichtet, dann bedeutet dies, daß der Eigentümer Weizen statt Wein anbauen muß, Wohnraum abgeben, Ware verkaufen, die landwirtschaftliche Nutzung zugunsten eines Neubaus aufgeben muß ..., falls das Wohl der Allgemeinheit dies erfordert[208].

Anders verhält es sich bei Ausschluß des grundgesetzlichen Eigentumsschutzes für sozialschädliches Verhalten. Nur dort, wo die Vermutung, daß der Eigentumsgebrauch zugleich dem Wohle der Allgemeinheit dient, widerlegt ist, befindet sich der Eigentümer nach der hier vertretenen Auffassung außerhalb des verfassungsrechtlich geschützten Eigentums. Die Vermutung ist jedoch nicht bereits dann widerlegt, wenn der Eigentümer sein Eigentum für das Gemeinwohl sinnvoller anlegen könnte — z. B. er baut Wein an trotz des akuten Mangels an Kartoffeln — denn der Eigentümer hat die Freiheit, eigennützig und eigenverantwortlich zu handeln[209].

Wirkt sich aber das Eigentümerverhalten über den Bereich des Eigentumsobjekts hinaus negativ auf die Gemeinschaft aus, so hält der Eigentümer sich nicht mehr im Bereich des grundgesetzlich geschützten Eigentums auf. Er kann daher unter Beachtung des rechtsstaatlichen Grundsatzes der Verhältnismäßigkeit dazu verpflichtet werden, die Gemeinschädlichkeit zu beseitigen oder zu vermindern. Dies gilt auch für den Fall, in dem der Eigentümer ohne Verschulden zum Zustandsstörer wurde.

---

[207] Auf das man bei der Normierung des Eigentums zurückgriff.

[208] Vgl. auch die Beispiele von *Gähtgens*, BBauBl. 1970, 364 (367).

[209] So auch BGHZ 14, 294 (300).

Dies hat zur Folge, daß die Tötung eines tollwütigen Hundes (wegen der Ansteckungsgefahr), die Einziehung einer Waffe im Strafverfahren aus Präventivgründen und die Einschränkungen des Eigentums aus polizeilichen Gründen, d. h. bei Gefahr für die allgemeine Sicherheit und Ordnung, entschädigungslos geschehen kann. Ein solcher Eigentumsgebrauch wird vom Grundgesetz nicht geschützt. Hier findet auch die Wesensgehaltsgrenze keine Anwendung, da das Eigentum kraft Definition gar nicht so weit reicht.

Nach einem Teil der Rechtslehre ergibt sich diese Folge im Polizeirecht bereits aus Art. 14 Abs. 2 Satz 1 GG, dem Satz: *„Eigentum verpflichtet"*. Diese Vorschrift sei ein Anwendungsfall der allen Grundrechten immanenten Nichtstörungspflicht, die gemäß Art. 1 Abs. 3 GG unmittelbar gelte[210]. Art. 14 Abs. 2 Satz 1 und 2 GG ist jedoch nicht in der Weise trennbar, daß zwei unterschiedliche Aussagen enthalten sind. Vielmehr macht die Stellung in einem Absatz und der Bezug des Satz 2 auf Satz 1 („Sein Gebrauch") ebenso wie die Entstehungsgeschichte des Art. 14 GG und des Art. 153 WRV deutlich, daß Satz 2 nichts Eigenständiges festlegen, sondern lediglich Satz 1 konkretisieren sollte[211].

Vom Bundesgerichtshof wird im Polizeirecht die These vertreten, daß gefährliches Eigentum wegen der innewohnenden Pflichtigkeit nicht schutzwürdig ist[212]. Auch vom Bundesverwaltungsgericht wurden die Beschränkungen aufgrund des Polizeirechts als Inhalt und Schranken des Eigentums angesehen und als in den Bereich der Sozialbindung des Art. 14 Abs. 2 Satz 2 GG fallend[213].

In der Literatur wird von verschiedenen Autoren, um einen Entschädigungstatbestand beim Vorgehen gegen Zustandsstörer auszuschließen, der Sonderopfercharakter der Maßnahme verneint[214].

Bei allen diesen Theorien ergeben sich jedoch *Probleme bei der Anwendung der Wesensgehaltsschranke*, insbesondere wenn man, wie das Bundesverfassungsgericht dies fordert, von einem absoluten unantast-

---

210 Vgl. *Erler:* Maßnahmen der Gefahrenabwehr und verfassungsrechtliche Eigentumsgarantie, S. 70 ff. m. vielen N.; vgl. insbes. *Dürig*, AöR 79, 57 (78 f.); *Quaritsch*, DVBl. 1959, 455 (458). *Wolff*, S. 3 ff. (10 ff.) leitete bereits 1923 die Polizeipflicht des Eigentümers aus dem Satz: „Eigentum verpflichtet" der WRV ab. Er trat damit der herrschenden Ansicht entgegen, die in Art. 153 III WRV lediglich eine Richtschnur an den Gesetzgeber sah.

211 Ebenso *Kübler*, AcP 159, 240 f.

212 Vgl. die Nachweise dieser Rechtsprechung bei *Erler*, S. 91 ff.

213 Z. B. BVerwGE 7, 257 (260 ff.); 12, 87 ff. (96), letztere Entscheidung mit Rückgriff auf die Pflichtigkeitsrechtsprechung des BGH; BVerwG NJW 1972, 458 (460).

214 Vgl. *Erler*, S. 101 ff. Oder aber es wird die Enteignung, da keine Güterbeschaffung vorliege, abgelehnt.

baren Wesensgehalt ausgeht und der hier vertretenen Auffassung folgt, daß die Wesensgehaltsgarantie gerade für das Eigentumsgrundrecht, die Rechtsstellungsgarantie Anwendung findet. Schließt man jedoch den aggressiven, gemeinschädlichen Eigentumsgebrauch von vornherein von der Eigentumsgarantie aus, so kann auf diese Weise auch der Vollentzug entschädigungslos sein, ohne daß das Wesen des Eigentums beeinträchtigt wird.

Walter Leisner kritisiert jede Annahme eines gemeinschädlichen Eigentums als politische Morgensternvokabel, die den Eigentümer gewissermaßen vogelfrei mache und in die Nähe des „Volksschädlings" rücke[215]. Solche Begriffe bezeichneten nie das Richtige, sondern verdeckten entweder reine Staatsräson oder eine angebliche „Wesensschau" des Eigentums. Sie suche nicht Grenzen, sondern einen Feind, den es zu vernichten gelte.

Mag der Begriff „gemeinschädlich" auch tatsächlich den Begriffen des Nationalsozialismus äußerlich ähnlich sein. Tatsächlich verbirgt sich jedoch dahinter in dem hier verstandenen Sinne etwas ganz anderes. Der Rechtsfolge, daß auch der nichtschuldhafte Zustandsstörer keine Entschädigung für die Beseitigung der Störung verlangen kann, wird wohl auch Leisner nicht entgegentreten wollen. Faßt man solche Störungsbeseitigungen lediglich als Eigentumsschranke auf, dann kommt man, wenn man wie Leisner[216] von einem absoluten Wesenskern ausgeht, der auch oder gerade für die Rechtsstellungsgarantie gilt, in solchen Fällen an einer Enteignungsentschädigung nicht vorbei. Es ist Leisner zuzustimmen, daß besonders eingehend zu prüfen ist, ob im Einzelfall tatsächlich eine „aggressive" Eigentumsausübung vorliegt. Und insbesondere ist zu beachten, daß auch hier der Grundsatz der Verhältnismäßigkeit zur Bestimmung der Störungsbeseitigungsmaßnahme Anwendung findet. Deshalb ist es ausgeschlossen, daß bereits geringste Umweltbelastungen zu einem Verbot einer Eigentumsausübung führen können.

Nun ist es auch möglich, die anfangs gestellte Frage nach dem Verhältnis von Art. 14 Abs. 2 GG zu Art. 14 Abs. 1 Satz 2 GG zu beantworten: Da Art. 14 Abs. 2 GG bestimmt, was unter dem geschützten Eigentum zu verstehen ist, kann eine Beschränkung, die eine „aggressive" Eigentumsausübung verhindert, nie Art. 14 Abs. 1 Satz 1 GG verletzen. Lediglich ist die Verletzung des Rechtsstaatsprinzips (z. B. des Grundsatzes der Verhältnismäßigkeit) und anderer Grundrechte möglich, an die die Gesetzgebung, die Verwaltung und die Rechtsprechung durch Art. 1 Abs. 3 GG gebunden sind.

---

215 *Leisner:* Sozialbindung, S. 183 f.

216 Vgl. *Leisner:* Sozialbindung, S. 147 f.

Eine solche Eigentumsausübungsregelung ist, da sie Art. 14 Abs. 1 Satz 1 GG nicht beschränkt, *keine eigentliche Schranke* i. S. v. Art. 14 Abs. 1 Satz 2 GG. Sie ist — da sie zugunsten öffentlicher Interessen ergeht und nicht einen Interessenausgleich nichtöffentlicher Interessen darstellt — auch *keine Inhaltsbestimmung* i. S. v. Art. 14 Abs. 1 Satz 2 GG.

Da im Verhältnis Bürger zu Bürger der Gesetzgeber den Inhalt des Eigentums durch Gesetze erst schaffen muß, wird er durch die Institutsgarantie i. V. m. der Eigentumsdefinition in Art. 14 Abs. 2 GG aber verpflichtet, Regelungen zu schaffen, damit sich der Bürger einer „aggressiven" Eigentumsausübung erwehren kann. Der Gesetzgeber hat dem Eigentumsbegriff, wie ihn Art. 14 Abs. 2 GG bestimmt, Rechnung zu tragen. Denn dieses Eigentum wird in Art. 14 Abs. 1 Satz 1 GG gewährleistet.

Da die Grundrechte hier nicht unmittelbar gelten, kann sich der Bürger im Privatbereich nicht direkt auf Art. 14 Abs. 2 GG berufen. Denn Art. 14 Abs. 2 GG betrifft nur das im Verhältnis Bürger zum Staat geschützte Eigentumsrecht[217].

D. Das überwiegende öffentliche Interesse und die Beachtung des Grundsatzes der Verhältnismäßigkeit als Voraussetzung einer zulässigen Schrankenbestimmung

Wie bereits dargelegt[218], sind Schranken solche Regelungen, die im Unterschied zu Inhaltsbestimmungen das Eigentum zugunsten öffentlicher Interessen, also z. B. aus Denkmal- oder Naturschutzgründen, beschränken.

Nach herrschender Meinung in Rechtsprechung und Literatur ist die Schrankensetzungsbefugnis des Gesetzgebers nicht grenzenlos[219].

Nach ständiger Rechtsprechung des *Bundesverfassungsgerichts* hat der Gesetzgeber vielmehr die grundlegende Wertentscheidung des Grundgesetzes zugunsten des Privateigentums und die übrigen Verfassungsgrundsätze zu beachten[220]. Er darf die Schranken des Eigentums nicht in einer Weise bestimmen, die grob sachwidrig ist und in die Interessen der Beteiligten ohne Grund übermäßig eingreift[221]. Nach der Rechtspre-

---

[217] Anders *Kübler*, AcP 159, 261 ff., der die umfassende Beachtung des Art. 14 Abs. 2 GG auch im Privatrecht fordert. Vgl. aber *Lorenz*, AöR 105 (1980), 623 (628).

[218] Vgl. B dieses Kapitels.

[219] Vgl. für alle: *Kimminich:* BK, Art. 14 Rdnr. 98; siehe auch B dieses Kapitels.

[220] BVerfGE 14, 263 (277 f.).

[221] Vgl. BVerfGE 18, 121 (132); ebenso BVerfGE 21, 150 (155).

chung des Bundesverfassungsgerichts schützt die Bestandsgarantie den Eigentumsbestand nicht nur vor unverhältnismäßigen Enteignungen, sondern auch vor unverhältnismäßigen Schrankenbestimmungen[222].

Das Bundesverfassungsgericht zieht daher bei der Abwägung einer Regelung nach Art. 14 Abs. 1 Satz 2 GG den Grundsatz der Verhältnismäßigkeit heran. Die Einschränkung der Eigentümerbefugnis muß zur Erreichung des angestrebten Zieles geeignet und notwendig sein. Sie darf nicht übermäßig belasten und deshalb unzumutbar sein[223].

Teilweise wird in der *Rechtslehre* entgegen der herrschenden Meinung die Geltung des Verhältnismäßigkeitsgrundsatzes im weiteren Sinn (Übermaßverbot)[224] für Art. 14 Abs. 1 Satz 2 GG ausgeschlossen[225], oder aber lediglich das Gebot der Verhältnismäßigkeit von Zwecken und Mitteln, nicht aber der Grundsatz der Erforderlichkeit[226] für anwendbar gehalten. Begründet wird diese Ansicht damit, daß der Eigentumsbegriff des Art. 14 Abs. 1 Satz 1 GG ein „Blanketbegriff" sei, dessen „Innenflächen prägungsbedürftig" bleiben[227]. Da bei Inhaltsbestimmung nicht eingegriffen würde, könne man eine solche Inhaltsbestimmung auch nicht mit weniger eingreifenden Maßnahmen vergleichen[228].

Trennt man aber Inhalts- und Schrankenbestimmung nach der hier vertretenen Ansicht, so wird ersichtlich, daß diese Argumente zwar für die Inhaltsbestimmung des Eigentums, wo ein weites gesetzgeberisches Ermessen besteht, nicht jedoch für Schrankenbestimmung zutreffen.

Gerade bei der *Schrankenbestimmung* führt die Verneinung des Grundsatzes der Verhältnismäßigkeit zu einer Gefahr für das Grundrecht auf Eigentum. Stehen öffentliche und private Interessen bei einer Maßnahme einander gegenüber, so muß der Grundsatz der Verhältnismäßigkeit Anwendung finden, damit das Grundrecht nicht zugunsten öffentlicher Interessen unzulässig beschnitten wird.

Bei einer *Inhaltsbestimmung* ist die Anwendung des Grundsatzes der Verhältnismäßigkeit dagegen bereits aus rein tatsächlichen Gründen nicht möglich. Denn hier geht es um die Regelung verschiedener nicht-

---

[222] Vgl. *Schlink:* Abwägung im Verfassungsrecht, S. 84.

[223] BVerfGE 21, 150 (155); 26, 215 (228).

[224] Zum Begriff: *Maurer,* § 10 Rdnr. 17.

[225] Vgl. *Lerche:* Übermaß, S. 140 ff., der das Übermaßverbot für grundrechtsprägende Normen nicht für anwendbar hält; gegen die Anwendbarkeit des Übermaßverbots ist auch *Witzel,* S. 21; ähnlich *Bauschke/Kloepfer,* NJW 1971, 1233 ff. (1234); kritisch dazu *Schulze-Osterloh:* Eigentumsopferentschädigung, S. 249 ff.

[226] So *Breuer,* S. 33 ff.

[227] So *Lerche:* Übermaß, S. 141.

[228] *Witzel,* S. 21.

öffentlicher Interessen. Zugunsten welcher dieser Interessen sollte denn der Grundsatz der Verhältnismäßigkeit gelten? Hier soll ein Ausgleich getroffen werden, und nicht ein Recht zugunsten des Staats mit den geringsten Mitteln begrenzt werden.

Das *Bundesverwaltungsgericht* stellt bei der Beurteilung der Rechtmäßigkeit einer Schrankenbestimmung im Unterschied zum Bundesverfassungsgericht darauf ab, ob eine Schrankenbestimmung erfolge, „um das Eigentum gegen übergeordnete oder gleichgeordnete Werte abzugrenzen“[229].

Diese reine Güterabwägung ist jedoch mit der Einheit der Verfassung und dem Grundsatz der Verhältnismäßigkeit nicht vereinbar. Es geht nicht darum, die verschiedenen Interessen auf ihre Höherstufigkeit zu untersuchen, um dann zwingend zugunsten der vollen Durchsetzbarkeit dieses zu entscheiden. Ganz abgesehen davon gibt es keine Anhaltspunkte, wie die Gleich- oder Höherstufigkeit im Einzelfall zu bestimmen ist[230].

Die Verfassung nimmt die Zuordnung von Freiheitsrechten und anderen Rechtsgütern nur zu einem geringen Teil selbst vor. Vielfach ist der Gesetzgeber berufen, den Ordnungszusammenhang herzustellen oder zu erhalten.

Die Grundrechte und grundrechtsbegrenzenden Rechtsgüter müssen daher nach dem Prinzip der *praktischen Konkordanz* einander zugeordnet werden, mit dem Ziel der Optimierung beider Interessen[231]. Andernfalls würden höchstrangige Interessen, wie z. B. die verfassungsrechtlich geschützte Würde des Menschen, auch bei geringsten Beeinträchtigungen schwerst betroffene andere Rechtsgüter verdrängen[232].

Der Gesetzgeber hat daher mit dem schrankensetzenden Gesetz eine Optimierung zwischen dem privatnützigen und privatbestimmten Interesse des einzelnen und dem öffentlichen Interesse des Gemeinwohls unter Beachtung des Grundsatzes der Verhältnismäßigkeit i. w. S. zu treffen.

Außerdem muß eine gewisse „Mindestposition“ gewahrt sein, ab der eine Beschränkung nur als Enteignung unter den Voraussetzungen des Art. 14 Abs. 3 GG zulässig ist.

---

[229] BVerwGE 2, 172 (174); 7, 297 (299).

[230] Vgl. dazu *Leisner:* Sozialbindung, S. 93 f.

[231] Vgl. *Hesse,* § 10 II 2, Rdnr. 318 ff.

[232] *Schlink,* S. 154 ff., 192 weist anhand der Wohlfahrtsökonomie und der Spieltheorie nach, daß die Abwägung als Vorgang der Gewichtung und des Vergleiches von Werten, Gütern, Rechten und Freiheiten scheitern muß.

E. Die Abgrenzung der zulässigen Schrankenziehung von den nur als entschädigungspflichtige Enteignung zulässigen Maßnahmen bei Einschränkungen der Nutzungsbefugnis

I. Der Zeitpunkt der Betrachtung

Es lassen sich verschiedene Hintergründe und Ursachen, die zu einer Beschränkung der Eigentümernutzungsbefugnis führen, unterscheiden:

— die Änderung der Anschauungen

— die Änderung der örtlichen Verhältnisse und der „Situation“

— die Änderung gesetzlicher Normen und Anforderungen.

Zunächst könnten die gewandelten allgemeinen Anschauungen zu einer Einschränkung der Nutzungsbefugnis führen. Dies z. B. dann, wenn eine Arbeitersiedlung oder ein Industriebetrieb, die ehemals als nicht historisch wertvoll eingestuft wurden, nunmehr als denkmalwürdig gelten.

Ein Gebäude könnte aber ebenso durch Zeitablauf in die Denkmalwürdigkeit „hineinwachsen“. Oder eine ehemals als Acker genutzte Fläche könnte durch Änderung der örtlichen Verhältnisse wegen des Brachliegens zum Refugium für geschützte Tiere und Pflanzen werden.

Da es nach der hier vertretenen Auffassung aber nicht die „Situation“ ist, die gemäß Art. 14 Abs. 2 GG die Sozialbindung und -verpflichtung unmittelbar begründet, kommt es bei der enteignungsrechtlichen Beurteilung der Einschränkungen der Nutzungsbefugnis nicht auf die obigen Kriterien an. Entscheidend ist vielmehr, daß eine Maßnahme unmittelbar durch ein Gesetz oder aufgrund eines Gesetzes getroffen wurde. Dies kann der Fall sein, wenn neue gesetzliche Normen und Anforderungen getroffen wurden oder auch deswegen, weil nun kraft Änderung der tatsächlichen Voraussetzungen oder Anschauungen ein nutzungsbeschränkender Tatbestand für anwendbar gehalten wird.

Es kommt also darauf an, daß eine Maßnahme gegenüber dem Eigentümer erfolgte, und ganz allein auf diesen Zeitpunkt kommt es für die Frage der Entschädigungsbedürftigkeit an[233].

Soweit Einschränkungen bereits unmittelbar auf Gesetz beruhen, ist der Zeitpunkt entscheidend, an dem das Eigentumsobjekt erstmals die Tatbestandsmerkmale verwirklichte. Einer Verwaltungsmaßnahme, die lediglich die Nichtbefolgung dieser Norm sanktioniert, kommt insoweit keine eigene Bedeutung zu.

---

[233] Ebenso *Kimminich:* BK, Art. 14 Rdnr. 382, der auf den Zeitpunkt des „Eingriffs“ abstellt.

Es ist zu prüfen, ob dem Eigentümer durch die Maßnahme eine Nutzungsmöglichkeit genommen wurde, die er vor der Maßnahme hatte. War bereits vorher die nun beschränkte Nutzung nicht möglich, so kann jedenfalls diese Maßnahme insoweit nicht enteignend wirken[234]. Hatte ein Grundstück bereits vor der Unterstellung unter Naturschutz keine Baulandqualität, so kann dessen Eigentümer nicht durch die Naturschutzmaßnahme wegen Entzugs der Baulandqualität enteignet worden sein. Eine Enteignung kann allenfalls in einer Maßnahme liegen, die früher Ursache für den Entzug der Bebaubarkeit war.

Wer ein Grundstück oder Gebäude erwirbt, das bereits unter Natur- oder Denkmalschutz steht, kann keine Entschädigung verlangen, da er von Anfang an nur ein beschränktes Eigentumsrecht besessen hat. Anders liegt es, wenn seine Nutzungsmöglichkeit später eingeschränkt wird[235].

II. Die Abgrenzungskriterien

Mit der Ausdehnung des Enteignungsbegriffs auf jegliche Beschränkungen durch die öffentliche Hand entstanden die Probleme der Abgrenzung der Eigentumsbindung von der Enteignung[236].

Erfüllte nach der klassischen Enteignungstheorie nur die völlige Entziehung des Eigentums den Enteignungstatbestand, müssen nun die im öffentlichen Interesse ergehenden Schranken von der zum Wohle der Allgemeinheit erfolgenden Enteignung abgegrenzt werden.

Diese Abgrenzung war von jeher umstritten und ist auch in der heutigen Zeit Zentralpunkt der Auseinandersetzungen im Eigentumsrecht[237].

1. *Die Leistungsfähigkeit des Staates*

Von *Martin Sellmann*[238] wird gefordert, bei der Frage der Abgrenzung der entschädigungslos möglichen Maßnahmen[239] zu denen, die nur

---

[234] Zu berücksichtigen sind jedoch Vorwirkungen einer Maßnahme; vgl. *Kimminich:* BK, Art. 14 Rdnr. 386 ff.

[235] Ebenso *Huber:* Wirtschaftsverwaltungsrecht, Bd. II, S. 82.

[236] Vgl. zur Erweiterung des Eigentumsbegriffs im Enteignungsrecht: *Ossenbühl*, § 14 I 2 und 3, S. 94 ff.

[237] *Scheuner* (Die Garantie des Eigentums in der Geschichte der Grund- und Freiheitsrechte, in: Scheuner/Küng, Der Schutz des Eigentums, S. 42) spricht von einer tiefen und weitreichenden Wandlung in der Eigentumsordnung und *Schulte* (Zur Dogmatik, S. 11) spricht davon, daß das Abgrenzungsproblem, das lange im Mittelpunkt aller Erörterungen gestanden habe, bis heute nicht bewältigt sei. *Diester* (NJW 1954, 1140 ff. [1140]) spricht von einem „der umstrittensten und meist erörterten Rechtsgebiete der Neuzeit".

[238] NJW 1965, 1689 (1694 ff.).

[239] Von ihm als „sog. Sozialbindung" bezeichnet.

als Enteignung zulässig sind, auf die finanziellen Möglichkeiten der öffentlichen Hand abzustellen. Die Abgrenzung der „Sozialbindung" zur Enteignung sei kein rechtliches, sondern ein finanzielles Problem des Inhalts, ob letztlich der Bürger über die allgemeinen Steuern oder der einzelne Eigentümer bezahlen müsse.

Sellmann glaubt eine Abgrenzungsformel darin gefunden zu haben, daß der Richter im Einzelfall entscheide, ob generell betrachtet der Allgemeinheit die Gewährung der Entschädigung (noch) möglich bzw. (noch) zumutbar sei. Es biete sich dabei das Institut der Sozialbindung als geeignete rechtliche Konstruktion an, um faktisch nicht erfüllbare Entschädigungsforderungen von vornherein auszuschließen[240].

Zu Recht ist diese Abgrenzungsmethode auf überwiegende Ablehnung gestoßen[241]. Zunächst ist fraglich, inwieweit das Abgrenzungskriterium überhaupt funktionabel ist. Wie sind denn die finanziellen Möglichkeiten der öffentlichen Hand — aus der Sicht des Richters! — überhaupt zu definieren? Ist darauf abzustellen, welches Aufkommen der Staatshaushalt bei gegebenen Einkünften und Steuererträgen hat oder darauf, inwieweit es dem Staat möglich wäre, sich solche Summen durch Steuern oder sonstige Einkünfte zu beschaffen? Nimmt man letzteres an, so wäre außerdem zu fragen, ob die rechtlichen Möglichkeiten die Grenzen markieren oder ob bereits die — vom Richter festzustellende — mangelnde politische Durchsetzbarkeit die Leistungsfähigkeit des Staatshaushalts begrenzt.

Ein Abstellen auf die vorhandenen Einkünfte ist aber ebenso abzulehnen wie ein Abstellen auf die rechtlich mögliche oder politisch durchsetzbare Steuererhöhung. Denn das Grundgesetz nimmt keine Rücksicht auf eine finanzielle Leistungsfähigkeit des Staates oder eine politische Durchführbarkeit von Steuererhöhungen[242].

Gegen das Abstellen auf die politische Durchführbarkeit von Steuererhöhungen spricht zudem, daß es im gewaltengeteilten Staat nicht Aufgabe des Richters sein kann, darüber zu entscheiden, inwieweit Steuererhöhungen politisch tragbar sind.

Auch ist mit der Aussage, daß eine bestimmte Summe als Entschädigung zur Verfügung steht, noch nichts darüber gesagt, welche Eigentümer bei Eingriffen in das Eigentum denn nun in den Genuß dieser Entschädigung kommen: Die schwerer betroffenen Eigentümer — und man

---

[240] Kritisch dazu: „*Kimminich*, JuS 1969, 349 (356), der der Behauptung widerspricht, die Abgrenzung der Rechtsprechung beruhe letztlich auf fiskalischen Erwägungen.

[241] Vgl. *Leisner:* Sozialbindung, S. 97 ff. und *Breuer*, S. 62. Dagegen auch BGHZ 6, 270 (282).

[242] Vgl. *Leisner:* Sozialbindung, S. 99.

käme zu einer Schweretheorie, insgesamt begrenzt durch die finanziellen Möglichkeiten des Staatshaushaltes — oder diejenigen, deren Entschädigungen der Staat von der Höhe her noch zahlen kann.

Stellt man allein auf die Höhe der einzelnen Entschädigungskosten ab, so führt dies zum grotesken Ergebnis, daß einschneidendere Maßnahmen — weil teurer — im Unterschied zu leichteren Maßnahmen — weil billiger — entschädigungslos blieben.

Falls man aber eine Globalbetrachtung anstellt darüber, wieviel Eigentümer wieviel DM an Entschädigung verlangen könnten, so liefe diese Prüfung auf ein Abstellen auf die Zahl der Betroffenen, kombiniert mit der Entschädigungshöhe — also eine Art Sonderopfertheorie — hinaus[243].

Alle Alternativen werden dem Rechtsstaat nicht gerecht. Denn es kann nicht Frage sein, ob eine Maßnahme nicht mehr entschädigt werden kann und daher der Eigentümer die Last trägt, sondern ob der Staat eine Maßnahme gegebenenfalls gegen Entschädigung trifft oder ob er auf die Maßnahme ganz verzichtet. Die Junktimklausel dient gerade dazu, daß sich der Gesetzgeber diese Frage stellt. Alles andere würde die umfassende Wertgarantie des Art. 14 GG unterlaufen. Deren Sinn ist es gerade nicht, daß anstelle des Ausschlusses der Entschädigung durch ein Reichsgesetz — wie es nach der WRV möglich war — nun der Richter prüfen soll, ob eine Entschädigung dem Staatshaushalt noch zumutbar ist.

Das Argument, daß heute fast hinter jedem Urteil, insbesondere hinter jeder Begründung mit der Situationsgebundenheit letztlich die Leistungsfähigkeit des Steuerstaates stehe, ist ein Argument gegen die Theorie von der Situationsgebundenheit. Es spricht aber nicht dafür, diese Praxis zu legalisieren, indem man die Leistungsfähigkeit der öffentlichen Hand zum Abgrenzungskriterium erhebt.

2. Rückkehr zum klassischen Enteignungsbegriff, kombiniert mit einer möglichen Entschädigungspflicht bei Inhalts- und Schrankenbestimmungen

Nachdem die klassische Enteignungstheorie des 19. Jahrhunderts[244] lange Zeit als überholt galt[245] und nur sehr vereinzelt und aus unterschiedlichen Gesichtspunkten eine Rückkehr zu dieser Theorie gefordert

---

[243] Vgl. dazu *Leisner:* Sozialbindung, S. 99.

[244] Zum klassischen Enteignungsbegriff, der ganz und gar nicht „klassisch", sondern eine Zeiterscheinung ist, vgl. *Scheuner:* Enteignungsentschädigung, S. 84.

[245] Vgl. *Maunz,* in: Maunz/Dürig/Herzog/Scholz, Art. 14 Rdnr. 74.

wurde[246], hat sich in neuester Zeit *Lerke Schulz-Osterloh* eingehend mit diesem Ansatz auseinandergesetzt[247].

Sie fordert die Rückkehr zur klassischen Enteignungstheorie mit der Konsequenz, daß nur die Güterbeschaffung zur Verwirklichung eines bestimmten Verwaltungszwecks den Tatbestand des Art. 14 Abs. 3 GG erfüllt.

Dies soll jedoch nicht zur Folge haben, daß alle übrigen Eigentumsbeschränkungen entschädigungslos zu dulden sind. Vielmehr soll eine Inhalts- und Schrankenbestimmung zunächst darauf überprüft werden, ob der Grundsatz der Verhältnismäßigkeit und Art. 3 GG bei der Beeinträchtigung der Bestandsgarantie gewahrt wurde, um danach in einer zweiten Prüfung die gleichen Grundsätze auf die Wahrung der Wertgarantie anzuwenden.

Mit anderen Worten: Es wird nach der Überprüfung der Maßnahme an sich gefragt, ob auch die Tatsache, daß die Maßnahme entschädigungslos zu dulden ist, verhältnismäßig ist und den Gleichheitssatz beachtet[248]. Ist die Wertgarantie verletzt, so ist zu entschädigen.

Nach Schulze-Osterloh gibt es also eine entschädigungspflichtige Inhalts- und Schrankenbestimmung, und der Gegensatz von entschädigungsloser Eigentumsbindung und entschädigungspflichtiger Enteignung wird aufgehoben[249].

Zunächst bestehen erhebliche Bedenken gegen die Rückkehr zum klassischen Enteignungsbegriff[250]. Die rein formellen, vom Gesetzgeber beeinflußbaren Kriterien vernachlässigen die Wirkung der Maßnahme auf den Bürger, auf dessen Schutz es dem Grundgesetz gerade ankommt.

Wenn der Schutz des Eigentums umfassend sein soll, so dürfen Beeinträchtigungen des Eigentums, die ohne Vollentzug des Objekts den Eigentümer so stark einschränken, daß das Eigentum für ihn eminent an Funktion verliert, nicht als bloße Schrankenbestimmung betrachtet werden.

---

[246] So z. B. diskutiert bei: *Weber*, NJW 1950, 401; *Ipsen*, VVDStRL 10, 93 f. (121); *Rittstieg:* Eigentum, S. 411 ff.; insbes. auch *Dürig*, JZ 1954, 4; kritisch dazu *Scheuner:* Enteignungsentschädigung, S. 90 ff., der meint, die Rückkehr zum klassischen Enteignungsbegriff sei eine Verkennung des notwendigen Zusammenhangs von Eigentumsordnung und Eigentumsbegriff und *Diester*, NJW 1954, 1140 ff. (1142), der Scheuner zustimmt.

[247] Vgl. *Schulze-Osterloh:* Eigentumsopferentschädigung; *dies.*, NJW 1981, 2537 ff. Ansätze zur Ansicht von Schulze-Osterloh befinden sich auch bei *Schulte:* Zur Dogmatik, S. 49, VII 4.

[248] *Schulze-Osterloh:* Eigentumsopferentschädigung, S. 249 ff.

[249] *Schulze-Osterloh:* Eigentumsopferentschädigung, S. 263.

[250] Ebenso: BGHZ 6, 270 (281 f.).

Diese Bedenken können nicht durch die Verschiebung der Entschädigungspflicht auf Inhalts- und Schrankenbestimmungen ausgeschlossen werden. Denn gegen die Konstruktion von entschädigungspflichtigen Inhalts- und Schrankenbestimmungen sprechen verschiedene Gesichtspunkte.

Ganz eindeutig wird in Art. 14 Abs. 1 GG die Bestandsgarantie formuliert. Denn „das Eigentum" ist es, das gewährleistet wird, nicht lediglich dessen Wert. Dies wird auch ganz besonders deutlich, wenn man sich die Funktion des Eigentumsrechts vergegenwärtigt, das der Verwirklichung der Freiheit dienen soll[251]. Nur unter den ganz engen Voraussetzungen des Art. 14 Abs. 3 GG wandelt sich die Bestandsgarantie in eine Wertgarantie[252]. Das Eigentum kann daher nicht als Grundrecht verstanden werden, hinter dem letztlich nur die Eigentumswertgarantie steht.

Genausowenig kann eine Maßnahme danach aufgespalten werden, ob sie 1. die Bestands- und 2. die Wertgarantie verletzt. Denn ignoriert man bei der Überprüfung der Bestandsgarantie die Werteinbuße an sich, so läßt man gerade dasjenige Kriterium, das die Eingriffstiefe ebenso wie das besondere Opfer im wesentlichen ausmacht, unberücksichtigt.

Und würde die Entschädigung eine Maßnahme grundsätzlich verhältnismäßiger machen, so dürften auch andere Grundrechte gegen Entschädigung stärker eingeschränkt werden. Dies kann aber nicht Sinn des beabsichtigten umfassenden Grundrechtsschutzes des Bürgers gegen Übergriffe des Staats sein. Dies gilt insbesondere deshalb, weil es letztlich die Bürger selbst sind, die über Steuern und sonstige Abgaben den Staatshaushalt finanzieren!

Der Vorteil der Rechtssicherheit der klassischen Enteignungstheorie wird bei Schulze-Osterloh wieder dadurch eingebüßt, daß nun im Rahmen der Prüfung nach Art. 14 Abs. 1 Satz 2 GG die eigentliche Abgrenzungsproblematik wieder auftaucht.

Ihre Konstruktion habe den Vorteil, daß der Gesetzgeber auf diese Weise wirtschaftlich angemessene Lösungen treffen könne und lediglich an eine „materielle Junktimklausel" gebunden sei, ohne durch den „formellen Entschädigungsjunktim behindert" zu werden[253]. Sinn der Junktimklausel ist es jedoch gerade, daß sich der Gesetzgeber bewußt wird, daß er über die Grenzen der entschädigungslos zulässigen Maßnahmen hinaus das Eigentum enteignet. Außerdem soll dem Gesetz selbst ent-

---

[251] Vgl. BVerfGE 42, 64 (76 f.); 46, 325 (334).

[252] BVerfGE 24, 367 (397); 45, 63 (76).

[253] So *Schulze-Osterloh*, NJW 1981, 2545.

nommen werden können, daß der Bürger eine Entschädigung fordern kann. Und dies soll nach dem Ziel der Grundrechte, den Bürger vor Eingriffen des Staates zu schützen, nicht nur für Güterbeschaffungsvorgänge i. S. d. klassischen Enteignungstheorie gelten, sondern — soweit möglich — überall dort, wo der Staat aus der Sicht des Bürgers besonders stark in seine Eigentümerbefugnisse eingreift[254].

Der zweite Vorzug ihres Ansatzes sei, so Schulze-Osterloh[255], daß die Entschädigungspflicht nicht auf öffentlichrechtliche Beeinträchtigungen beschränkt sei, sondern ebenso für die zivilgesetzliche Ausgestaltung des Eigentums gelte. Auch gebe es keine tatbestandliche Beschränkung „zum Wohle der Allgemeinheit"[256].

Nach der hier vertretenen Auffassung ergibt sich aus Art. 14 GG grundsätzlich die Pflicht des Gesetzgebers, eine Privatrechtseigentumsordnung, die das Verhältnis Bürger zu Bürger regelt, auszugestalten. Es kann aber wohl nicht der Sinn der Eigentumsgarantie sein, daß die Allgemeinheit durch Steuern für einen eigentlich *unzulässigen* Bürger-Bürger-Interessenausgleich finanziell einstehen soll — quasi als von vornherein zugestandener Schadensersatz. Zwar kann sich aus einem unzulässigen Interessenausgleich möglicherweise eine Schadensersatzpflicht ergeben, aber diese darf nicht von vornherein „einkalkuliert" werden.

Bei der Enteignungsentschädigung nach Art. 14 Abs. 3 GG liegt die Sache anders. Hier erhält die Allgemeinheit „etwas" vom Eigentümer, wofür sie ihn zu entschädigen hat. Denn die Enteignung beschränkt das Eigentum *„zum Wohle der Allgemeinheit"*. Enteignung ist hier quasi Zwangskauf, -miete oder sonstige Zwangsbelastung, ähnlich einer zivilrechtlichen Dienstbarkeit, z. B. bestimmte Nutzungen zu unterlassen.

Bei der Ausgestaltung der Zivilrechtsordnung ist der Gesetzgeber zwar genauso an das Grundgesetz, nicht aber an den Grundsatz der Verhältnismäßigkeit[257] und Art. 19 Abs. 2 GG gebunden. Sind diese Voraussetzungen nicht erfüllt, so ist eine Regelung zwingend rechtswidrig und nicht gegen Entschädigung aus öffentlichen Geldern aufrechtzuerhalten. Den der Gesetzgeber soll sich nicht von gesetzlichen Pflichten *„loskaufen"* können; lediglich eine Zwangsinanspruchnahme von Eigentumsobjekten zum Wohle der Allgemeinheit ist möglich.

---

[254] Vgl. zur Funktion der Junktimklausel: *Weber:* Eigentum, S. 384 und *Weyreuther,* S. 23.

[255] *Schulze-Osterloh:* Eigentumsopferentschädigung, S. 269 f.

[256] *Schulze-Osterloh:* Eigentumsopferentschädigung, S. 270 ff.

[257] Vgl. dazu und zu den übrigen Anforderungen an die Inhaltsbestimmungen B III u. D dieses Kapitels.

Außerdem erlaubt der Grundsatz der Verhältnismäßigkeit, wie noch erläutert wird[258], nicht die Feststellung, ob eine Entschädigung und in welcher Höhe sie zu leisten ist.

Nicht ohne Grund hält daher auch Schulze-Osterloh neben der Verhältnismäßigkeitsprüfung die Prüfung von Art. 3 GG für erforderlich.

3. *Die Abwägung der beteiligten Interessen*

Teilweise wird für die Feststellung einer Enteignung eine Abwägung der beteiligten Interessen vorgenommen.

Lerke Schulze-Osterloh[259] weist nach, daß hinter den Abgrenzungsmethoden des Bundesgerichtshofs eine *allgemeine Interessenabwägung* zwischen Einzel- und Gemeinwohlinteressen im Spannungsfeld von Art. 14 Abs. 1 und Abs. 2 GG steht. Besonders die Theorie von der Situationsgebundenheit verbirgt lediglich eine Abwägung zwischen den Interessen der Allgemeinheit und denen des einzelnen Eigentümers unter Berücksichtigung der Art und Dringlichkeit der Belastungszwecke einerseits und der Belastungsintensität andererseits. Dabei wird das Leitbild des Art. 14 Abs. 2 GG vom sozialpflichtigen Eigentum als entscheidende normative Richtlinie herangezogen[260]. Es findet eine Interessenabwägung zwischen dem Eigentümerinteresse und den „zwingenden Erfordernissen des Allgemeinwohls“ statt. Falls es sich um ein Nutzungsänderungsverbot für die Zukunft unter Erhaltung der bisher ausgeübten Nutzung handelt, führt diese beim Überwiegen des öffentlichen Interesses zur immanenten Pflicht des Eigentums, deren Konkretisierung keine Enteignung begründen kann[261].

Da das überwiegende öffentliche Interesse bereits Voraussetzung für eine rechtmäßige Schrankenbestimmung ist, kann dieses Kriterium aber die Aufgabe der Abgrenzung der entschädigungspflichtigen von den nichtentschädigungspflichtigen Maßnahmen überhaupt nicht erfüllen. Denn wenn eine Maßnahme den Anforderungen an das Überwiegen des öffentlichen Interesses nicht genügt, so ist eine Maßnahme *rechtswidrig* und nicht lediglich entschädigungspflichtig.

Gerade auch eine entschädigungspflichtige Enteignung setzt ein Vorgehen zum „Wohle der Allgemeinheit“, also ein besonderes öffentliches Interesse an der Maßnahme voraus. Eine Dogmatik, dieses „Wohl der

---

[258] Zur Anwendung des Grundsatzes der Verhältnismäßigkeit als Abgrenzungskriterium vgl. E II 4 dieses Kapitels.

[259] Eigentumsopferentschädigung, S. 189 ff. (208 f.).

[260] So *Schulze-Osterloh:* Eigentumsopferentschädigung, S. 202 f.; vgl. auch erstes Kapitel B.

[261] So *Schulze-Osterloh:* Eigentumsopferentschädigung, S. 200 ff.

Allgemeinheit" zum öffentlichen Interesse abzugrenzen, gibt es nicht, worauf Leisner[262] und Reinhardt[263] zu Recht hinweisen. Es wird lediglich angenommen, daß nicht jedes öffentliche Interesse eine Enteignung rechtfertigt[264]. Das Wohl der Allgemeinheit setzt daher eher höhere Anforderungen, bedeutet aber nicht, daß es ein Gegenpol zu einem bei Schrankenbestimmungen vorzuliegenden überwiegenden öffentlichen Interesse ist. Überwiegt das öffentliche Interesse nicht, so ist in jedem Fall auch eine Enteignung unzulässig.

Außerdem müßte eine gewisse Intensität des öffentlichen Interesses nach diesem Ansatz immer zwingend zur entschädigungslosen Duldungspflicht führen. Das Grundgesetz will den einzelnen Menschen gegen Übergriffe des Staates schützen. Dieser umfassende Schutz wäre durchlässig, wenn ein öffentliches Interesse nur stark genug sein muß, um einen Einbruch in das Eigentum zu rechtfertigen. Daher kann eine solche Folge vor Art. 14 GG keinen Bestand haben. Auch der Bundesgerichtshof hat ausgesprochen, daß ein besonderes öffentliches Interesse an einer Maßnahme nicht die Frage beantwortet, wer die Last des Eingriffs tragen muß[265].

Noch entschiedener muß den Versuchen entgegengetreten werden, die Abgrenzung Eigentumsbindung-Enteignung als Vergleich von Gütern mit *verschiedener Wertigkeit* vorzunehmen[266]. Gegen sie bestehen zusätzlich die gleichen Vorbehalte, wie sie bereits gegen die Überprüfung einer Schrankenbestimmung auf Höherwertigkeit oder Gleichwertigkeit des einschränkenden Interesses[267] geäußert wurden.

4. Der Grundsatz der Verhältnismäßigkeit

Auch ein Abstellen auf den *Grundsatz der Verhältnismäßigkeit* liefert keine Art. 14 GG gerecht werdenden Kriterien der Abgrenzung der Schrankenbestimmung von nur als Enteignung zulässigen Maßnahmen.

Eine Abgrenzung nach dem Grundsatz der Verhältnismäßigkeit danach, ob eine Maßnahme als Enteignung oder als Schranke verhältnismäßiger, insbesondere erforderlicher ist, ist darüber hinaus ungeeignet, da die Maßnahme mit Entschädigung immer weniger einschneidend ist. Daher wäre eine Schrankenbestimmung immer weniger erforderlich[268].

---

[262] *Leisner:* Sozialbindung, S. 87 f.
[263] *Reinhardt,* S. 2, 7 f., 32 f.
[264] Vgl. dazu *Kimminich:* BK, Art. 14 Rdnr. 273.
[265] BGH NJW 1978, 2290 (2293).
[266] Dazu eingehend *Leisner:* Sozialbindung, S. 91 ff.
[267] Vgl. die Ausführungen zu D dieses Kapitels.
[268] Ähnlich *Schlink,* S. 84 f. zur „verhältnismäßigen" Entschädigungshöhe.

Die Anwendung des Grundsatzes der Verhältnismäßigkeit im engeren Sinne allein ist kein Kriterium, sondern lediglich Einstieg in eine weitere Abgrenzung. Diese führt mangels genauer Abgrenzungskriterien zu einem unerträglichen Ermessen des mit der Sache befaßten Richters und läuft im Grunde nur auf eine Abwägung des öffentlichen gegen das private Interesse hinaus.

Stellt man nicht auf die Entschädigung ab, sondern überprüft die Maßnahme an sich auf ihre Verhältnismäßigkeit, so führt dies dazu, daß je größer das öffentliche Interesse an der Maßnahme ist, desto intensivere Eingriffe sie rechtfertigen könnte, ohne daß eine Entschädigung erforderlich würde.

Die Sicht, die das öffentliche Interesse in den Vordergrund stellt, übersieht außerdem, daß es gerade nicht Sinn der Grundrechte ist, das öffentliche Interesse zu garantieren, sondern die Freiheits- und Eigentumssphäre des einzelnen Bürgers. Geht man aber davon aus, mit den geringst möglichen Mitteln das öffentliche Interesse zu wahren, so wird das öffentliche Interesse zum Maßstab, statt — wie vom Grundgesetz beabsichtigt — das Grundrecht des einzelnen.

Der Grundsatz der Verhältnismäßigkeit wäre zudem — ebenso wie das überwiegende öffentliche Interesse — zur Abgrenzung ungeeignet, da auch eine Schrankenbestimmung, um rechtmäßig zu sein, dem Grundsatz der Verhältnismäßigkeit genügen muß. Ist der Grundsatz nicht beachtet, so ist die Maßnahme rechtswidrig und nicht mittels Entschädigung aufrechtzuerhalten[269].

5. *Die Zweckentfremdung*

Nach der *Theorie der Zweckentfremdung*[270] kommt es für die Abgrenzung der Eigentumsbindung von der Enteignung darauf an, ob ein Gesetz das Eigentum nach seinem Zweck erfaßt und den Eigentümer lediglich zur zweckgerechten Verwendung des Eigentumsgegenstandes verpflichtet. Dann liegt lediglich eine Eigentumsbindung vor.

Es bestehen ganz entschiedene Bedenken gegen das Kriterium der Zweckentfremdung. Diese Theorie, aus der die Theorie der Situationsgebundenheit entwickelt wurde[271], ist, wie sich besonders im Nationalsozialismus gezeigt hat[272], für eine Aushöhlung des Eigentums besonders

---

[269] Ebenso *Rittstieg:* Eigentum, S. 415.

[270] Vgl. *Forsthoff:* Verwaltungsrecht, AT, § 18, S. 344; *Huber:* Wirtschaftsverwaltungsrecht, Bd. II, S. 23 ff.; *Weber:* Eigentum, S. 374 f.; *Kutscher,* S. 123 ff.

[271] Vgl. erstes Kapitel B.

[272] Vgl. *Kutscher,* S. 123 ff. und erstes Kapitel B; vgl. auch *Leisner:* Sozialbindung, S. 36 ff.

offen. Es ist letztlich der Richter, der im gegebenen Fall über den „Zweck" zu entscheiden hat. Es gibt aber einen solchen Zweck des Eigentums in Wahrheit gar nicht, sondern der Zweck des Eigentums ist, daß es dem Eigentümer gehört[273] und ihn frei macht. Es wird daher entweder der Eigentumsgebrauch an einer objektiv vernünftigen, egoistischen Eigentümersicht oder an einer allgemeinen Sicht gemessen, wo die Abwägung des öffentlichen gegen das private Eigentümerinteresse den „Zweck" des Eigentumsobjekts bestimmt.

Weder die Reduzierung des Eigentumsgebrauchs auf eine vom Eigentümer aus gesehene „vernünftige" Nutzung, noch eine durch Abwägung des öffentlichen gegen das private Interesse ermittelte „zweckmäßige" Nutzung wird der umfassenden Gewährleistung in Art. 14 GG gerecht. Daß die Abwägung des öffentlichen gegen das private Interesse kein funktionables Kriterium ist, wurde bereits erläutert[274]. Aber auch die Bestimmung des Zwecks aus der egoistischen Eigentümersicht ignoriert den Sinn des Art. 14 GG. Dieser liegt darin, daß der Eigentümer und nicht der Staat bestimmt, wie das Eigentumsobjekt grundsätzlich zu nutzen ist, welchem Zweck sein Eigentum dienen soll. Denn nur so macht Eigentum frei[275].

Im übrigen wird auf diejenigen Bedenken, die bereits zur Kritik an der Theorie der Situationsgebundenheit und deren Entwicklung aus der Zweckentfremdungstheorie geäußert wurden[276], verwiesen[277].

6. Das Leistungskriterium

Teilweise wird in der Rechtslehre[278] gefordert, die Schwerpunkte der Abgrenzungsfrage vorzuverlegen in die Prüfung, ob überhaupt eine eigentumsrechtlich geschützte Rechtsposition vorliegt.

So ist nach *Rüdiger Breuer*[279] ein Kompromiß zwischen der Extremposition, daß subjektive Rechte zur Bodennutzung ebenso wie ausgeübte Nutzungen Bestandsschutz genießen und der entgegengesetzten Extrem-

---

[273] So *Leisner:* Sozialbindung, S. 178.

[274] Vgl. E II 3 dieses Kapitels.

[275] Nach *Degen:* Pressefreiheit, Berufsfreiheit, Eigentumsgarantie, S. 277 ff. (279) schützt Art. 14 GG die private Entscheidungskompetenz, deren Wurzel in der Subjektivität einzelner Präverenzstruktur liegt. Daß eine private Entscheidungsmöglichkeit sogar zum Wesensgehalt des Eigentums gehört, wird noch erläutert.

[276] Vgl. erstes Kapitel B.

[277] Vgl. auch die umfassende Kritik *Leisners:* Sozialbindung, S. 171 ff., 178 ff.

[278] Vgl. *Breuer,* S. 158 ff.; *Brammen,* S. 124 f.; *Dürig:* Der Staat, S. 13 ff. (37, 46 f.).

[279] *Breuer,* S. 161.

position, daß bloße Nutzungsrechte — im Gegensatz zu ausgeübten Nutzungen — keinen eigentumsrechtlichen Bestandsschutz verdienen, zu finden.

Breuer will der nicht ausgeübten Nutzung grundsätzlich keine Eigentumsqualität zubilligen. Sie sei aber als subjektives öffentliches Recht grundsätzlich fähig, Eigentum im Sinne von Art. 14 GG zu werden.

Subjektive Rechte seien vom Gesetzgeber nicht durchweg als einmal begründetes verfassungsrechtliches Eigentum aufrechtzuerhalten[280]. Vielmehr träfe dies *erstens* nur für solche zu, die „unmittelbar, quasi-synallagmatisch" durch eine Leistung ihres Inhabers „verdient" seien[281]. Dies könne durch Kapital- oder Arbeitseinsatz der Fall sein. Denn Kapital sei nichts anderes als „geronnene Arbeit"[282].

Zweitens verfestigten sich subjektive öffentliche Rechte aufgrund von Genehmigungen, Erlaubnissen oder ähnlichen Akten, die als Basis wirtschaftlicher oder beruflicher Betätigung dienten, zu Eigentum i. S. v. Art. 14 GG, falls das gestattete Vorhaben durch Einsatz von Kapital oder Arbeit „ins Werk gesetzt" sei[283].

Drittens werde eine eigentumsrechtliche Position erworben, wenn im Vertrauen auf den plangerechten Bestand einer öffentlichrechtlichen Position eine Vermögensdisposition getroffen werde[284].

Dieser Theorie ist jedoch nicht zuzustimmen. Denn auch künftige Nutzungen, mit Ausnahme von Chancen und Hoffnungen, genießen Eigentumsschutz[285]. Nach der hier vertretenen Ansicht wird das Problem der Enteignung überhaupt nur dort relevant, wo es um Schrankenbestimmungen, also nicht um Inhaltsbestimmungen des Eigentums geht. Schrankenbestimmungen sind solche Regelungen, die die Abwehrfunktion des Eigentumsgrundrechts zugunsten öffentlicher Interessen beschränken. Diese Abwehrfunktion bedeutet, daß der Staat grundsätzlich in die Freiheitssphäre des Eigentümers nicht eingreifen darf. Nimmt der Gesetzgeber aber in irgendeiner Weise Einfluß auf den Eigentumsgebrauch, so beschränkt er damit das auf Abwehr staatlicher Maßnahmen gerichtete Grundrecht: die Freiheit vom Staat. Daher werden vom Grundrecht Eigentum auch Nutzungsmöglichkeiten erfaßt. Ausgenommen sind lediglich in der Zukunft liegende Nutzungschancen, also Nutzungsmöglichkeiten, die der Eigentümer im Moment noch gar nicht ver-

---

280 *Breuer*, S. 181.

281 *Breuer*, S. 183.

282 *Breuer*, S. 183.

283 *Breuer*, S. 184; ähnlich *Brammen*, S. 125; *Dürig:* Der Staat, S. 46; *Herzog*, Sp. 516.

284 *Breuer*, S. 188; vgl. auch seine Zusammenfassung S. 195.

285 So auch die h. M., vgl. A I dieses Kapitels.

wirklichen könnte[286]. Es bestehen daher grundsätzliche Bedenken gegen den Ansatz, tatsächlich bestehende Nutzungsmöglichkeiten lediglich als subjektive öffentliche Rechte zu behandeln. Denn was das Eigentum ausmacht, ist gerade nicht nur das Innehaben, sondern das vom eigenen Willen bestimmte Gebrauchmachen davon — und dies auch in der Zukunft.

Leistung ist außerdem kein konstitutives Element für das Vorliegen von Eigentum. Zwar war die Leistungsfunktion Motiv des Gesetzgebers, das Eigentum zu schützen. Eigentum liegt aber auch dort vor, wo es durch Schenkung, Vererbung, Subvention etc. erlangt wurde[287].

Auch das Kriterium ausgeübte oder nichtausgeübte Nutzung ist abzulehnen. Bestandsschutz bedeutet nur die Garantie, daß ein vorhandener Bestand bis zu seiner Zerstörung ausgenutzt werden darf. Es ist nicht so, daß darüber hinaus das Grundstück durch das Ausüben einer bestimmten Tätigkeit für alle Zeiten eine bestimmte Qualität erlangt. So schützt der Bestandsschutz nach richtiger Auffassung keinen Neubau, sondern lediglich die Ausnutzung des im Vertrauen auf die damalige Rechtslage erstellten Altbaus.

7. *Die Lastengleichheit*

Zentraler Grundsatz der egalitären Demokratie ist es, daß alle Bürger gleichmäßig zu den öffentlichen Lasten herangezogen werden[288].

Das daraus folgende *Gebot der Lastengleichheit* entstammt dem allgemeinen Gleichheitssatz[289] und wird besonders im französischen Recht zur Herleitung einer Entschädigungspflicht herangezogen[290].

In der Bundesrepublik Deutschland werden zur Abgrenzung von Eigentumsbindung und Enteignung in der höchstrichterlichen Recht-

---

[286] So auch die h. M., vgl. *Kimminich:* BK, Art. 14 Rdnr. 89, nachdem nur Gewinnchancen und Verdienstmöglichkeiten vom Eigentumsschutz ausgeschlossen sind, nicht aber Rechtspositionen, die einem Rechtssubjekt bereits zustehen.

[287] Vgl. A II 3 dieses Kapitels. Auch bei *Chlosta,* S. 51, ist zu lesen: „Die Wirkungsbedingungen und Regelungsmechanismen einer Privateigentumsordnung sind zu komplex, als daß sie sich mit einem Hinweis auf das Leistungsprinzip in dieser allgemeinen Form rechtfertigen ließen". — Und *Weber* schreibt, in: Das Eigentum und seine Garantie in der Krise, in: Festschrift für Michaelis, S. 316 ff. (319): „Die Eigentumsgarantie differenziert ... prinzipiell nicht zwischen mehr oder weniger schutzwürdigem Eigentum; sie kennt diesen Unterschied überhaupt nicht. Sie fragt ferner nicht danach, ob die Berechtigung ererbt oder durch eigene Leistung erworben wurde und ob der Berechtigte sie durch großen Leistungseinsatz oder durch Glückszufälle erlangt hat".

[288] Dazu: *Leisner:* Sozialbindung, S. 229.

[289] So *Ipsen:* Gleichheit, in: Die Grundrechte, Bd. II, S. 195.

[290] Vgl. die Darstellung von *Ipsen:* Gleichheit, S. 131, 196 f.

sprechung überwiegend die Zumutbarkeits- oder Schweretheorie und die Sonderopfertheorie (modifizierte Einzelaktstheorie) herangezogen. Hinter diesen Kriterien steht jedoch letztlich ebenfalls der Gedanke der Lastengleichheit[291]. Dieser fordert, daß nur dann und nur insoweit eine ungleiche Mehrbelastung der Eigentümer durch einen bestimmten, unterschiedlichen Tatbestand gerechtfertigt ist, sie dem Eigentümer entschädigungslos zugemutet werden kann.

Lastengleichheit kann bereits begrifflich *zwei Bereiche* betreffen: *Erstens* kann eine Maßnahme nur einzelne Rechtsträger heranziehen und andere, welche die gleichen Güter oder Rechte besitzen, unberührt lassen. *Zweitens* kann Ungleichheit dadurch entstehen, daß dem Eigentümer ein schwereres und damit ungleicheres Opfer auferlegt wird, als es der Staat von anderen fordert[292].

Während die Sonderopfertheorie des Bundesgerichtshofs mehr auf den ersten Bereich, den Gleichheitsverstoß, das *„Sonder"* abstellt, wird vom Bundesverwaltungsgericht dem zweiten Bereich, dem *„opfer"* mehr Bedeutung zugemessen[293].

Daß weder die Sonderopfertheorie allein[294] noch die Zumutbarkeitstheorie des Bundesverwaltungsgerichts[295] den eigentlichen Hintergrund, die Lastengleichheit, auszufüllen vermögen zeigt sich daran, daß von beiden Gerichten Anleihen an die andere Theorie gemacht werden[296].

Der Sonderopfertheorie des Bundesgerichtshofs ist außer ihrer Dehnbarkeit — je nachdem wie weit man die Gruppe faßt — insbesondere vorzuwerfen, daß je größer der Kreis der Betroffenen ist (also je massiver der Eingriff) desto eher der Eingriff entschädigungslos zulässig

[291] Auch *Scheuner:* Enteignungsentschädigung, S. 93, 73 ff. (75) sieht in diesen Theorien die Annäherung an den Gedanken der Lastengleichheit. *Scholler* (Die Interpretation des Gleichheitssatzes als Willkürverbot oder als Gebot der Chancengleichheit, S. 39) legt dar, daß hinter der Sonderopfertheorie des BGH nicht das Willkürverbot, sondern das Gebot der Lastengleichheit steht.

[292] Zu diesen zwei Aspekten der Lastengleichheit, vgl. *Leisner:* Sozialbindung, S. 134.

[293] Dazu: *Hesse,* § 12, S. 174 Rdnr. 452; zustimmend *Maurer,* § 26 Rdnr. 35.

[294] Vgl. *Maunz/Dürig/Herzog/Scholz,* Art. 14 Rdnr. 91; *E. Schneider,* DÖV 1965, 292; *R. Schneider,* VerwArch. 58, 315 zum „unterschwelligen Rückgriff" des BGH auf die Zumutbarkeitstheorie.

[295] *Dicke,* in: v. Münch, Art. 14 Rdnr. 49 weist auf die Einseitigkeit der allein auf die Schwere des Eingriffs abstellenden Theorie hin.

[296] Vgl. zur Kombination beider Theorien in der höchstrichterlichen Rechtsprechung: BGHZ 30, 338 (347); BGH MDR 1964, 656 f.; BGH NJW 1965, 1907 ff.; BGHZ 60, 126 (132); BVerwG NJW 1962, 2171 ff., worauf auch *Maurer,* § 26 Rdnr. 33, 35 anhand weiterer Entscheidungen hinweist. Nach *Arndt/Rudolf,* S. 121 unterscheiden sich beide Theorien nur durch ihre unterschiedliche Ausgangslage, aber kaum im Ergebnis, da bei Theorien, richtig angewandt, auch mit dem Gedankengut der jeweils anderen Theorie arbeiten.

sein soll[297]. Wenn man, wie der Bundesgerichtshof, in erster Linie nur auf den Kreis der Betroffenen abstellt, so zeigt diese Abgrenzung nur einen Aspekt der Lastengleichheit[298].

Den gleichen Bedenken begegnet auch die Rechtsprechung des Bundesverwaltungsgerichts, die wiederum nur einen Aspekt der Lastengleichheit ausschöpft[299]. Ihr ist insbesondere vorzuwerfen, daß sie Verstöße gegen die Lastengleichheit, falls sie nicht besonders schwer sind, duldet. Aber auch die Tendenz zum sozialen Ausgleich beinhaltet niemals eine Ermächtigung zu Verstößen gegen das Gleichheitsprinzip[300]. Vielfach wird an der Zumutbarkeitstheorie außerdem ihre Subjektivität und die daraus folgende Gefahr für die Rechtssicherheit gerügt[301].

Da beide Theorien den Grundsatz der Lastengleichheit nicht zu konkretisieren vermögen, bedarf es des Rückgriffs auf dasjenige Kriterium, das beiden Theorien zugrundeliegt und auf das es letztlich zur Feststellung der Enteignung ankommt: die Lastengleichheit.

Zur Überprüfung der Lastengleichheit empfiehlt sich ein Vorgehen in zwei Prüfungsabschnitten: *Erstens* muß es mit dem Grundsatz der Lastengleichheit vereinbar sein, daß gerade die Gruppe der Eigentümer für bestimmte öffentliche Interessen in Anspruch genommen wird, und *zweitens* muß die Heranziehung bestimmter Eigentümer aus der Gruppe der Eigentümer rechtmäßig sein.

a) Die Wahrung der Lastengleichheit im Verhältnis des Eigentümers zur Allgemeinheit

aa) Der Sachzusammenhang zwischen dem öffentlichen Interesse und dem Kriterium „Eigentümer“

Es ist zunächst zu prüfen, ob es mit dem Grundsatz der Lastengleichheit vereinbar ist, daß die Gruppe der Eigentümer für öffentliche Zwecke in ihrer Eigentumsnutzung beschränkt wird.

Hier liegt die eigentliche Grundentscheidung. Da die Schranke im öffentlichen Interesse ergeht, muß die Grundfrage lauten, ob nicht die

---

297 Vgl. die ausführliche Kritik Leisners an der Sonderopfertheorie: *Leisner:* Sozialbindung, S. 136 ff. Leisner widerlegt die Meinung, daß das Ungleichtreffen i. S. d. Sonderopfertheorie verhältnismäßig leicht abzugrenzen ist. Auch *Konow,* S. 90 wirft der Abgrenzung „Dehnbarkeit“ vor.

298 Auch *Maunz* (in: Maunz/Dürig/Herzog/Scholz, Art. 14 Rdnr. 72) meint, daß das zwar wichtige Kriterium des BGH den Enteignungsbegriff nicht erschöpfend erklären kann.

299 *Dicke* (in: v. Münch, Art. 14 Rdnr. 50) fordert daher die Kombination beider Theorien; ebenso *Arndt/Rudolf,* S. 121.

300 Vgl. dazu die Kritik *Dickes,* in: v. Münch, Art. 14 Rdnr. 49.

301 So spricht *Dicke,* in: v. Münch, Art. 14 Rdnr. 46 von einer „Unschärferelation, die im Rechtsstaat kaum zu verantworten ist“.

begünstigte Allgemeinheit für die Wahrung des öffentlichen Interesses finanziell einstehen müßte.

Es muß sich „ein vernünftiger, sich aus der Natur der Sache ergebender oder sonstwie sachlich einleuchtender Grund" für eine unterschiedliche Behandlung ergeben[302]. Die Überprüfung einer Maßnahme am Maßstab des Art. 3 GG unterteilt sich dabei in drei Stufen[303]:

Zunächst ist die Ungleichbehandlung festzustellen. Sie liegt i. d. R. vor, wenn bestimmte Personen aus der Gruppe der Eigentümer für öffentliche Zwecke im öffentlichen Interesse in Anspruch genommen wurden. Eine solche Inanspruchnahme kann z. B. in der Untersagung einer bestimmten Nutzungsmöglichkeit liegen.

Als *zweites* ist das Ziel der Ungleichbehandlung zu ermitteln, also der öffentliche Zweck, der hinter der Maßnahme steht. Bei Naturschutzmaßnahmen ist dies letztlich die Erhaltung des natürlichen Gleichgewichts und der Schutz von vom Aussterben bedrohter Pflanzen und Tiere. Beim Denkmalschutz ist es das Interesse an einer Dokumentation der Geschichte durch Konservierung von historischen Bauwerken. Werden Modernisierungsverbote erlassen, so steht i. d. R. die Idee dahinter, Mieten niedrig zu halten und damit „Sozialhilfe" für niedrige Einkommensschichten nicht durch mehr öffentliche Leistungen, sondern durch geringere Lebenshaltungskosten zu leisten. Die gleiche Idee steht hinter Höchstpreisen für bestimmte Grundnahrungsmittel.

Ist das ermittelte öffentliche Interesse ein zulässiges Abgrenzungskriterium, so ist in der *dritten Stufe* zu ermitteln, ob das Ziel das Kriterium „Eigentümer" zu begründen vermag. In der Rechtslehre wird teilweise kritisiert, daß das öffentliche Interesse zwar für die Zulässigkeit der Enteignung eine bedeutende Rolle spielt, daß aber für die Frage, ob und inwieweit solche Eingriffe entschädigt werden müssen, von Eingriffszwecken plötzlich überhaupt nicht mehr die Rede ist[304]. Mit dieser dritten Prüfungsstufe spielen nun auch die Eingriffszwecke für die Frage, ob entschädigt werden muß, eine Rolle.

Es ist also zu prüfen, ob es gerechtfertigt ist, gerade Eigentümer für das bestimmte Ziel — auch finanziell — in Anspruch zu nehmen. Dies ist dann nicht der Fall, wenn es sich um die Verantwortlichkeit einer anderen Gruppe handelt, für die der Eigentümer eine eigentlich fremde Aufgabe, die in keinem Sachzusammenhang mit seiner durch die Maßnahme beeinträchtigten Eigentumsnutzung steht, wahrnimmt.

---

[302] BVerfGE 1, 14 (52).

[303] Vgl. *Ekkehart Stein*, § 23 I u. II, S. 242 ff.; *Battis/Gusy:* Einführung in das Staatsrecht, § 9, S. 215.

[304] Vgl. *Schulte:* Zur Dogmatik, S. 39 ff.

Dabei ist die Tatsache allein, daß der Eigentümer Inhaber des für öffentliche Zwecke benötigten Eigentumsobjekts ist, nicht hinreichende Rechtfertigung. Denn die Enteignung nach Art. 14 Abs. 3 GG zeichnet sich dadurch aus, daß ein Objekt des Eigentümers für überwiegende Gemeinwohlinteressen benötigt wird. Es muß daher ein anderes Merkmal vorhanden sein, um eine eigene Aufgabe des Eigentümers bejahen zu können.

Das Grundgesetz hat sich für eine private Eigentumsordnung entschieden. Dennoch ist die Erhaltung der Natur etwas, wovon das Überleben der gesamten Menschheit letztlich abhängt. Es ist daher durchaus gerechtfertigt, die Eigentümer dieses wertvollen Objekts für den Naturschutz heranzuziehen.

Auch der Denkmalschutz steht im Sachzusammenhang mit dem Eigentum an Bauwerken und ist keine dem Eigentümer fremde Aufgabe. Es ist gerechtfertigt, die Eigentümer und nicht die Allgemeinheit über Steuern diese Lasten tragen zu lassen, da die Eigentümer auch in den Genuß der privaten Eigentumsordnung kommen. Der Denkmalschutz kann nicht als Aufgabe verstanden werden, für die in erster Linie die Allgemeinheit zu sorgen hat.

Anders liegt es dagegen bei Maßnahmen, die vom Ziel der Sozialhilfe motiviert sind. Eigentum an Grund und Boden und Reichtum sind nicht gleichzustellen. Es gibt vielmehr Bürger, deren Grundstück nahezu das gesamte Vermögen ausmacht, während es Großaktionäre gibt, deren finanzielle Leistungsfähigkeit sich nicht im Eigentum an Sachgütern zeigt. Daher können die Begriffe „Grundeigentum“ und „Leistungsfähigkeit“ nicht synonym verwendet werden.

Die Sozialpolitik soll aber in der Demokratie von allen Bürgern im Verhältnis ihrer Leistungsfähigkeit getragen werden[305]. Daher muß es die Steuer sein, die hier gleichmäßig — je nach echter Leistungsfähigkeit — den einzelnen heranzieht. Es verstieße gegen das Gebot der Lastengleichheit, den Eigentümer hier entschädigungslos mit dem Ziel der Sozialhilfe heranzuziehen, da er eine Aufgabe, die der Allgemeinheit obliegt, wahrnimmt.

Ebenso würde zum Beispiel die kostenlose Überlassung eines bestimmten, als einzig geeigneten Gebäudes für die wöchentliche Gemeinderatssitzung (z. B. weil das bisherige Rathaus abgebrannt ist), zwingend zur vollen Entschädigung des Eigentümers führen. Denn es ist Aufgabe aller Gemeindebewohner, für die Einrichtung eines Rathauses oder entsprechender Räumlichkeiten zu sorgen. Diese müssen hier durch öffentliche Abgaben die Kostenlast tragen, nicht der Eigentümer, der zufällig ein geeignetes Gebäude besitzt.

---

[305] Vgl. *Leisner:* Sozialbindung, S. 229.

bb) Die Eingriffstiefe

Doch auch wenn ein bestimmter Sachzusammenhang zu bejahen ist, so ist ab einer bestimmten Schwere der Belastung die Einschränkung der Eigentumsnutzung nicht mehr mit dem Grundsatz der Lastengleichheit vereinbar. Zwar kann ein bestimmter Sachzusammenhang die Inanspruchnahme der Eigentümer grundsätzlich rechtfertigen. Da es sich bei der Schrankenbestimmung aber um eine Maßnahme im „öffentlichen Interesse" handelt, ist es letztlich die Allgemeinheit, der die Maßnahme zugute kommt. Daher ist es erforderlich, den Eigentümer ab einer bestimmten Eingriffstiefe — *und nur ab dieser Höhe* — zu entschädigen.

Auch das Bundesverwaltungsgericht stellt in ständiger Rechtsprechung bei der Abgrenzung der entschädigungsbedürftigen Maßnahmen auf die Schwere und Tragweite des Eingriffs ab. Eine Teilenteignung liegt nach dieser Rechtsprechung vor, wenn der Eingriff derart schwer ist, daß er dem Betroffenen nicht mehr zugemutet werden kann.

Die Sonderopfertheorie kommt letztlich ebenfalls nicht ohne Rückgriff auf die Schwere aus[306].

Nicht nur in der Rechtsprechung, sondern auch in der Literatur werden überwiegend quantitative Grenzen von Schrankenbestimmungen bejaht[307].

Es fragt sich, wie die Eingriffstiefe, die nicht mehr mit dem Sachzusammenhang zu rechtfertigen ist, zu ermitteln ist.

α) Die subjektive Grenze

Teilweise wird in der Rechtslehre vertreten[308], es komme bei der Bestimmung der Unzumutbarkeit auf die finanziellen Möglichkeiten des Eigentümers an. Dem vermögenden Eigentümer seien höhere Leistungen zumutbar als dem weniger begüterten. Von demjenigen, der mehr tun könne, könne man größere Leistungen, die in der Regel für ihn keine größere Anstrengung bedeuten, verlangen.

Die subjektive Bestimmung der Eingriffstiefe ist jedoch abzulehnen. Das Eigentum i. S. v. Art. 14 GG ist nicht dann weniger geschützt, wenn der Eigentümer vermögender ist[309]. Die Grenze, wann eine Entschädi-

---

[306] Zur Bedeutung des „Eingriffstiefekriteriums" vgl. *Leisner:* Sozialbindung, S. 151 f.

[307] Vgl. *Leisner:* Sozialbindung, S. 234 ff.

[308] Vertreter dieser Meinung sind: *Dörffeldt:* Hessisches Denkmalschutzrecht, Erl. 6 zu § 12 DSchG; *Eberl/Schiedermair/Petzet,* Erl. 8 zu Art. 4; *Oebbecke,* VR 1980, 384 (386); *Rothe:* Denkmalschutzgesetz Nordrhein-Westfalen, Rdnr. 6 zu § 7 DSchG; *Gahlen/Schönstein:* Denkmalrecht Nordrhein-Westfalen, Erl. 2 und 3 zu § 7.

gung zur Rechtmäßigkeit der Maßnahme erforderlich ist, kann daher nicht unterschiedlich ausfallen, je nachdem, ob der Eigentümer mehr oder weniger reich ist, mehr oder weniger verfügbare Barmittel hat.

β) Die absolute, objektive Grenze

Da eine subjektive Grenze, die auf den Inhaber des Eigentums abstellt also nicht mit Art. 14 und Art. 3 GG vereinbar ist, ist auf die Eingriffstiefe bezüglich des betroffenen Eigentumsobjekts abzustellen.

In der Literatur sind die materiellen Enteignungstheorien, die auf die Schwere und Tragweite eines Eingriffs oder auf dessen Zumutbarkeit abstellen, insbesondere wegen ihrer mangelnden Bestimmbarkeit und damit ihrer Rechtsunsicherheit bestritten. Es fragt sich daher, ob die Rechtssicherheit gebietet, eine absolute, objektive Eingriffsgrenze zu bestimmen, die nur in Extremfällen, bei einem besonders intensiven Sachzusammenhang oder einer besonderen Verantwortlichkeit des Eigentümers variieren kann.

Der *Marktwert* eines Grundstücks oder Gebäudes spiegelt i. d. R. den wahren Nutzwert des Eigentumsobjekts wider. Es bietet sich daher an, bei der Bemessung der Belastungstiefe auf das Sinken des Marktwerts abzustellen. Soweit der Marktwert allerdings nicht wegen einer Beschränkung der Eigentümernutzungsbefugnis, sondern deshalb sinkt, weil Lagevorteile und Chancen entzogen wurden, sind diese bei der Betrachtung außer acht zu lassen. Anhaltspunkt für die Eingriffsschwere kann außerdem lediglich ein gesunder Grundstücksmarkt sein, wie ihn auch der Bundesgerichtshof in ständiger Rechtsprechung zur Bestimmung der Entschädigungshöhe heranzieht[310].

Der Gesetzgeber hat grundsätzlich die Freiheit, dort eine Entschädigung festzulegen, wo er dies für erforderlich hält. Diese Gestaltungsfreiheit gilt jedoch nicht unbegrenzt. Ab einer äußersten Grenze der Eingriffstiefe ist der Eigentümer zwingend zu entschädigen.

Dabei wird davon auszugehen sein, daß i. d. R. ab einer Wertminderung von ca. 30 % der Grundsatz der Lastengleichheit verletzt sein wird. Wenn das Eigentum 1/3 und mehr seines Wertes verliert, so ist eine dies bewirkende Maßnahme dem Eigentümer nicht mehr entschädigungslos zuzumuten. Jede Wertminderung, die über 30 % hinausgeht, ist daher ab dieser Höhe zu entschädigen. Auch Rechtsprechung und Lehre gehen zum Teil von einer Grenze in diesem Bereich aus[311].

---

[309] Vgl. dazu *Scheuner:* Enteignungsentschädigung, S. 73; *Weber:* Das Eigentum und seine Garantie, S. 316 ff. (319); ebenfalls gegen eine subjektive Grenze: *Moench*, NJW 1980, 1545 (1549); *Bielenberg*, in: Ernst/Zinkahn/Bielenberg, § 39 h Anm. 49; *Schmaltz*, BauR 1976, 96 (97); Dittus, StuGR 1980, 297 (301).

[310] Vgl. die grundlegende Entscheidung BGHZ 39, 198 ff.

Wie *Walter Leisner*[312] zu Recht betont, ist es schwierig, eine exakte Grenze zu bestimmen. Lediglich Extreme sind eindeutig der Eigentumsbindung oder der Enteignung zuzuordnen. Dennoch sollte dies nicht dazu führen, auf quantitative Grenzen zu verzichten. Auch andere Begriffe im Verwaltungs- und Zivilrecht, wie z B. das „auffällige Mißverhältnis" beim Tatbestand des Wuchers in § 138 Abs. 2 BGB, bedurften erst des Herauskristallisierens einer quantitativen Grenze, ohne die diese Vorschriften jegliche Rechtssicherheit entbehrten.

Der Eigentumsgebrauch, der aggressiv auf die Rechte Dritter einwirkt, genießt nach Art. 14 Abs. 2 GG keinen Grundrechtsschutz insoweit, als mit einer staatlichen Maßnahme dieser Eigentumsgebrauch eingeschränkt wird. Daher findet die Grenze der Eingriffstiefe in solchen Fällen keine Anwendung. Polizeiliche Maßnahmen sind daher auch dann, wenn sie zu einer Marktwertminderung des Eigentumsobjekts über 30 % führen, nie entschädigungspflichtig.

Es soll hier keinesfalls die Bestandsgarantie des Eigentums durch eine Wertgarantie ersetzt werden. Vielmehr soll nur ein einigermaßen faßbares Kriterium zur Bestimmung der Eingriffstiefe gefunden werden. Da der Marktwert ein Wert ist, der auf Einschränkungen der Nutzungsbefugnisse — je näher diese Nutzungen liegen — sehr empfindlich reagiert und i. d. R. auch den objektiven Wert des Eigentums in einer bestimmten Zeit widerspiegelt, sollte er zur Bemessung der Beeinträchtigungsintensität herangezogen werden.

b) Die Lastengleichheit im Sinne der Sonderopfertheorie

Vom Bundesgerichtshof wird zur Abgrenzung der entschädigungspflichtigen Maßnahmen seit dem 10. Juni 1952 die Sonderopfertheorie herangezogen, die die zu sehr formale Einzelaktstheorie des Reichsgerichts ablöste[313].

---

[311] *Leisner:* Sozialbindung, S. 234 ff. geht von einer Grenze von ca. 25 % aus, ohne sich aber genau festlegen zu wollen. Nach *Kirchhof:* Besteuerungsgewalt und Grundgesetz, S. 36 verstößt eine 30%ige Besteuerung der Eigentumssubstanz — im Unterschied zu Einkünften — gegen die Eigentumsgarantie. Kirchhof begründet dieses Ergebnis allerdings damit, daß eine solche Steuerhöhe einen Veräußerungszwang begründe. *Moench,* NJW 1980, 1545 (1552) sieht die Grenze bei einer „spürbaren Wertminderung des Grundstücks". Im Urt. des *BGH* in BGHZ 72, 211 ff. wurde die Minderung des Werts eines Hausgrundstücks von ehemals 2,5 Mio. auf jetzt 1 Mio., wobei der Wert des Grundstücks jedenfalls 1,4 Mio. betrage, eindeutig als Enteignung gekennzeichnet. Soweit man hier das Grundstück allein betrachtet — das Haus soll ja nach dem Willen des Eigentümers abgerissen werden — kommt man ebenfalls zu einer Wertminderung des Grundstücks von ca. 30 %.

[312] *Leisner:* Sozialbindung, S. 234 ff.

[313] BGHZ 6, 270; vgl. zur Einzelaktstheorie: *Kimminich:* BK, Art. 14 Rdnr. 125 ff., 129.

Danach liegt eine Enteignung vor, wenn der hoheitliche Eingriff unter Verstoß gegen die Lastengleichheit dem betreffenden Einzelnen oder einer einzelnen Gruppe ein besonderes, anderen nicht zugemutetes Opfer im Interesse der Allgemeinheit auferlegt.

Entsprechend gebietet die Sonderopfertheorie, daß nicht nur die Inanspruchnahme der Gruppe der Eigentümer an sich, sondern auch die Auswahl bestimmter Eigentümer aus dieser Gruppe dem Grundsatz der Lastengleichheit genügt. Der Grundsatz der Lastengleichheit wäre verletzt, wenn dem einzelnen Eigentümer ein Sonderopfer auferlegt würde.

Da hier die betroffenen Eigentümer mit anderen Eigentümern verglichen werden, empfiehlt sich zur Feststellung eines solchen Gleichheitsverstoßes die Fragestellung, ob ein anderer Eigentümer ebenso in der Lage wäre, den mit der Maßnahme verfolgten Zweck zu erfüllen. Dies kann z. B. zu bejahen sein bei einer freizuhaltenden Grünfläche im Baugebiet, die im öffentlichen Interesse eingeplant wurde. Eine solche Maßnahme ist dann zwingend und im vollen Umfang zu entschädigen — ansonsten ist sie verfassungswidrig.

Gerade aber beim Natur- und Denkmalschutz kann i. d. R. nur der bestimmte Eigentümer mit seinem objektiv wertvollen Gut den Zweck der Maßnahme erfüllen. Hier liegt also keine Ungleichbehandlung vor, weil verschiedene Tatbestände nicht vergleichbar sind. Obwohl der Bundesgerichtshof hier den Sonderopfercharakter grundsätzlich bejaht, um die Enteignungsfolge mit der Theorie der Situationsgebundenheit abzuwenden[314], hat das Bundesverwaltungsgericht frühzeitig erkannt, daß eine Ungleichbehandlung nicht vorliegt[315]. Eine gleichheitswidrige Auswahl unter den verschiedenen Eigentümern liegt nicht vor, da der Naturschutz sich seinem Wesen nach auf die gesamte Landschaft bezieht und alle Grundstücke gleichermaßen unterwirft. Die verschiedene Bedeutung ergibt sich von vornherein aus der unterschiedlichen Qualität des Eigentumsobjekts.

8. Die Wesensgehaltsgarantie

a) Die Wesensgehaltsgarantie des Art. 19 Abs. 2 GG als Begrenzung der gesetzgeberischen Schrankensetzungsbefugnis nach Art. 14 Abs. 1 Satz 2 GG

Wenn dem Eigentümer sein Eigentumsobjekt für öffentliche Zwecke mittels Übereignung entzogen wird, so liegt immer eine Enteignung vor.

---

[314] Vgl. erstes Kapitel A I und BGHZ 23, 30 (32); BGH LM Nr. 60 u. 70 zu Art. 14 GG.

[315] BVerwGE 3, 335 (338); BVerwG DÖV 1957, 666.

Wenn das Wesentliche des Eigentums entzogen wird, so ist diese Durchbrechung der *Wesensgehaltsgarantie* ebenfalls nur mittels Enteignung nach Art. 14 Abs. 3 GG möglich[316]. Denn nur mittels Enteignung nach Art. 14 Abs. 3 GG wandelt sich die Bestandsgarantie in eine Eigentumswertgarantie[317].

Die grundsätzliche Geltung des Art. 19 Abs. 2 GG für die Eigentumsgarantie des Art. 14 GG wird heute einhellig bejaht[318]. Nach herrschender Meinung[319] darf eine aufgrund des Art. 14 Abs. 1 Satz 2 GG ergangene Inhalts- oder Schrankenbestimmung weder die Rechtsstellungs- noch die Institutsgarantie des Eigentums verletzen. Nach der hier vertretenen Meinung[320] findet die Wesensgehaltsgarantie dagegen nur auf Schrankenbestimmungen, nicht auf Inhaltsbestimmungen und auf die Institutsgarantie Anwendung. Denn Art. 19 Abs. 2 GG betrifft lediglich die Beschränkung staatsgerichteter Grundrechte, nicht die Regelungen im Gleichordnungsverhältnis von Bürger zu Bürger.

Die Wesensgehaltsgarantie muß jedenfalls nach allgemeiner Ansicht bei der Bestimmung von Eigentumsschranken beachtet werden. Eine den Wesensgehalt des Grundrechts auf Eigentum beeinträchtigende Maßnahme kann niemals eine rechtmäßige Schrankenbestimmung, allenfalls eine rechtmäßige Enteignung darstellen.

Die Meinungen darüber, wie der Wesensgehalt zu bestimmen ist, gehen weit auseinander.

aa) Gilt Art. 19 Abs. 2 GG für den Grundrechtsartikel oder für das subjektive Recht des einzelnen?

Teilweise wird in der Rechtslehre vertreten[321], Art. 19 Abs. 2 GG schütze nicht die subjektiven Rechte des einzelnen, sondern lediglich

---

[316] Ähnlich bereits *Schelcher,* AöR 1930, 321 ff. (346 ff.) mit seiner Substanzminderungstheorie für Gesetze, die bestimmte Gegenstände oder Bestandteile des Grundstücks dem Eigentum allgemein entziehen.

[317] BVerfGE 24, 367 (397); 45, 63 (76).

[318] Vgl. für alle: *Kimminich:* BK, Art. 14 Rdnr. 100; *Dicke,* in: v. Münch, Art. 14 Rdnr. 41; *Maunz,* in: Maunz/Dürig/Herzog/Scholz, Art. 14 Rdnr. 22, Anm. 16 c).

[319] Vgl. *Kimminich:* BK, Art. 14 Rdnr. 100 und *Chlosta,* S. 39 ff.

[320] Vgl. zweites Kapitel B III.

[321] Vgl. z. B. *Hendrichs,* in: v. Münch, Art. 19 Rdnr. 24; *Huber,* DÖV 1956, 142 f.; *v. Mangoldt/Klein,* Art. 19 Anm. V 2; *Giese/Schunck:* GG, Art. 19 Anm. II 4; *Lerche:* Übermaß, S. 239; *Häberle,* S. 236 ff.; *Kaiser:* Verfassungsrechtliche Eigentumsgewähr, Enteignung und Eigentumsbindung in der BRD, in: Staat und Privateigentum, S. 5 ff. (40 ff., 43); *Peters:* Elternrecht, Erziehung, Bildung und Schule, in: Die Grundrechte, Bd. IV 1, S. 369 ff. (383); *Schöne,* DÖV 1954, 553; *Jäckel:* Grundrechtsgeltung und Grundrechtssicherung, S. 61 ff.

das Grundrecht als normativ-generelle Grundrechtsverbürgung. Daher könnte einzelnen Personen das Grundrecht ganz entzogen werden. Erst wenn das Grundrecht für die Mehrzahl der Bevölkerung keine Bedeutung mehr hätte, wäre Art. 19 Abs. 2 GG verletzt.

Diese Ansicht wird damit begründet, daß Art. 19 Abs. 2 GG von „in keinem Fall“ und von „der Wesensgehalt“ spreche, und man dennoch Rechtsfiguren wie die Freiheitsstrafe, das besondere Gewaltverhältnis und die Verwirkung bejahe. Art. 19 Abs. 2 GG könne daher lediglich für die Grundrechtsnorm an sich, jedoch nicht für das subjektive Recht des einzelnen gelten.

Dem ist entgegenzuhalten, daß gerade weil Art. 19 Abs. 2 GG von „in keinem Fall“ spricht, sich eine solche Relativierung des Grundrechtsschutzes verbietet[322]. Denn wie sich aus Art. 1 GG ergibt, schützen die Grundrechte gerade den *einzelnen* Bürger vor dem Staat.

Art. 19 Abs. 1 GG regelt die Anforderungen an grundrechtseinschränkende Gesetze. Sie müssen allgemein und nicht für den Einzelfall gelten. Es liegt nahe, in Art. 19 Abs. 2 GG eine Anknüpfung an Absatz 1 zu sehen[323].

Sähe man in Art. 19 Abs. 2 GG nur eine Anforderung an das objektive Recht, wäre der Gesetzesvorbehalt aus der Sicht des Bürgers total[324].

Die Wesensgehaltsgarantie kann als Ecknorm für einen effektiven Grundrechtsschutz angesehen werden. Nur sie verhindert, daß der einfache Gesetzgeber die Grundrechte wieder außer Kraft setzt[325]. Gerade diese wichtige Funktion verbietet eine mit dem Wortlaut nicht vereinbare Relativierung.

Hartmut Jäckel[326] sieht dagegen eine materiell-rechtliche, rechtsdogmatische und rechtspolitische Notwendigkeit der Auslegung als Institutsgarantie[327]. Nach ihm soll die Notwendigkeit der Einzeldurchbrechung des Wesensgehalts zur Aushöhlung und zur Preisgabe des prin-

---

[322] Dazu *Chlosta,* S. 41; auch *Schwabe,* JuS 1973, 133 (137) geht davon aus, daß die Grundrechte Individualrechte sind und deshalb prinzipiell auch und gerade im konkreten Einzelfall effektiv sein müssen.

[323] *Chlosta,* S. 40; a. A. aber *Jäckel,* S. 43 ff., der Abs. 2 als eigenständige Norm begreift.

[324] *Chlosta,* S. 41.

[325] Vgl. *Zivier:* Der Wesensgehalt der Grundrechte, S. 34; *Roellecke:* Der Begriff des positiven Gesetzes und des Grundgesetzes, S. 294; *Chlosta,* S. 44.

[326] S. 111 ff.

[327] Nach der hier vertretenen Ansicht, nach der die Institutsgarantie des Eigentums lediglich Inhaltsbestimmung betrifft, sind Institutionsgarantie, die auch das staatsgerichtete Grundrecht garantiert, von der Institutsgarantie des Eigentums zu unterscheiden.

zipiellen Verbots der Wesensgehaltsschranke führen[328]. Wie kann dies aber stärker geschehen als durch eine grundsätzliche Reduzierung des Wesensgehaltsschutzes auf einen lediglichen Schutz der Grundrechtsverbürgung?

Daß es der Rechtsprechung und der Lehre teilweise schwerfällt, bestimmte Einschränkungen mit Art. 19 Abs. 2 GG in Einklang zu bringen, darf nicht zu einer Relativierung des Art. 19 Abs. 2 GG führen. Denn sein Wortlaut ist eindeutig. Vielmehr muß eine Ausnahme vom umfassenden subjektiven Grundrechtsschutz im Einzelfall begründet werden. Falls dies nicht möglich ist, ist eben eine solche Art. 19 Abs. 2 GG verletzende Grundrechtsbeschränkung schlicht verfassungswidrig. Läßt aber die Verfassung an sich erkennen, daß eine bestimmte Einschränkung nicht mit Art. 19 Abs. 2 GG ausgeschlossen werden sollte, so ist dies Ausgangspunkt und Anhaltspunkt für eine entsprechende Auslegung.

So ist für den Strafvollzug eine Spezialität von Art. 103, 104 GG anzunehmen[329], worin eindeutig zum Ausdruck kommt, daß der Gesetzgeber die Freiheitsstrafe nicht ausschließen wollte. Nur deshalb, weil es die Freiheitsstrafe gibt, darf Art. 19 Abs. 2 GG nicht derart relativiert werden, daß nunmehr das Grundrecht bis zu einem Maße abgeschwächt wird, das einem Strafgefangenen zugestanden wird[330]. Ebenso verhält es sich mit dem Beamtenverhältnis, das in Art. 33 V GG von der Verfassung normiert wurde.

Auch die Tatsache, daß Grundrechte nach Art. 18 GG verwirkt werden können, spricht nicht dafür, daß nur das objektive Recht gewährleistet wird. Sie spricht im Gegenteil dafür, daß, da es eines grundrechtlichen Verwirkungstatbestandes bedurfte, auch das subjektive Recht des einzelnen geschützt ist.

bb) Ist der Wesensgehalt absolut oder relativ zu bestimmen?

In der Rechtsprechung und Rechtslehre ist nicht nur das Schutzobjekt des Art. 19 Abs. 2 GG umstritten, sondern auch, ob der Wesensgehalt absolut oder relativ zu bestimmen ist.

Nach der Theorie vom *absoluten Wesensgehalt* sind unter Wesensgehalt jene Eigenschaften zu verstehen, die die „Natur", die „Grundsubstanz" eines einzelnen Grundrechts ausmachen. Danach wird der Wesensgehalt angetastet, wenn nur eine als wesentlich anerkannte Eigenschaft beeinträchtigt wird[331]. Es ist dabei darauf abzustellen, was

[328] *Jäckel*, S. 111.
[329] Vgl. *Ekkehart Stein*, § 24 III 3, S. 260 f.
[330] *Ekkehart Stein*, § 24 III 3.
[331] Vgl. die Erläuterung dieser Theorie bei *v. Plessen*, S. 76.

nach der Beschränkung vom Grundrecht übrigbleibt[332]. Die absolute Wesensgehaltstheorie wird vom *Bundesverfassungsgericht* vertreten[333], das allerdings auf die Wesensgehaltssperre nur äußerst selten eingeht.

Der *Bundesgerichtshof* hat zur Problematik des Art. 19 Abs. 2 GG erstmals in einem Gutachten vom 25. Januar 1953[334] Stellung bezogen. Er bekannte sich darin zu einem *relativen Wesensgehalt.*

Es sei, so die Vertreter der relativen Wesensgehaltstheorie[335], für die Ermittlung des Wesensgehalts zu fragen, wie weit ein Grundrecht jeweils eingeschränkt werden könne, ohne sein „Wesen zu verlieren". Eine Verletzung des Wesensgehalts liege nur dann vor, wenn durch den Eingriff die wesensmäßige Geltung und Entfaltung des Grundrechts stärker eingeschränkt würde, als dies der sachliche Anlaß und Grund, der zu dem Eingriff geführt habe, zwingend gebiete. Der Eingriff dürfe nur bei zwingender Notwendigkeit und in dem nach Lage der Sache geringstmöglichen Umfang vorgenommen werden. Er müsse zugleich von dem Bestreben geleitet sein, dem Grundrecht gleichwohl grundsätzlich und im weitmöglichsten Umfang Raum zu lassen.

Diese, hauptsächlich auf die Beachtung des Übermaßverbots abstellende Rechtsprechung[336] ist vom Bundesgerichtshof durch die Einführung des Begriffs der „übergeordneten Rechtsgüter" ergänzt worden, wonach ein Eingriff in Grundrechte grundsätzlich nur dann zulässig ist, wenn diese „in Konflikt mit klar übergeordneten Rechtswerten zu kommen drohen"[337].

Zunächst bestehen grundsätzliche Bedenken gegen eine reine Güterabwägung, da — worauf *Konrad Hesse* zutreffend hinweist[338] — es dem Grundgesetz auf das Herstellen einer praktischen Konkordanz, nicht auf

---

[332] Vgl. *Leisner:* Sozialbindung, S. 147; a. A. *Hamel:* Bedeutung der Grundrechte, S. 42.

[333] Vgl. BVerfGE 7, 377 (411); 16, 194 (201); zur Rechtsprechung des BVerfG im Einzelnen, vgl. *Jäckel,* S. 40 f. und *Chlosta,* S. 45.

[334] BGHSt. 4, 375 ff. (277).

[335] Vertreter der relativen Wesensgehaltsschranke im *Schrifttum* sind: *Adam,* DÖV 1954, 205; *v. Krauss:* Der Grundsatz der Verhältnismäßigkeit, S. 51; *Maunz,* § 17 I 2 b); *Hamel:* Bedeutung der Grundrechte, S. 38 ff.; *Lerche:* Übermaß, S. 239 bezüglich des Erforderlichkeitsprinzips; *v. Hippel:* Grenzen und Wesensgehalt der Grundrechte, S. 25 f., 50, 56 ff.; *Häberle,* S. 67 f., 234 ff. aber einschränkend. Vertreter in der *Rechtsprechung:* OLG Köln NJW 1953, 1846.

[336] Zum Nachweis, daß diese Rechtsprechung letztlich auf Beachtung des Übermaßverbots hinausläuft, vgl. *Chlosta,* S. 44; *Jäckel,* S. 21, kritisch dazu S. 72 ff.; *Dürig,* AöR 81 (1956), 117 ff. (135).

[337] So die ständige Rechtsprechung, vgl. VerwRspr. 8 Nr. 21, S. 98 (102 ff.); ähnlich *v. Hippel,* S. 26, 29 f., 39 f., der auf eine verfassungskonforme Güterabwägung im Einzelfall abstellt.

[338] Vgl. *Hesse,* § 10 Rdnr. 317 f.

eine Durchsetzung eines Grundrechts im vollen Umfang zu Lasten eines anderen niedrigeren Wertes ankommt[339].

Die Wesensgehaltssperre des Art. 19 Abs. 2 GG auf ein Übermaßverbot zu beschränken, bedeutet außerdem eine *Reduzierung* des vom Wortlaut ausschließlich gemeinten Grundsatzes auf eine bereits nach allgemeinen rechtsstaatlichen Prinzipien und nicht nur im Bereich der Grundrechte geltenden Prinzips[340]. Der Standort des Übermaßverbots wird außerdem keineswegs in Art. 19 Abs. 2 GG gesehen[341].

Auch sind Wesensgehaltsgarantie und Übermaßverbot ganz verschiedene Maßstäbe. Das Gebot des Art. 19 Abs. 2 GG gilt vom Wortlaut her *absolut*. Es darf „in keinem Fall" der Wesensgehalt beschränkt werden. Dagegen wirkt der Grundsatz der Verhältnismäßigkeit nur *relativ*[342]. Während sich Art. 19 Abs. 2 GG auf den Gegenstand der Staatstätigkeit bezieht, schützt der Verhältnismäßigkeitsgrundsatz dagegen nur bezüglich der eingesetzten Mittel. Er verbietet nicht die Verfolgung eines bestimmten Zieles, vorausgesetzt lediglich, daß es ökonomisch verfolgt wird. Dagegen besagt die Unantastbarkeit des Wesensgehalts, daß selbst das nützlichste Ziel und das sparsamste Mittel einen staatlichen Eingriff in den Wesensgehalt *„in keinem Fall"* rechtfertigen kann[343].

Der Grundsatz der Verhältnismäßigkeit macht die Durchsetzung des öffentlichen Interesses zum Maßstab, statt — und darauf kommt es dem Grundgesetz in Art. 19 Abs. 2 GG an — das Grundrecht des einzelnen Bürgers.

Nach der relativen Wesensgehaltstheorie tastet jeder, auch der leichteste Eingriff, der durch den sachlichen Anlaß und Grund nicht „unbedingt und zwingend" geboten ist, bereits den Wesensgehalt an. Umgekehrt tasten danach sogar schwerste Eingriffe, solange die Verhältnismäßigkeit gewahrt ist, niemals den Kern, das Wesen des Grundrechts an[344]. Der Wesensgehalt wird damit zur *gleitenden Skala*, die zur Gefahr der Aushöhlung und zur mangelnden Rechtssicherheit führt[345]. Die relative Wesensgehaltstheorie übersieht, daß Art. 19 Abs. 2 GG eine letzte Bastion der Freiheit vor dem Gesetzgeber schützen wollte. Es ist

---

[339] Dazu auch die Ausführungen D dieses Kapitels.

[340] Vgl. *Breuer*, S. 37. *Ekkehart Stein*, § 24 III 3, S. 259 spricht davon, daß Art. 19 Abs. 2 GG nach der relativen Ansicht „leer läuft". Auch *Witzel*, S. 27 wendet sich gegen die relative Theorie.

[341] *Jäckel*, S. 74 ff. weist darauf hin, daß der Standort des Übermaßverbots nicht von Art. 19 Abs. 2 GG abhängig gemacht wird, sondern ein allgemeines Rechtsprinzip darstellt.

[342] So *Krüger*, DÖV 1955, 597 (598).

[343] Vgl. *Krüger*, DÖV 1955, 598.

[344] Dazu *Jäckel*, S. 21.

[345] *Jäckel*, S. 20 f.

nicht einzusehen, daß die Wesensgehaltsgarantie ihre Beseitigung „in sich trägt“[346].

Die relative Wesensgehaltstheorie ist daher zu Recht überwiegend auf Kritik gestoßen[347]. Besonders vom Bundesverfassungsgericht ist sie wegen ihrer Geeignetheit, den Wesensgehalt der Grundrechte zu relativieren, zurückgewiesen worden[348].

Zwischen der Theorie vom absoluten und vom relativen Wesensgehalt steht die *Theorie des durch immanente Grundrechtsschranken relativierten Wesensgehalts*. Sie wird in der Rechtsprechung vom *Bundesverwaltungsgericht* vertreten. Das Bundesverwaltungsgericht hatte sich erstmals im Urteil vom 15. Dezember 1953[349] im Zusammenhang mit der Zulässigkeit einer Bedürfnisprüfung im Gaststättengewerbe zu dieser Auffassung bekannt.

Zwar geht das Bundesverwaltungsgericht von einer absoluten Wesensgehaltsgrenze aus[350]. Dieses Bekenntnis wird jedoch relativiert durch die Aussage, daß es zum Inbegriff aller Grundrechte gehöre, daß sie nicht in Anspruch genommen werden dürfen, wenn dadurch die für den Bestand der Gemeinschaft notwendigen Rechtsgüter gefährdet werden. Denn jedes Grundrecht setze den Bestand der staatlichen Gemeinschaft voraus, durch die es gewährleistet werde[351]. Solche Schranken seien dem Grundrecht immanent[352].

Auch in der Literatur werden teilweise immanente Grundrechtsschranken[353] bejaht, mit der Folge, daß ein Gesetz, das eine solche Schranke konkretisiert, niemals den Wesensgehalt antasten kann.

Zu Recht wird von *Hartmut Jäckel*[354] die Theorie von der Schrankenimmanenz mit einem Trojanischen Pferd verglichen, mittels dessen der Eingriff in das Grundrecht von innen her betrieben werden könne. Auch das Bundesverfassungsgericht hat diese Wesensgehaltstheorie „als den Wesensgehalt aushöhlend“[355] abgelehnt[356].

---

[346] So *Witzel*, S. 27.

[347] Vgl. *Peters:* Die Verfassungsmäßigkeit des Verbots der Beförderung von Massegütern im Fernverkehr auf der Straße, S. 13, 26 f.; *Breuer*, S. 37; *Leisner:* Grundrechte und Privatrecht, S. 154, Fn. 91 m. w. H.; *Ekkehart Stein*, § 24 III 3, S. 259; *Witzel*, S. 27.

[348] BVerfGE 7, 377 (411).

[349] BVerwGE 1, 48 (51 ff.).

[350] BVerwG DVBl. 1956, 198; BVerwGE 1, 92 (93 f.).

[351] So BVerwGE 1, 48 (52); ähnlich BVerwGE 1, 92 (94); kritisch dazu: *Uber*, GewArch. 55, 58 f.; *Dürig*, AöR 81 (1956), 117 ff. (135).

[352] BVerwG DVBl. 1956, 97 (100).

[353] Vgl. *Scheuner*, VVDStRL 11 (1954), S. 21 f.; *Geiger:* BVerfGG, Vorbem. 3 vor § 36; *Bachof*, JZ 1957, 337 f.

[354] S. 35.

Von der Kontrollfunktion des Art. 19 Abs. 2 GG bliebe nur wenig übrig, wenn die wechselnden, unter Berufung auf die „Gemeinschaftsbezogenheit“ der Freiheitsrechte angeordneten Beschränkungen kurzerhand „als zum Wesensgehalt gehörig“ erklärt werden könnten[357].

Eine Begrenzung des Grundrechts kann sich daher allenfalls durch Schrankenbestimmungen ergeben, oder eine bestimmte Grundrechtsausübung kann bereits kraft Definition des Verfassungsgebers nicht geschützt sein. Das ist durch Auslegung des Verfassungstextes zu ermitteln und nicht aus dem „Wesen“ aller Grundrechte abzuleiten[358].

So wurde z. B. die aggressive Ausübung des Eigentums bereits vom Verfassungsgeber nicht in den Schutzbereich des Art. 14 GG mitaufgenommen[359]. Daher kann eine Maßnahme, die einen polizeiwidrigen Zustand beseitigt, nie das Grundrecht Eigentum beschränken. Hier kommt es auch nicht zum Konflikt mit dem Wortlaut des Art. 19 Abs. 2 GG, der davon spricht, daß ein Grundrecht „in keinem Fall“ in seinem Wesensgehalt angetastet werden dürfe. Denn das Grundrecht reicht gar nicht so weit.

Heute wird überwiegend die Notwendigkeit, den Wesensgehalt absolut zu bestimmen, anerkannt[360]. Diese Auslegung ist zu befürworten, da sie die einzige ist, die dem Wortlaut, der systematischen Stellung und der Bedeutung des Art. 19 Abs. 2 GG gerecht wird. Die Meinung, der Verfassungsgeber habe etwas anderes gemeint als er gesagt hat, kann nicht hinreichend begründet werden[361].

b) Der Wesensgehalt an eigentumsrechtlicher Nutzungsfreiheit

Die Beschränkung der Nutzungsbefugnis bezüglich des Eigentumsobjekts muß haltmachen vor dem Wesensgehalt. Die Frage muß daher lauten, wie weit die Wahl der Nutzungen des Eigentumsobjekts zum Kern, zum Wesen des Eigentums gehört.

---

[355] Eine immanente Schranke beinhaltet immer die Gefahr, das Grundrecht auszuhöhlen. Vgl. dazu die Ausführungen im ersten Kapitel B.

[356] So BVerfGE 7, 377 (411); vgl. dazu auch *Chlosta*, S. 45.

[357] So *Jäckel*, S. 36.

[358] Ähnlich *Dürig*, AöR 81 (1956), S. 117 ff. (135) mit Fn. 41, der schreibt: „So geht es gewiß nicht. Staatliches Handeln, das Art. 19 II *verletzt*, ist nicht zu retten. Die Frage ist, ob gewisse Grundrechtsbetätigungen überhaupt am Schutz des Art. 19 II teilhaben, so daß die staatliche Reaktion nicht Art. 19 II verletzt, weil dem Grundrechtsträger nichts genommen wird, was ihm an ursprünglicher Rechtsmacht zugestanden hätte“.

[359] Vgl. C IV dieses Kapitels.

[360] Vgl. für viele: *Chlosta*, S. 47; *Leisner*: Grundrechte, S. 152 ff.; *Ekkehart Stein*, S. 259; *v. Plessen*, S. 78 f.

[361] Nur dann wäre eine andere Auslegung möglich, vgl. *Krüger*, DÖV 1955, 597 (598).

Zur Bestimmung des Mindestgehalts ist auf die Funktion der Grundrechtsnorm abzustellen. *Günter Dürig*[362] geht dabei vom Kernsatz, der Grundfunktion aus, daß nach Art. 19 Abs. 2 GG der Grundrechtsträger nicht zum Objekt des staatlichen Geschehens gemacht werden kann. Führt eine Schranke zu einem „Ausgeliefertsein", so sei der Wesensgehalt des Grundrechts verletzt.

Nach *Ekkehart Stein*[363] schützen die Freiheitsrechte bestimmte Einzelinteressen. Die Erschwerung der Verfolgung dieser Einzelinteressen zugunsten staatlicher Interessen dürfe nicht so weit gehen, daß der einzelne das durch das Grundrecht geschützte Interesse überhaupt nicht mehr verfolgen könne. Dann sei das Grundrecht in seinem Wesensgehalt angetastet.

Auch nach *Herbert Krüger*[364] läßt sich das, was das Grundgesetz unter Wesensgehalt versteht, nicht durch philologische Interpretation des Wortes und noch weniger durch einen Austausch desselben mit anderen Worten ermitteln. Man habe vielmehr diese Bestimmung aus dem staatlichen Sinn der Grundrechte abzuleiten. Wenn der Zweck, um derentwillen diese Freiheit eingeräumt wurde, nicht mehr erreicht werden könne, so sei der „Stoff" des Grundrechts verletzt.

Das Eigentum sei der Gegenstand, an dem die Freiheit sich betätigen solle, um die Persönlichkeit und ihre eigenartige Umwelt zu bilden. Werde der Sinn der Dispositionsbefugnis, die Entfaltung der Persönlichkeit an und mit der Sache gegenstandslos gemacht, so sei der Wesensgehalt beeinträchtigt[365].

Bei einer Beschränkung der Nutzungsbefugnis des Eigentums könnte insbesondere diese freiheitssichernde Funktion des Eigentums beeinträchtigt sein. Wenn der mit dem Eigentum bezweckte Freiheitsaspekt nicht mehr gewährleistet wird, verliert das Grundrecht insoweit seinen Abwehr- und Freiheitscharakter. Damit ist aber das Wesentliche verloren.

Die Freiheitsfunktion des Eigentums hat zwei Komponenten: *Erstens* soll das Eigentum dem Inhaber eine gewisse materielle Unabhängigkeit geben und *zweitens* soll das Eigentum dem Inhaber ermöglichen, seine Persönlichkeit frei zu entfalten; es soll der Selbstdarstellung der Person dienen[366].

---

[362] AöR 81 (1956), S. 117 ff. (136 ff.).
[363] § 24 III 3, S. 261.
[364] DÖV 1955, 597 (600 f.).
[365] *Krüger*, DÖV 1955, 601.
[366] Vgl. dazu A II u. III dieses Kapitels.

Daraus ergeben sich zwei Aspekte der Freiheitsgarantie: Die eigennützige Inanspruchnahme für eigene Zwecke und die eigene freie Entscheidung darüber, wie das Eigentum genutzt wird.

Zu einem ähnlichen Ergebnis kam *Reinhardt*[367] bereits 1954, ausgehend von der Funktion des Eigentums als staatsunabhängiges Steuerungsmittel unserer Gesellschaft[368]. Reinhardt sah die Essenz des Eigentums in der Privatnützigkeit. Er leitete die Privatnützigkeit aus Art. 2 GG, der persönlichen Freiheit im Zusammenhang mit der Gewährleistung des Privateigentums, ab[369]. Daraus folge, daß der Gesetzgeber für die Ingangsetzung und Gestaltung des Wirtschaftsprozesses von der privaten Initiative und dem privaten Interesse, dem Prinzip der Privatnützigkeit, ausgehen müsse[370]. Wo dieses Prinzip ausgeschaltet werde, werde der Wesensgehalt des Art. 19 Abs. 2 GG angetastet. Hier fehle es an demjenigen Kern der Befugnisse, der dem Privateigentum seine Funktionsfähigkeit gebe[371].

Nach Reinhardt zeichnet sich die Privatnützigkeit durch zwei Komponenten aus[372]:

1. die private Initiative im Unterschied zur öffentlichen Initiative
2. die Verfolgung privater im Unterschied zu öffentlichen Interessen.

Dabei dürfe die private Initiative insoweit beeinträchtigt werden, als dies zur Sicherstellung einer funktionsgerechten privaten Nutzung diene. Daraus folge, so Reinhardt[373], daß der Staat gehalten sei, jeden nur denkbaren Weg ausfindig zu machen, auf dem unter Einsatz selbstverantwortlicher, erwerbswirtschaftlich bestimmter Entscheidungen des Individuums der gewünschte Interessenausgleich auch zum Nutzen der Gemeinschaft erfolgen könne.

Werde aber die Verfolgung privater Interessen erschwert, werde z. B. der Eigentümer zur nicht kostendeckenden Warenbewirtschaftung[374], zur Zwangsmiete unter den Mietkosten[375], zur Unbebaubarkeit seines Grundstücks wegen der Festlegung von Fluchtlinien[376] oder zur Bebauung auf eigenes Risiko[377] gezwungen, so sei der Wesensgehalt verletzt.

---

[367] S. 1 ff.; vgl. die knappe aber gute Darstellung der „Privatnützigkeitstheorie" bei *Kimminich:* BK, Art. 14 Rdnr. 131 ff.

[368] Vgl. *Reinhardt*, S. 12 ff.

[369] So *Reinhardt*, S. 14.

[370] Vgl. *Reinhardt*, S. 14.

[371] So *Reinhardt*, S. 26 und 32.

[372] *Reinhardt*, S. 14, 26.

[373] *Reinhardt*, S. 26 f.

[374] *Reinhardt*, S. 35 f.

[375] *Reinhardt*, S. 37.

[376] *Reinhardt*, S. 53.

Bezeichnend für diesen Ansatz ist es, daß er an den Wesensgehalt zweierlei Maß anlegt: Das Prinzip der Privatinitiative kann im Rahmen des Grundsatzes der Verhältnismäßigkeit, soweit es zur funktionsgerechten Verwendung erforderlich ist, ausgeschlossen werden[378]. Das Prinzip der Verfolgung privater Interessen kann hingegen nur gegen Enteignungsentschädigung umgangen werden. Reinhardt verfolgt daher eine gemischt relativ-absolute Wesensgehaltstheorie.

Eine solche Theorie, bei der verschiedene Elemente absolut und andere relativ vorliegen müssen, scheitert jedoch bereits an der mangelnden Durchführbarkeit. Denn wie soll im Einzelfall feststellbar sein, welche Wesenselemente absolut und welche lediglich relativ vorliegen müssen?

Geht man aber von der absoluten Wesensgehaltstheorie aus, so muß entweder das Prinzip der privaten Initiative von Art. 14 GG i. V. m. Art. 19 Abs. 2 GG absolut gesichert sein oder es ist kein wesentliches Element des Eigentums.

Das Eigentum erfüllt eine Freiheitsfunktion, die sich nicht lediglich in der Gewährleistung eines finanziellen Wertes, einer unabhängig machenden Resource und Einnahmequelle erschöpft. Es soll auch der Selbstdarstellung der Person dienen. Daher bedarf es der Ergänzung des Kriteriums des privaten Nutzens durch das Kriterium der privaten Initiative, der Eigenbestimmtheit, als absolutes Kriterium.

Denn selbst wenn der Eigentümer zu einer objektiv vernünftigen Nutzung gezwungen wird, so ist gerade Freiheit etwas, was nicht auf objektive Maßstäbe abstellt, sondern den subjektiven Willen des einzelnen respektiert.

Würde jedem Eigentümer die Nutzung seines Objekts vorgeschrieben, so ging dem Eigentumsrecht eine wesentliche Eigenschaft verloren, nämlich die Herrschaftsbefugnis des Eigentümers. Wenn der Eigentümer nur noch den aus der Nutzung zu ziehenden Wert erhält, dann kann von einem Eigentum i. S. v. Art. 14 GG nicht mehr gesprochen werden[379]. Dann liegt, um Dürig zu zitieren[380], ein *„Ausgeliefertsein"* des Eigentümers vor; der Wesensgehalt des Eigentums ist verletzt.

---

377 *Reinhardt*, S. 53 f.

378 *Reinhardt*, S. 26 f.

379 So auch *Reinhardt*, S. 24. Ebenso: *Schaumann* (Die Landesplanung im Schweizerischen, Englischen und Französischen Recht, S. 198) nachdem kein Eigentum vorliegt, wenn die Nutzung vom Staat vollständig bestimmt wird. Auch nach *Scheuner:* Enteignungsentschädigung, S. 72, ist der Wesensgehalt verletzt, falls eine Beschränkung des Eigentums „die eigentliche Substanz der freien Disposition über das Eigentum entzieht". Dies sei der Fall, wenn ein Landwirt in ein vollständiges Schema von Bebauungspflichten eingespannt werde oder dem Unternehmer durch Einschränkung der faktischen

Der Kern des Eigentums wird noch nicht verletzt, wenn einem Eigentümer ein Kontrahierungszwang, bestimmte Anforderungen für die Ausübung seines Gewerbes oder sonstige, nicht umfassende Anforderungen auferlegt werden. Der Wesensgehalt kann nur dann verletzt sein, wenn der Eigentümer über sein Eigentumsobjekt insgesamt nicht mehr bestimmen kann, wenn es ihm nicht mehr freie Entscheidungen offen läßt.

Zur Bestimmung dieser Grenze ist zu fragen, welche Entscheidungsalternativen dem Eigentümer verbleiben. Je mehr beeinflußbare Möglichkeiten gegeben sind, um so einschränkbarer ist das Eigentum, bevor der Wesensgehalt betroffen ist. Dieser ist aber betroffen, wenn nur noch eine fremdbestimmte Nutzung vorliegt und keine eigene Entscheidung des Eigentümers mehr möglich ist. Dann muß der Eigentümer, da ihn das Eigentum nicht mehr frei macht, entschädigt werden.

Für die Bestimmung der Wesensgehaltsgrenze spielt es keine Rolle, ob der Eigentumsgebrauch durch unterschiedliche Maßnahmen aus unterschiedlichen öffentlichen Interessen eingeschränkt wird. Auch die *Summierung* nutzungsbeschränkender Maßnahmen kann zu einer Verletzung des Wesensgehalts führen. Darin liegt gerade auch der Sinn des Art. 19 Abs. 2 GG: Die Vorschrift soll nicht lediglich vor unzulässigen Einzeleingriffen schützen, sondern das Grundrecht muß immer in seinem Kern erhalten bleiben.

F. Ergebnis und daraus folgendes Prüfungsschema

Eigentum i. S. v. Art. 14 GG ist *kein unbegrenztes Herrschaftsrecht.* Art. 14 Abs. 2 GG enthält vielmehr eine Begrenzung des vom Grundgesetz geschützten Eigentums. Danach ist das Eigentum dort nicht geschützt, wo es das Wohl der Allgemeinheit beeinträchtigt, wo es sich auf Dritte aggressiv auswirkt. Darüber hinaus ist aus Art. 14 Abs. 2 GG keine Verpflichtung des Eigentümers herzuleiten, dem Wohl der Allgemeinheit positiv zu dienen.

Der Gesetzgeber bestimmt Inhalt und Schranken des Eigentums. Diese *doppelte Befugnis* des Gesetzgebers resultiert aus der doppelten „Gewährleistung" des Eigentums.

Zunächst wird das Grundrecht Eigentum, also die Unverletzlichkeit des Eigentums durch den Staat, garantiert. Hier handelt es sich um ein

---

Möglichkeiten einer Direktion und Kontrolle eine eigene Betriebsführung entzogen werde. Nach *Degen*, S. 277 ff. schützt Art. 14 GG eine durch einen Rechtstitel legitimierte private Entscheidungskompetenz hinsichtlich wirtschaftlicher Güter, deren letzte Rechtfertigung in der Subjektivität und Unvergleichbarkeit individueller Präverenzstrukturen liege.

[380] AöR 81 (1956), S. 117 (136 ff.).

Grundrecht im üblichen Sinn, das vor allem der Abwehr staatlicher Eingriffe und der Verwirklichung der persönlichen Freiheit dient. Diesem Freiheitsaspekt kommt eine zentrale Bedeutung zu. Sie erschöpft sich nicht darin, daß das Eigentumsobjekt als finanzielle Resource und Einnahmequelle den Inhaber „frei“ macht, sondern das Eigentum dient außerdem der „Selbstdarstellung der Person“ durch den Eigentümer selbst. Das Grundrecht Eigentum ist mittels Schrankenbestimmungen i. S. v. Art. 14 Abs. 1 Satz 2 GG durch den Gesetzgeber beschränkbar.

Als zweites enthält Art. 14 GG die Verpflichtung des Staates, das Eigentum im Gleichordnungsverhältnis Bürger zu Bürger auszugestalten. Diese Institutsgarantie, die lediglich Regelungen im Gleichordnungsverhältnis betrifft — diese können aber auch in öffentlich-rechtlichen Vorschriften geregelt sein — ist verletzt, wenn der Gesetzgeber nicht das Minimum solcher Normen bereitstellt, das gegeben sein muß, um das Recht als Privateigentum bezeichnen zu können.

Solche Regelungen sind Bestimmungen des „Inhalts“ i. S. v. Art. 14 Abs. 1 Satz 2 GG. Sie beschränken nicht das staatsgerichtete Eigentumsgrundrecht, sondern betreffen Interessenausgleiche im nichtstaatlichen Gleichordnungsverhältnis. Daher findet Art. 19 Abs. 2 GG und der Grundsatz der Verhältnismäßigkeit für Inhaltsbestimmungen keine Anwendung. Der Gesetzgeber ist aber gemäß Art. 1 Abs. 3 GG an die Verfassung gebunden. Überschreitet der Gesetzgeber seine relativ weite Befugnis zur Ausgestaltung des Eigentumsinstituts, verletzt er z. B. Art. 3 GG, so ist eine Regelung zwingend rechtswidrig. Sie kann, da eine Enteignung nur zum Wohle der Allgemeinheit zulässig ist, auch nicht mittels Enteignungsentschädigung nach Art. 14 Abs. 3 GG „legalisiert“ werden.

Zur Abgrenzung der Eigentumsbindung von der Enteignung kommt es daher nur bei Schrankenbestimmungen, die wie die Enteignung im öffentlichen Interesse ergehen. Verletzt eine Schranke die Lastengleichheit oder den Wesensgehalt des Eigentums, so ist diese Schranke verfassungswidrig. Sieht der Gesetzgeber eine Entschädigung vor und sind die übrigen Voraussetzungen des Art. 14 Abs. 3 GG gegeben, so ist eine solche Maßnahme als Enteignung zulässig.

Soll eine Maßnahme auf ihre Übereinstimmung mit der Eigentumsgarantie überprüft werden, empfiehlt sich *folgendes Prüfungsschema:*

1. Zunächst ist zu prüfen, ob überhaupt eine von Art. 14 GG geschützte Eigentumsnutzung durch die Maßnahme ausgeschlossen wird. Wird lediglich eine Nutzungschance beeinträchtigt, so findet Art. 14 GG keine Anwendung. Wird mit der Maßnahme unter Beachtung des Grundsatzes der Verhältnismäßigkeit eine aggressive Eigentumsausübung verhindert, so entfällt ebenfalls der Schutz des Art. 14 GG.

2. Wird der Schutzbereich des Art. 14 GG bejaht, so ist zunächst zu prüfen, ob eine Inhaltsbestimmung oder eine Schrankenbestimmung vorliegt. Aus dieser Abgrenzung ergeben sich grundlegende Konsequenzen für die weiteren Zulässigkeitsvoraussetzungen.

3. Liegt eine Inhaltsbestimmung vor, so ist zu prüfen, ob der Interessenausgleich die Institutsgarantie und die Verfassungsgrundsätze, insbesondere Art. 3 GG und den Vertrauensschutz wahrt. Verletzt die Inhaltsbestimmung eine dieser Voraussetzungen, so ist sie unheilbar verfassungswidrig.

4. Liegt eine Regelung im öffentlichen Interesse vor, so ist zunächst zu prüfen, ob sie den Grundsatz der Verhältnismäßigkeit wahrt und im, nach dem Grundsatz der praktischen Konkordanz festzustellenden, überwiegenden öffentlichen Interesse ergeht. Ist dies nicht der Fall, so ist sie sowohl als Schrankenbestimmung als auch als Enteignung verfassungswidrig.

5. Ist der Grundsatz der Verhältnismäßigkeit gewahrt und überwiegt das öffentliche Interesse an der Maßnahme, so ist zu prüfen, ob es sich bei der Regelung um eine rechtmäßige Schrankenbestimmung oder um eine lediglich nach Art. 14 Abs. 3 GG zulässige Maßnahme handelt. Liegt ein Verstoß gegen den Bestands- oder Vertrauensschutz nicht vor, so ist die eigentliche Abgrenzung nach dem Grundsatz der Lastengleichheit vorzunehmen. Diese Prüfung teilt sich in folgende Abschnitte:

   a) Es ist zu prüfen, ob Art. 3 GG im Verhältnis begünstigte Allgemeinheit zur Gruppe aller Eigentümer gewahrt ist. Es ist dabei insbesondere zu fragen, ob die Inanspruchnahme der Gruppe der Eigentümer in einem Sachzusammenhang zum mit der Maßnahme verfolgten öffentlichen Zweck steht. Dies ist dann nicht der Fall, wenn es sich um eine eigentlich fremde Aufgabe handelt, für die die Eigentümer nur deshalb in Anspruch genommen wurden, weil ihnen das für öffentliche Zwecke benötigte Objekt gehört. Ist der Sachzusammenhang zu verneinen, liegt die Inanspruchnahme für eine fremde Aufgabe vor, so ist der Eigentümer zwingend und *in vollem Umfang* zu entschädigen.

      Liegt der Sachzusammenhang vor, so ist die Maßnahme dennoch *ab einer gewissen Eingriffstiefe* zu entschädigen. Es empfiehlt sich, zur Ermittlung der Eingriffstiefe auf den Marktwert abzustellen, der sehr empfindlich auf Einschränkungen der Nutzungsbefugnis reagiert. Beruht das Sinken des Marktwerts auf dieser Maßnahme und nicht lediglich auf dem Entzug von Chancen, so ist, falls nicht ein besonderer Sachzusammenhang eine höhere

Verantwortlichkeit des Eigentümers begründet, ab einer Marktwertminderung von ca. 30 % zu entschädigen.

b) Ein Verstoß gegen die Lastengleichheit könnte außerdem darin liegen, daß aus der Gruppe aller Eigentümer nur bestimmte Eigentümer in Anspruch genommen werden. Es ist zu prüfen, ob von bestimmten Eigentümern ein Sonderopfer abverlangt wird. Wären ebenso andere Eigentümer in der Lage, den mit der Maßnahme bezweckten Erfolg herbeizuführen, so liegt ein in vollem Umfang zu entschädigendes Sonderopfer vor.

6. Außerdem muß der Wesensgehalt des subjektiven Eigentumsgrundrechts des einzelnen gemäß Art. 19 Abs. 2 GG gewahrt sein. Der Wesensgehalt ist auch zu beachten, wenn mehrere Maßnahmen kombiniert zu einer Antastung des Wesenskerns führen oder wenn eine gleichmäßige Lastenverteilung vorliegt. Der Wesenskern ist absolut, ausgehend von der Funktion des Art. 14 GG, zu ermitteln. Bei Beeinträchtigungen der Nutzungsbefugnis ist das Wesen des Eigentums beeinträchtigt, wenn nur noch eine fremdbestimmte oder fremden Zwecken dienende Nutzung möglich ist. Dann muß die Maßnahme, um rechtmäßig zu sein, eine Entschädigung vorsehen.

Drittes Kapitel

Folgerungen für den Natur- und Denkmalschutz

A. Die Eintragung

Natur- und Denkmalschutz kann dadurch erfolgen, daß bestimmte bauliche Anlagen in das Denkmalbuch eingetragen oder Gebiete zum geschützten Naturdenkmal, Natur- oder Landschaftsschutzgebiet erklärt werden. Es fragt sich, inwieweit bereits diese Maßnahmen enteignungsrechtlich relevant sind[1].

Der Eintragung kommt nicht in jedem Gesetz die gleiche Bedeutung zu: Es sind deklaratorische Eintragungen von solchen zu unterscheiden, die konstitutiv wirken.

Im Bereich des durch die Länder geregelten Denkmalschutzes[2] wirkt die Eintragung in das Denkmalbuch in den Ländern Hessen[3], Schleswig-Holstein[4], Hamburg[5] und Nordrhein-Westfalen[6] konstitutiv, d. h. sie erfolgt nach dem sogenannten Eintragungsprinzip[7]. Erst mit der Eintragung wird das denkmalwürdige Gebäude dem Denkmalschutz unterstellt[8].

Dem Eintragungsgrundsatz gegenüber steht das Prinzip der Generalklausel, das z. B. in Bayern[9] normiert wurde. Danach unterliegen alle Gebäude, die unter den Baudenkmalbegriff zu subsumieren sind, dem

---

[1] Vgl. *Moench*, NJW 1980, 1545 (1550) bezüglich der Eintragung in das Denkmalbuch.

[2] Wie *Dörge* (Das Recht der Denkmalpflege in Baden-Württemberg, Einl., S. 17) beklagt, gibt es keine bundeseinheitliche Regelung des Denkmalschutzes, abgesehen von Regelungen in Spezialgesetzen, vgl. *Dörge*, A III 3, S. 83 ff.

[3] DSchG v. 23. 9. 1974 — GVBl. S. 450.

[4] DSchG v. 7. 7. 1958 — GVBl. S. 217, Änderung v. 18. 9. 1972 — GVBl. S. 162.

[5] DSchG v. 3. 12. 1973 — GVBl. S. 466.

[6] DSchG v. 11. 3. 1980 — GVBl. S. 226 / SGVBl. S. 224.

[7] Vgl. *Eberl*, Landkr. 1975, 274; *Gahlen/Schönstein*, Erl. 1 zu § 3 DSchG; *Dörffeldt*, Erl. 2 zu § 2 DSchG.

[8] Abgesehen von Sondervorschriften, die bereits vor der Eintragung gelten und z. B. noch nicht bekannte Bodendenkmäler betreffen, so z. B. das Hessische und Nordrhein-Westfälische DSchG.

[9] DSchG v. 25. 6. 1973 — GVBl. S. 328.

Gesetz. Die Eintragung in die Denkmalliste wirkt hier lediglich als Informations- und Subsumtionshilfe; sie hat nur deklaratorische Wirkung[10].

In Baden-Württemberg[11] wurden beide Prinzipien gekoppelt, indem sämtliche Objekte, die unter den Begriff des Kulturdenkmals zu subsumieren sind, unter den Schutz und die Beschränkungen des Gesetzes fallen[12]. Dieser Schutz wird jedoch verstärkt für Kulturdenkmäler von besonderer Bedeutung durch Eintragung in das Denkmalbuch[13].

Für den Bereich des Naturschutzes, wo dem Bund gemäß Art. 75 Nr. 3 GG die Rahmenkompetenz zusteht[14], gilt folgendes: Das Reichsnaturschutzgesetz vom 26. Juni 1935[15] verfolgte noch das Eintragungsprinzip. Nach § 12 Abs. 1 RNatSchG erhielten durch die Eintragung in das Naturdenkmalbuch „die darin bezeichneten Gegenstände und Bodenteile den Schutz dieses Gesetzes". Das das Reichsnaturschutzgesetz ablösende Bundesnaturschutzgesetz vom 20. Dezember 1976[16], das seinen Ursprung im Erwachen des allgemeinen Umweltbewußtseins gegen Ende der sechziger Jahre hatte[17], unterstellt dagegen das gesamte Gebiet der Bundesrepublik der Geltung des Gesetzes. Es bezieht sich nicht nur auf besonders schützenswerte Gebietsteile[18].

Nach § 1 BNatSchG sind Natur und Landschaft im besiedelten und unbesiedelten Bereich zu schützen, zu pflegen und zu entwickeln, damit sie als Lebensgrundlage des Menschen und als Voraussetzung für seine Erholung in Natur und Landschaft nachhaltig gesichert sind. Zu Natur- und Landschaftsschutzgebieten nach §§ 12 ff. BNatSchG können besonders schutzwürdige Gebiete erklärt werden. Gemäß § 22 BNatSchG können bestimmte Arten wildwachsender Pflanzen und Tiere unter besonderen Schutz gestellt werden. An diese Unterstellung knüpfen sich im Einzelfall bestimmte Handlungsverbote, die vom Landesgesetzgeber aber umgesetzt werden müssen[19].

---

[10] Dazu: *Eberl/Schiedermair/Petzet*, C, Erl. zu Art. 2.

[11] DSchG v. 25. 5. 1971 — GVBl. S. 209.

[12] Vgl. § 2 und 8 BW DSchG.

[13] §§ 12, 15 BW DSchG.

[14] Die Bemühungen, für den gesamten Umweltschutz die konkurrierende Gesetzgebungskompetenz gemäß Art. 72 GG und damit die Kompetenz zur vollständigen gesetzlichen Regelung zu erlangen, scheiterten an einer notwendigen Mehrheit zur Grundgesetzänderung; dazu ausführlich: *Kolodziejcok/Recken*, 1100 Vorbem. II, Rdnr. 11 ff. zum BNatSchG.

[15] RGBl. I S. 821.

[16] BGBl. I 1976 S. 3573, 1977 S. 650.

[17] Vgl. *Kolodziejcok/Recken*, 1100 Vorbem. II, Rdnr. 10 zum BNatSchG.

[18] Vgl. *Kolodziejcok/Recken*, IV, Rdnr. 21.

[19] Vgl. *Kolodziejcok/Recken*, 1157 BNatSchG, Rdnr. 16 zu § 22 BNatSchG.

Aus der Unterscheidung konstitutive und deklaratorische Eintragung ergeben sich folgende Konsequenzen: Ist eine Eintragung konstitutiv, so kann ein Gesetz nur dann für den Eigentümer nutzungsbeschränkende Wirkung haben, wenn eine entsprechende Eintragung erfolgte. Auch dann, wenn ein Gebäude noch so denkmalwürdig ist, eine Eintragung aber nicht erfolgte, ist, da das Denkmalschutzgesetz für diese Denkmäler keine Anwendung findet, die Nutzung nicht beschränkt. Eine Enteignung kann in solchen Fällen daher erst ab Aufnahme in das Denkmalbuch oder dann in Betracht kommen, wenn die Denkmalschutzbehörde eine Verwaltungsmaßnahme gegenüber dem Eigentümer des Denkmals trifft, ihm z. B. bestimmte Handlungen verbietet.

Das Eintragungsprinzip hat den Vorteil der Rechtssicherheit und Rechtsklarheit[20]. Die Verpflichtung ergibt sich hier nicht unmittelbar aus der Subsumtion des Tatbestandsmerkmals, z. B. „besonders schutzwürdig", auf das Grundstück oder die bauliche Anlage, sondern es ist ein Prüfungsverfahren der Behörde vorgeschaltet. Der Eigentümer kann nun eindeutig erkennen, daß sein Eigentumsobjekt die entsprechenden Tatbestandsvoraussetzungen eines Gesetzes erfüllt, an die bestimmte Verbote und Handlungspflichten geknüpft werden.

Im Gegensatz dazu schließt bei der deklaratorischen Eintragung nach dem Prinzip der Generalklausel die Tatsache, daß eine Eintragung nicht erfolgte, nicht aus, daß der Eigentümer bestimmte Verbote und Anforderungen beachten muß.

Ob ein zur Entschädigung verpflichtender Tatbestand vorliegt, ergibt sich aber sowohl bei der deklaratorischen als auch bei der konstitutiven Eintragung nicht aus der Tatsache der Eintragung an sich, sondern aus den nun anwendbaren Gesetzen oder aus den von der Behörde mit der Eintragung oder Schutzanordnung verknüpften Verboten und Pflichten[21]. Denn allein die Tatsache, daß ein schützenswertes Objekt einem Gesetz unterstellt wurde, besagt nichts darüber, wie dieser Schutz beschaffen ist, ob er Art. 14 GG respektiert oder enteignend wirkt. Darüber geben erst die konkreten Verbote und Gebote Auskunft.

---

[20] Ebenso *Gahlen/Schönstein*, Anm. 1 zu § 3 DSchG.

[21] Vgl. dazu *Dörffeldt* (Ein. S. 2 f. und Erl. 5 a zu § 26 DSchG), der ausführt, daß die Eintragung in das Denkmalbuch noch keine Aussage darüber trifft, ob und in welchem Umfang ein Kulturdenkmal in seiner Substanz oder in seinem Erscheinungsbild unverändert erhalten bleiben muß, da die Entscheidung darüber in einem weiteren Genehmigungsverfahren ergeht.

B. Das präventive Verbot mit Erlaubnisvorbehalt

Nicht in allen Fällen kann ein Gesetz dem Einzelfall gerecht werden, wenn es bestimmte Verhaltensweisen entweder allgemein erlaubt oder aber sie vollständig verbietet. Um im Einzelfall schädliches vom unschädlichen Handeln trennen zu können, hat der Gesetzgeber die Möglichkeit, Verbot und Erlaubnis zu koppeln[22].

Für diese Kopplung gibt es im wesentlichen *drei Alternativen:* Der Gesetzgeber kann *erstens* eine bestimmte Verhaltensweise allgemein untersagen und gleichzeitig Ausnahmen von dieser Vorschrift vorschreiben. Er kann *zweitens* die Tätigkeit an eine Genehmigungspflicht knüpfen. *Drittens* kann er bestimmte Handlungen mit einer Anzeigepflicht belegen und die Verwaltungsbehörde ermächtigen, im Einzelfall mit Verboten einzuschreiten[23].

Wird eine Handlung lediglich mit einer *Anzeigepflicht* gekoppelt, so liegt in der Anzeigepflicht noch keine Beschränkung der Nutzungsbefugnis des Eigentümers. Eine Enteignung kann daher allenfalls dann vorliegen, wenn die Behörde das anzeigepflichtige Vorhaben später verbietet.

Beim *präventiven Verbot mit Erlaubnisvorbehalt* werden bestimmte Handlungen und Eigentumsnutzungen einer vorgeschalteten Genehmigungspflicht, einer behördlichen Kontrolle, unterworfen.

Beispiele solcher präventiven Verbote befinden sich in den Denkmalschutzgesetzen. So ist nach Art. 6 Abs. 1 Nr. 1 des Bay.DSchG die Beseitigung, Veränderung oder das An-einen-anderen-Ort-verbringen von Baudenkmälern erlaubnispflichtig. Genauso wie auf die gemäß Art. 7 Bay.DSchG erlaubnispflichtige Ausgrabung von Bodendenkmälern besteht ein Rechtsanspruch, sofern keine Versagungsgründe gegeben sind[24].

Ähnliche Genehmigungsvorbehalte befinden sich auch in den Denkmalschutzgesetzen anderer Bundesländer. So darf nach § 8 BW DSchG ein Kulturdenkmal nur mit Genehmigung der Denkmalschutzbehörde zerstört oder beseitigt, in seinem Erscheinungsbild beeinträchtigt oder aus seiner Umgebung entfernt werden, soweit der Standort für den Denkmalwert von wesentlicher Bedeutung ist. Die Genehmigung nach § 8 BW DSchG ist eine gebundene Erlaubnis[25]. Sie darf nur insoweit versagt werden, als die Aufgabe des Denkmalschutzes dies erfordert.

---

[22] Vgl. *Friauf*, JuS 1962, 422 ff.
[23] Zu den Möglichkeiten des Gesetzgebers, vgl. *Maurer*, § 9 Rdnr. 51 ff.
[24] Vgl. *Eberl/Schiedermair/Petzet*, Erl. 6 zu Art. 7.
[25] So *Dörge*, Teil B, Erl. 1 zu § 8 DSchG.

Ähnlich ist nach § 9 Abs. 1 a NW DSchG die Beseitigung, die Veränderung, die Nutzungsänderung und das An-einen-anderen-Ort-verbringen eines Baudenkmals erlaubnispflichtig. Nach Abs. 2 ist die Erlaubnis zu erteilen, wenn Gründe des Denkmalschutzes nicht entgegenstehen oder ein überwiegendes Interesse die Maßnahme verlangt. Liegen die beiden Voraussetzungen nicht vor, so hat der Antragsteller einen Rechtsanspruch auf die beantragte Erlaubnis[26].

Nach § 16 Abs. 1 des Hess. DSchG bedarf derjenige der Genehmigung, welcher ein Kulturdenkmal zerstören oder beseitigen, in seinem Erscheinungsbild wesentlich beeinträchtigen, umgestalten, instandsetzen oder in seinen Bestand eingreifen, mit Aufschriften oder Werbeeinrichtungen versehen oder von seinem Standort entfernen will. Nach Abs. 3 „soll" eine solche Genehmigung nur erteilt werden, wenn überwiegende Gründe des Gemeinwohls dem nicht entgegenstehen. Obwohl diese Formulierung auf eine Ermessensentscheidung hinweist, besteht ein Ermessen nur hinsichtlich der Auswahl der Maßnahme der Denkmalschutzbehörde. Nach § 7 Abs. 1 Satz 2 Hess. DSchG hat die Denkmalschutzbehörde bei allen Entscheidungen den berechtigten Interessen des Eigentümers oder Besitzers Rechnung zu tragen. Daher besteht ein Rechtsanspruch auf die Genehmigung, falls den privaten Interessen bei objektiver Beurteilung Vorrang vor öffentlichen Belangen zukommt[27].

Auch im Bereich des Naturschutzes gibt es Genehmigungsvorbehalte für potentiell naturschädliche oder -störende Handlungen: Nach § 10 BWaldG bedarf die Erstaufforstung von Flächen der Genehmigung, die nur versagt werden darf, wenn Erfordernisse der Raumordnung und Landesplanung der Aufforstung entgegenstehen und ihnen nicht durch Auflagen entsprochen werden kann. Nach § 13 BW NatSchG[28] bedürfen Abbau, Abgrabungen und die Schaffung künstlicher Wasserflächen der Genehmigung. Die Genehmigungsvoraussetzungen richten sich hier nach §§ 10, 12 BW NatSchG. Nach Art. 6 d Abs. 1 Bay. NatSchG bedürfen Maßnahmen, die zu einer Zerstörung, Beschädigung, nachhaltigen Störung oder Veränderung des charakteristischen Zustandes von Feuchtflächen führen, der Erlaubnis. Die Maßnahme ist zu untersagen, wenn bestimmte Voraussetzungen gegeben sind, insbesondere wenn die Belange des Natur- und Landschaftsschutzes bei der Abwägung vorgehen.

---

[26] Vgl. *Rothe*, Rdnr. 14 zu § 9.

[27] Vgl. *Dörffeldt*, Anm. 7 zu § 7 DSchG u. Anm. 3 zu § 16 DSchG; insoweit unterscheidet sich das Gesetz von der vom BVerfG aufgehobenen Genehmigungspflicht im *Sammlungsgesetz*, BVerfGE 20, 150 (156 f.). Eine Ermessensentscheidung wurde jedoch für Atomkraftwerke für rechtmäßig erachtet, vgl. BVerfGE 49, 89 (145 f.).

[28] NatSchG v. 21. 10. 1975 — GVBl. S. 654, berichtigt 1976 S. 96.

Nach § 6 Abs. 1 des Hess. NatSchG[29], § 11 des Brem. NatSchG[30], § 14 des Berl. NatSchG[31] und § 12 Abs. 2 des Saarl. NatSchG[32] bedürfen Eingriffe in Natur- und Landschaft der Genehmigung.

Von solchen Genehmigungsvorbehalten, die nur eine behördliche Kontrolle vorschalten, sind sogenannte *repressive Verbote mit Erlaubnisvorbehalt* zu unterscheiden[33]. Hier soll die Handlung und Nutzung grundsätzlich verboten werden, allerdings verknüpft mit der Möglichkeit einer Ausnahme. So sind nach § 16 Abs. 1 BW NatSchG Eingriffe in Feuchtgebiete und Uferregionen unzulässig. Die Behörde kann aber nach Abs. 2 im überwiegenden öffentlichen Interesse oder aus sonstigen wichtigen Gründen Ausnahmen zulassen. Hier besteht also kein Rechtsanspruch auf die verbotene Tätigkeit, sondern lediglich eine Dispensmöglichkeit.

Während das repressive Verbot eine Handlung per Gesetz verbietet, stellt ein präventives Verbot mit Erlaubnisvorbehalt kein eigentliches Nutzungsverbot dar, sondern es wird lediglich ein Verfahren vorangestellt. Zwar beinhaltet ein Genehmigungsvorbehalt zugleich das Verbot, die aufgeführte genehmigungspflichtige Handlung ohne Genehmigung vorzunehmen[34]. Ist eine solche Genehmigungspflicht zur Kontrollierbarkeit erforderlich, so ist es gerechtfertigt, eine Genehmigungspflicht zu statuieren.

Dem Eigentümer wird keine Nutzungsmöglichkeit endgültig abgeschnitten, vielmehr besteht ein Rechtsanspruch auf die Genehmigung. Da lediglich ein Verfahren vorangestellt wird, kann in einem solchen Genehmigungsvorbehalt noch keine enteignungsrechtlich relevante Maßnahme gesehen werden.

Allerdings könnte sich ein enteignender Tatbestand dann ergeben, wenn sich das Genehmigungsverfahren über einen solch langen Zeitraum erstreckt, daß von einer Formalie nicht mehr gesprochen werden kann. Wird die beabsichtigte Nutzung durch ein zu langes Genehmigungsverfahren verzögert oder zeitweise verhindert, so kann darin unter Umständen eine Enteignung zu sehen sein. Andernfalls wäre der Bürger gegen faktische Nutzungsbeschränkungen ohne Entschädigungspflicht über lange Zeit ungeschützt.

[29] v. 19. 9. 1980 — GVBl. I S. 309.

[30] v. 17. 9. 1979 — GVBl. S. 345.

[31] v. 30. 1. 1979 — GVBl. S. 183.

[32] v. 31. 1. 1979 — ABl. S. 147.

[33] Gegen die Unterscheidung repressiv-präventiv: *Gusy*, JA 1981, 80 (81), da insoweit die Wirkung gleich sei.

[34] Vgl. dazu *Dörge*, Teil B, Erl. 2 zu § 8 DSchG.

Der *Bundesgerichtshof* hat sich 1971[35] eingehend mit der Frage der enteignenden Wirkung von Genehmigungsvorbehalten beschäftigt. In dem dem Urteil zugrundeliegenden Fall ging es allerdings weder um den Natur- noch um den Denkmalschutz. Vielmehr ging es um einen Genehmigungsvorbehalt im Zusammenhang mit einem aus Gründen der Sicherheit der militärischen Anlagen festgelegten Schutzbereich nach § 12 Schutzbereichsgesetz.

Der Bundesgerichtshof hat in dieser Entscheidung grundlegend zur Enteignungsfrage bei Genehmigungsvorbehalten Stellung bezogen. Er verneinte das Vorliegen einer Enteignung bei Genehmigungsvorbehalten. Die allgemeine Beschränkung, die im wesentlichen dahin gehe, daß der Eigentümer der Genehmigung für Nutzungsänderungen bedürfe, unterwerfe die Ausübung bestimmter Eigentümerbefugnisse zunächst nur einer vorgeschalteten Kontrolle. Damit würde aber die erlaubnispflichtige Tätigkeit als solche nicht grundsätzlich untersagt. Die Genehmigungspflicht setze der Ausübung der Rechte aus dem Eigentum keine materiell-rechtliche, „repressive" Schranke, sondern es handle sich lediglich um ein Verbot mit Erlaubnisvorbehalt, das im Einzelfall einen Rechtsanspruch auf Genehmigung gewähre, solange keine Genehmigungsversagungsgründe vorlägen[36]. Auch könne erst rückschauend festgestellt werden, wie sich der Genehmigungsvorbehalt auswirkt[37].

Daher seien Gebietserklärungen, die solche Genehmigungspflichten begründeten, nach Zweck und Wirkung mit Bausperren zu vergleichen. Wie diese könnten sie sich erst dann enteignend auswirken, wenn die Sperre dem Eigentümer eine fühlbare wirtschaftliche Beeinträchtigung auferlege, indem sie z. B. ein Bauvorhaben wirklich verhindere oder verzögere. Der Grundstückseigentümer müsse wirklich habe bauen wollen und können, und er müsse in seinem beabsichtigten Bauvorhaben durch das Bauverbot gestört oder sonst in fühlbarer Weise beeinträchtigt worden sein[38].

Damit nahm der Bundesgerichtshof einen anderen Standpunkt ein, als noch 1927 das Reichsgericht im Galgenbergurteil[39]. Das Reichsgericht sah nämlich in der Eintragung eines Grundstücks als Umgebung eines Baudenkmals in die Denkmalliste eine Enteignung, da das Grundstück hinterher nicht ohne Genehmigung der Behörde verändert werden dürfe[40].

---

[35] So BGH NJW 1972, 490, nachdem er in BGH WM 1968, 702 und BGH WM 1968, 747 die Frage noch offen ließ.

[36] BGH NJW 1972, 490.

[37] BGH NJW 1972, 490 (491).

[38] BGH NJW 1972, 490 (491).

[39] RGZ 116, 268.

[40] RGZ 116, 268 (270).

Der Meinungswandel mag Ausdruck der allgemeinen Ansicht sein, daß in der heutigen komplexen Gesellschaft eine Überwachung gefährlicher oder dem öffentlichen Interesse entgegenstehender Nutzungen nur überhaupt dann effektiv gestaltet werden kann, wenn die Behörde vor der Handlung zu informieren ist. Es muß ihr Möglichkeit und Zeit für eine Stellungnahme gegeben werden.

Auch das *Bundesverwaltungsgericht*[41] sieht in der Unterstellung unter Landschaftsschutz noch keine Enteignung, falls es sich lediglich um die Festlegung eines Status handelt, ohne daß konkrete Beschränkungen enthalten sind.

Das *Bundesverfassungsgericht* hat in seinem 1966 ergangenen Urteil zum Sammlungsgesetz[42] ausgesprochen, daß sich aus einem Grundrecht nicht ergibt, daß der Gesetzgeber schlechthin gehindert ist, die Ausübung grundrechtlich geschützter Befugnisse zu überwachen. Vielmehr könne er — unter Berücksichtigung der verfassungsrechtlichen Grundentscheidung — ein präventives Prüfungsverfahren anordnen und dürfe die Rechtsausübung von einer behördlichen Erlaubnis abhängig machen. Dies setze jedoch voraus, daß das angewendete Mittel den Grundsätzen rechtsstaatlichen Verwaltungshandelns, insbesondere dem Gebot der Verhältnismäßigkeit entspreche. Um rechtmäßig zu sein, müsse das Prüfungsverfahren der Gefahr angepaßt sein, der es begegnen soll. Art und Umfang der staatlichen Kontrolle müßten der tatsächlichen Situation, für die sie geschaffen werde, adäquat sein[43].

Ein legitimer Erlaubnisvorbehalt diene der rechtzeitigen und vorbeugenden Prüfung und besage nicht, daß die erlaubnispflichtige Tätigkeit als solche verboten sei. Es liege lediglich eine vorläufige Sperre vor, hinter der aber notwendigerweise ein Rechtsanspruch auf die Erlaubnis stehen müsse, falls die gesetzlichen Voraussetzungen des objektiven Rechts vorliegen[44].

Davon zu unterscheiden seien Fälle, in denen kein Rechtsanspruch auf Genehmigung bestehe, sondern lediglich die Chance, vom Verbot befreit zu werden[45]. Die Genehmigung besage in einem solchen Fall nicht, daß dem Vorhaben keine gesetzlichen Hindernisse entgegenstünden, sondern gestatte die Tätigkeit erst. Hier sei die Genehmigung nicht

---

[41] BVerwGE 4, 57.

[42] BVerfGE 20, 150 (154 f.).

[43] Zum Übermaßverbot vgl. *Grabitz*, AöR 1973, 568 ff.; *Wittig*, DÖV 1968, 817 ff.

[44] In diesem Sinne auch *Gusy*, JA 1981, 80 ff. (81), der fordert, von der Unterscheidung präventiv-repressiv abzugehen und darauf abzustellen, welche Voraussetzungen für die Erlaubniserteilung gelten.

[45] BVerfGE 20, 150 (157).

lediglich eine zur präventiven Kontrolle vorgesehene formelle Voraussetzung für die rechtmäßige Ausübung einer an sich nicht verbotenen Betätigung. Vielmehr enthalte sie der Sache nach die Aufhebung des repressiven Verbots des objektiven Rechts und sei damit eine materielle Voraussetzung des Rechts[46].

Auch die *Rechtslehre* verneint grundsätzlich die enteignende Wirkung des Genehmigungsvorbehaltes[47]. Das wichtigste Beispiel einer solchen Genehmigungspflicht ist die Baugenehmigung, in der nach herrschender Meinung noch keine enteignungsrechtlich relevante Maßnahme gesehen wird[48]. Erst die Ablehnung der Baugenehmigung ist Eingriffsakt und kann eventuell einen Entschädigungsanspruch begründen[49].

Gerade in unserer heutigen hochtechnisierten und komplexen Umwelt, die eine hohe Bevölkerungsdichte aufweist, werden, um eine Kontrolle gefährlicher, ordnungsbedürftiger und schädlicher Handlungen durch die Verwaltung zu gewährleisten, immer mehr Genehmigungspflichten erforderlich. Nur auf diese Weise erhält die Behörde rechtzeitig von dem jeweiligen Vorhaben des Eigentümers oder Besitzers Kenntnis. Nur in seltenen Ausnahmefällen wird der Zweck auch durch eine Anzeigepflicht[50] erreicht, da der Eigentümer bis zum Einschreiten der Behörde bereits vollendete Tatsachen hergestellt haben könnte[51].

Sind die Genehmigungsvorbehalte ihrem Zweck angemessen, so ist eine solche Kontrolle auch rechtmäßig. Eine Enteignung kommt i. d. R. nur dann in Betracht, wenn die Genehmigung versagt wird und sich daher das präventive Verbot mit Erlaubnisvorbehalt in ein endgültiges Verbot umwandelt.

---

[46] BVerfGE 20, 157.

[47] Vgl. *Dörge*, Teil B, Rdnr. 4 zu § 24 DSchG; *Dörffeldt*, Anm. 5 a zu § 26 DSchG; *Eberl/Schiedermair/Petzet*, C, Anm. 21 und 36 zu Art. 6 DSchG. Und zu anderen Genehmigungsvorbehalten: *Marschall:* FStrG, Anm. 9.2 zu § 9; *Max Hofmann:* LuftVG, Rdnr. 3—5 zu § 19; *Schleicher/Reymann/Abraham:* Das Recht der Luftfahrt, Bd. II, Anm. 15 zu § 12 LuftVG; *Bauch/Schmidt:* Landbeschaffungs- und Schutzbereichsgesetz, Anm. II 5 vor § 1 Schutzbereichsgesetz; *Schmidt/Eichstaedt*, StädteT 1979, 143 (146 f.).

[48] Vgl. *Maurer*, § 9 Rdnr. 51; kritisch aber *Schulte*, DVBl. 1979, 133 (134).

[49] Vgl. *Maurer*, § 9 Rdnr. 53.

[50] Vgl. z. B. § 17 Abs. 1 Hess. DSchG bezüglich der Anzeige von Mängeln an Kulturdenkmälern.

[51] Zur unzureichenden Wirkung nachträglicher Kontrolle: *Gusy*, JA 1981, 80.

C. Das Veränderungsverbot

I. Das Verbot, unbebaute Grundstücke zu verändern

Natur- und Landschaftsschutz hat das Ziel, erhaltenswerte Natur in ihrer ursprünglichen Form zu bewahren und vor Beeinträchtigungen zu schützen.

Um dieses Ziel nicht durch Handlungen des Eigentümers oder Verfügungsberechtigten zu gefährden, sind Veränderungsverbote primäres Instrumentarium des Natur- und Landschaftsschutzes. Veränderungsverbote kommen sowohl als repressive Verbote[52] vor oder ergehen erst nach einem vorgeschalteten Genehmigungsverfahren[53].

1. Das Verbot der Veränderung der Bodenbeschaffenheit

Dem Eigentümer oder Verfügungsberechtigten kann im Interesse des Naturschutzes verboten werden, die Bodenbeschaffenheit seines Grundstücks zu verändern.

Dies kann sich dadurch äußern, daß ihm untersagt wird,

- sein Feuchtgebiet zu drainieren oder aufzufüllen
- Abgrabungen vorzunehmen
- Teiche anzulegen oder sonstige künstliche Wasserflächen herzustellen oder bereits vorhandene zu verändern
- Aufschüttungen vorzunehmen
- Bodenvertiefungen aufzufüllen
- chemische Mittel zu verwenden
- Gräben zu ziehen
- Weide, Wiese oder Wald in Ackerland umzuwandeln oder umgekehrt
- Hecken und Wälle zu beseitigen oder anzulegen
- wiederaufzuforsten
  oder
- Wege zu bauen.

Ergehen Veränderungsverbote im Interesse des Natur- und Landschaftsschutzes, so handelt es sich um Beschränkungen der Eigentümerbefugnisse im öffentlichen Interesse also um Schranken i. S. v. Art. 14 Abs. 1 Satz 2 GG.

Diese Schrankenbestimmungen sind nur dann rechtmäßig, wenn sie in einem nach dem Grundsatz der praktischen Konkordanz[54] zu bestim-

---

[52] Insbesondere in Naturschutzgebieten werden solche Verbote erlassen, vgl. z. B. §§ 13 ff. BNatSchG, § 21 ff. BW NatSchG, §§ 12 ff. Hess. NatSchG, §§ 18 ff. Saarl. NatSchG, §§ 18 ff. Berl. NatSchG.

[53] Siehe B dieses Kapitels.

[54] Vgl. *Hesse*, § 10 II 2, Rdnr. 317 ff.; dazu auch im zweiten Kapitel D.

menden überwiegenden öffentlichen Interesse erfolgen und den Grundsatz der Verhältnismäßigkeit i. w. S. beachten. Ist dies nicht der Fall, so ist ein solches Veränderungsverbot rechtswidrig.

Bei der Bejahung einer rechtmäßigen Schrankenbestimmung stellt sich die Frage, ob das Verbot die Grenze zur Enteignung überschreitet und daher den Anforderungen des Art. 14 Abs. 3 GG genügen muß. Insbesondere könnte ein Veränderungsverbot eine Entschädigung erforderlich machen, wenn dies der Grundsatz der Lastengleichheit gebietet.

Es muß also ein Sachzusammenhang zwischen dem Ziel des Naturschutzes und der Auswahl der Gruppe der Eigentümer gegeben sein. Die Belastung darf außerdem nicht über eine gewisse Eingriffstiefe hinausgehen. Außerdem muß die Auswahl der betroffenen Eigentümer aus der Gruppe aller Eigentümer mit dem Grundsatz der Lastengleichheit vereinbar sein; das Verbot darf kein Sonderopfer auferlegen.

Ein Sachzusammenhang, der es rechtfertigt, die Gruppe der Eigentümer für das Ziel des Naturschutzes in Anspruch zu nehmen, ist gegeben[55]. Da die Eigentümer den Vorzug genießen, Grund und Boden — trotz deren Wichtigkeit für die Allgemeinheit — in eigenen Händen zu halten, ist es auch deren Aufgabe, für die Intaktheit der Natur zu sorgen.

Der Hauptschwerpunkt der Prüfung wird darin liegen, festzustellen, ob mit dem Veränderungsverbot der Eigentümer zu einer Beschränkung im öffentlichen Interesse gezwungen wird, die ihn so schwer trifft, daß die Auferlegung mit dem Grundsatz der Lastengleichheit nicht mehr vereinbar ist.

Da zwar ein Sachzusammenhang zwischen Naturschutz und Heranziehung des Eigentümers dieses schutzwürdigen Grund und Bodens gegeben ist, andererseits aber eine besondere Verpflichtung des Eigentümers nicht vorliegt, ist ein Verstoß gegen die Lastengleichheit ab einer Wertminderung der vom Verbot betroffenen Grundstücke von ca. 30 % anzunehmen. Es ist also zu prüfen, inwieweit der Marktwert durch das Veränderungsverbot gesunken ist.

Wurde das Grundstück bereits vorher der Erlaubnispflicht unterstellt und erfuhr es dadurch bereits eine Senkung des Marktwerts, so ist bei dem Marktwertvergleich nicht auf den Zeitpunkt der Versagung der Genehmigung, sondern auf den Marktwert vor der Unterstellung unter die Genehmigungspflicht abzustellen. Denn der Markt reagierte bereits zum damaligen Zeitpunkt darauf, daß voraussichtlich eine beantragte Genehmigung für eine Veränderung nicht erteilt werden würde, also dem Grundstück faktisch bereits zum damaligen Zeitpunkt diese Nut-

---

[55] Vgl. dazu auch die Ausführungen im zweiten Kapitel E II 7 a) aa).

zungsmöglichkeit nicht zustand. Dabei ist jedoch für den Wertvergleich die inflationäre Änderung des Grundstückswerts in die Berechnung miteinzubeziehen.

Auch der Bundesgerichtshof berücksichtigt bei der Bestimmung des Zeitpunkts, an dem der Substanzverlust[56] festzustellen ist, die Vorwirkungen einer Enteignung[57]. In der Regel sei der Zeitpunkt der Vornahme des enteignenden Aktes bzw. die Zustellung des Enteignungsbeschlusses der Zeitpunkt, in dem im Regelfall der zu entschädigende Substanzverlust eintrete. Trete allerdings der Substanzverlust vorher ein, so verlagere sich die enteignende Wirkung zeitlich nach vorn. Daher sei dann der Zeitpunkt maßgeblich, in dem das Eigentumsobjekt von jeder konjunkturellen Weiterentwicklung ausgeschlossen wurde[58].

Zum Teil wird von der Rechtslehre die Rechtsprechung des Bundesgerichtshofs, daß auch die unverbindliche Planung bereits als Vorwirkung beachtlich sein könne[59], kritisiert[60]. Hier liegt jedoch ein mit solchen unverbindlichen Planungen nicht vergleichbarer Sachverhalt vor: Das präventive Verbot hatte hier die Enteignung für den reagierenden Grundstücksmarkt sicher erwarten lassen. Die Sachlage ist vergleichbar mit der Auferlegung einer Veränderungssperre, die später in ein endgültiges Veränderungsverbot mündet[61]. Hier muß also in der Auferlegung der Genehmigungspflicht bereits eine Vorwirkung der Enteignung gesehen werden. Wenn aber bereits eine Vorwirkung einer Enteignung zu bejahen ist, so muß die Reaktion des Marktes in jedem Fall auch bei der Bestimmung der Lastengleichheit berücksichtigt werden.

Die Zeitpunkte der Betrachtung sind daher die gleichen — ob ein Verbot mit Dispensvorbehalt vorliegt oder das Verbot erst auf einen Genehmigungsvorbehalt erging. Dies ist auch gerechtfertigt, da, wenn der Genehmigungsvorbehalt in ein endgültiges Verbot mündet, beide Verbote ab dem gleichen Zeitpunkt die Nutzung endgültig ausschlossen.

Ein Sonderopfer des Eigentümers wird bei Veränderungsverboten im Interesse des Natur- und Landschaftsschutzes im Regelfall zu verneinen

[56] Der BGH unterscheidet zu Recht den Zeitpunkt, an dem festzustellen ist, welche Substanz dem Eigentümer entzogen wurde und dem Zeitpunkt, aufgrund dessen die Entschädigungshöhe zu bestimmen ist. Letztere bestimmt sich grundsätzlich danach, mit welcher Summe sich der Eigentümer ein gleichwertiges Eigentumsobjekt verschaffen kann.

[57] BGH BRS 26 (1974) Nr. 116, S. 250 f.; BGH BauR 1972, 162 (163).

[58] BGHZ 28, 160 (162); 39, 198 (201); BGH BauR 1972, 162 (163); vgl. auch *Kimminich:* BK, Art. 14 Rdnr. 386 f.

[59] BGH NJW 1968, 892; BGH BauR 1972, 162 (163).

[60] Dazu insbesondere *Kimminich:* BK, Art. 14 Rdnr. 387 m. vielen H.

[61] Zu solchen Veränderungsverboten: BGHZ 37, 269 (273); BGH BRS 19 Nr. 96 und 99.

sein, da nur das bestimmte Grundstück des Eigentümers in der Lage ist, den mit der Maßnahme verfolgten Zweck des Natur- und Landschaftsschutzes zu erfüllen.

2. Das Verbot, Bestandteile des Bodens zu entnehmen

Ein Veränderungsverbot kann sich auch dadurch äußern, daß dem Eigentümer verboten wird,

— Kies, Sand, Mergel, Ton, Lehm, Torf, Steine oder andere Bodenbestandteile abzubauen

— Geschützte Pflanzen oder Teile davon auszugraben, abzupflücken, abzusägen oder auf andere Weise zu beschädigen

— Wald oder bestimmte Bäume abzuholzen

oder

— das Grundstück landwirtschaftlich zu nutzen.

Soweit ein Abbauverbot deshalb ergeht, um Gefahren und Beeinträchtigungen anderer auszuschließen, handelt es sich um keine Beschränkung des Eigentümerrechts, das daher auch nicht enteignend wirken kann.

Wenn z. B. der Kiesabbau deshalb untersagt wird, weil durch das Zutagefördern des Grundwassers die Gefahr der bakteriellen Verseuchung der notwendigen Wasserreserven entsteht, so liegt in diesem Verbot keine Einschränkung des Eigentumsgrundrechts. Denn Art. 14 GG schützt nicht den aggressiven Eigentumsgebrauch. Das in Art. 14 GG geschützte Eigentum berechtigt nicht dazu, das Eigentumsobjekt so zu nutzen, daß andere dadurch geschädigt werden können.

Genügt das Verbot dem Grundsatz der Verhältnismäßigkeit, ist insbesondere eine tatsächliche Gefahr für die Wasserversorgung zu bejahen, so ist ein solches Verbot rechtmäßig.

Auf die Frage, wie sie das Bundesverfassungsgericht[62] gestellt hat, ob der Eigentümer ein Recht auf Grundwasserbenutzung hat, kommt es daher nach der hier vertretenen Lösung gar nicht an.

Wirkt dagegen die verbotene Nutzung nicht aggressiv auf das Eigentum anderer, so liegt, wenn die Maßnahme im Interesse des Naturschutzes erfolgt, eine Schranke im öffentlichen Interesse vor. Diese Schrankenbestimmung muß, um entschädigungslos zulässig zu sein, dem Grundsatz der Lastengleichheit genügen.

Ein Sonderopfer gegenüber anderen Eigentümern ist bei Naturschutzmaßnahmen in der Regel nicht zu bejahen, da andere, nicht in Anspruch

---

[62] BVerfGE 58, 300 (332 ff.).

genommene Eigentümer das Ziel des Naturschutzes nicht in gleicher Weise erfüllen können.

Da der Eigentümer jedoch nur bis zu einer Grenze von ca. 30 % Wertminderung entschädigungslos in Anspruch genommen werden kann, falls nicht ausnahmsweise ein besonders intensiver Sachzusammenhang mit dem öffentlichen Interesse besteht, liegt hier der Hauptschwerpunkt der Prüfung. Dabei ist ein Wertvergleich des Grundstücks vor und nach dem Verbot vorzunehmen.

Wie bereits erläutert[63], ist bei einem präventiven Verbot mit Genehmigungsvorbehalt der Zeitpunkt der Unterstellung unter die Genehmigungspflicht als maßgeblicher Vergleichszeitpunkt anzunehmen, wenn bereits damals der Markt dem Umstand Rechnung trug, daß wohl eine Genehmigung zum Abbau nicht erteilt werden würde.

Es ist ein Wertvergleich des Grundstücks vor und nach dem Verbot vorzunehmen und nicht darauf abzustellen, welchen Gewinn der Eigentümer bei einem Abbau hätte erzielen können[64]. Andernfalls würde die Eingriffstiefe auch nach dem entgangenen Gewinn bemessen, der von Art. 14 GG nicht geschützt wird.

Der Eigentümer soll mit Hilfe der Nutzungsentschädigung bei einem Verkauf seines Grundstücks lediglich in der Lage sein, mit dem Verkaufserlös und der Enteignungsentschädigung ein gleichwertiges Grundstück zu erwerben, wie er es vor dem Verbot hatte.

Außerdem sind bei der Berechnung diejenigen Anschaffungen und Dispositionen einzubeziehen, die der Eigentümer für die nun verbotene Nutzung getroffen hat, die durch das Verbot nutzlos werden und sich auch nicht durch einen Verkauf etc. rückgängig machen lassen.

Hatte der Eigentümer ein besonderes schutzwürdiges Vertrauen auf den Abbau, so können seine Anschaffungen und Dispositionen ausnahmsweise in vollem Umfang entschädigungspflichtig sein[65]. Ebenso verhält es sich, wenn bestimmte Dispositionen vom Bestandsschutz gedeckt sind. In diesen Fällen ist aber nicht der voraussichtliche Gewinn oder der Wert des Abbaus zu entschädigen, sondern nur die Disposition, die nun nicht mehr ausgenutzt werden kann. Andernfalls könnte mittels des Vertrauens- oder Bestandsschutzes eine Position erworben werden, die über den Ersatz des enttäuschten Vertrauens hinausgeht. Auch nach

---

[63] Vgl. C I dieses Kapitels.

[64] So bereits das Reichsgericht im *Galgenbergurteil* zur Entschädigungshöhe bei Enteignung im Unterschied zum Schadensersatz, RGZ 116, 268 (274).

[65] Vgl. zu der sehr umstrittenen und umfassenden Problematik des Vertrauensschutzes: *Kisker*, VVDStRL 32, 149 ff.; *Grabitz*, DVBl. 1973, 675 ff.; *Schmidt*, JuS 1973, 529 ff.; *Kisker:* Die Rückwirkung von Gesetzen; *Pfander:* Die Zusage im öffentlichen Recht.

zutreffender Ansicht des Bundesverwaltungsgerichts erwirbt ein Grundstück wegen des Bestandsschutzes keine Baulandqualität, sondern der Eigentümer darf lediglich den Bestand nutzen, solange dieser besteht.

3. Das Verbot der Errichtung von Anlagen

Die Naturschutzbehörde kann anordnen, daß auf dem Grundstück z. B.

— Masten nicht aufgestellt werden dürfen
— Werbeanlagen verboten sind
— das Grundstück nicht mit Zäunen versehen werden darf
oder
— bauliche Anlagen nicht errichtet werden dürfen.

Wenn ein Verbot der Errichtung von Anlagen von einem überwiegenden öffentlichen Interesse legitimiert ist und außerdem dem Grundsatz der Verhältnismäßigkeit genügt, so ist ein solches Verbot grundsätzlich rechtmäßig.

Die Verfassungswidrigkeit eines solchen Verbots könnte sich aber dann ergeben, wenn es eine Enteignung darstellt, ohne daß das Gesetz den Voraussetzungen des Art. 14 Abs. 3 GG genügt, insbesondere keine Entschädigung vorsieht.

Eine entschädigungspflichtige Enteignung liegt dann vor, wenn andernfalls das Verbot die Lastengleichheit mißachten würde. Eine zu entschädigende Maßnahme ist, wegen der über das übliche — durch den Sachzusammenhang gerechtfertigte — Maß hinausgehenden Inanspruchnahme für öffentliche Zwecke bei einer Marktwertminderung des Grundstücks von über 30 % gegeben.

Die Höhe der Marktwertminderung hängt im Einzelfall davon ab, welche Anlagenerrichtung mit dem Verbot unterbunden werden soll. Das Verbot von Masten wird i. d. R. nur eine geringe Marktwertminderung des Grundstücks mit sich bringen. Beim Verbot von Zäunen kommt es darauf an, wie weit das Grundstück ohne einen Zaun sinnvoll zu nutzen ist. So kann mit dem Verbot unter Umständen gleichzeitig eine Viehnutzung unmöglich werden. Da die Bebaubarkeit ein sehr wertbestimmender Faktor darstellt, wird ein Bauverbot, das die vorher zulässige Bebauung unterbindet, i. d. R. die Grenze einer 30 %igen Wertminderung übersteigen und daher zu entschädigen sein.

Wird ein Bauverbot durch Festlegung einer Grünfläche im Baugebiet erlassen, so ist der betroffene Eigentümer im vollen Umfang — nicht nur ab einer Wertminderung von ca. 30 % — zu entschädigen, wenn andere nicht in Anspruch genommene Eigentümer ebenfalls in der Lage wären, den mit dem Bauverbot bezweckten Erfolg zu erfüllen. Dies wird dann der Fall sein, wenn die Inanspruchnahme gerade des betroffenen Eigentümers nicht wegen der besonderen Qualität seines Eigentumsobjekts, sondern deswegen erfolgt, weil es erforderlich ist, im öffentlichen Interesse in einem Gebiet von bestimmter Größe irgendwo eine Grünfläche festzusetzen. Dann ist die Maßnahme wegen Auferlegens eines Sonderopfers entschädigungspflichtig.

II. Das Verbot, Bauwerke zu verändern

1. Das Modernisierungsverbot (soziale Gründe)

In neuester Zeit mehren sich die Tendenzen, der Verdrängung der Wohnbevölkerung in Stadtkernen durch Luxuswohnungen, Büro- oder Bankgebäude einen Riegel vorzuschieben.

Ein solcher Versuch hat insbesondere in § 39 h Abs. 3 Nr. 3 und Abs. 4 BBauG Gesetzesform angenommen. Nach § 39 h Abs. 3 BBauG können Gemeinden mittels Milieuschutzsatzungen die „Zusammensetzung der Wohnbevölkerung", wenn „dies aus besonderen städtebaulichen Gründen erforderlich ist", dadurch erhalten, daß sie den Abbruch, den Umbau und die Umwandlung der Mietshäuser einer Genehmigungspflicht unterwerfen[66].

§ 39 h BBauG als Rechtsgrundlage dieser Genehmigungspflicht schreibt den Gemeinden ein Zweistufenverfahren vor: In der ersten Stufe müssen die Gemeinden eine „Erhaltenszone" durch Satzung festlegen. Auf der Grundlage dieser Satzung hat die Gemeinde in der zweiten Stufe ein besonderes Prüfungsrecht gegenüber allen Anträgen auf Beseitigung oder Änderung baulicher Anlagen aus dem Gebiet. Wenn die in der Satzung abstrakt umschriebenen Gründe im konkreten Einzelfall vorliegen, darf die Gemeinde den Abbruch oder den Umbau des betreffenden Gebäudes verbieten.

Die in § 39 h Abs. 3 Nr. 3 BBauG geforderten besonderen städtebaulichen Gründe liegen z. B. vor, wenn in einem intakten Ortsteil, dessen soziale Struktur sich aus vielen Bevölkerungsschichten zusammensetzt, ältere Gebäude durch Neubauten ersetzt werden und dadurch finanzschwächere ältere Personen oder in die Bevölkerung integrierte Ausländer verdrängt würden. Der Milieuschutz soll den sozial- und gesellschaftspolitischen Gehalt aktiver Stadtentwicklung verwirklichen. Es gehe „nicht um Sozialromantik, sondern darum, den in einem intakten Gebiet wohnenden Menschen ihre Umwelt zu sichern, die sie an anderer Stelle schwer finden und häufig nicht bezahlen könnten"[67].

---

[66] Wovon bis jetzt nur zögernd Gebrauch gemacht wurde. Vgl. *Battis/Krieger*, DVBl. 1981, 482 f.

[67] Vgl. *Battis/Krieger*, DVBl. 1981, 479 (480).

Ein Modernisierungsverbot ist rechtmäßig, wenn das öffentliche Interesse an der Maßnahme überwiegt und das Verbot den Anforderungen an den Grundsatz der Verhältnismäßigkeit genügt.

Fraglich ist, inwieweit ein Modernisierungsverbot enteignungsrechtliche Folgen hat. Die Genehmigungspflicht als solche kann als präventives Verbot mit Genehmigungsvorbehalt noch keinen enteignenden Charakter entwickeln, da sie die Handlung lediglich einer vorherigen Kontrolle unterwirft[68]. Ob eine Enteignung vorliegt, ist daher erst anhand der getroffenen Maßnahme, der Versagung der Genehmigung zum Umbau oder Abbruch zu prüfen[69].

Wird aufgrund einer Genehmigungspflicht der Umbau oder Abbruch eines Mietshauses verboten, so fragt sich, ob die Entschädigungslosigkeit dieser Maßnahme dem Grundsatz der Lastengleichheit genügt. Wenn hinter dem Verbot letztlich der Zweck steht, Sozialhilfe dadurch zu gewähren, daß Rentnern, Arbeitslosen, Studenten und ähnlichen Bevölkerungsgruppen billiger Wohnraum gesichert wird, so stellt ein solches Verbot eine Enteignung des Wohnungseigentümers dar. Denn der Sachzusammenhang zwischen der Aufgabe der Sozialhilfe und dem Innehaben von Eigentum besteht nicht. Die Sozialhilfe ist eine Aufgabe, die die Staatsbürger entsprechend ihrer Leistungsfähigkeit zu tragen haben, die nicht einseitig dem Eigentümer, der zufällig ein benötigtes Objekt besitzt, entschädigungslos aufgelastet werden kann. Das Innehaben des für öffentliche Zwecke benötigten Eigentums zeichnet auch die entschädigungspflichtige Enteignung nach Art. 14 Abs. 3 GG aus[70]. Hier nimmt der Eigentümer eine eigentlich fremde Aufgabe wahr, für die die steuerzahlende Gemeinschaft finanziell aufkommen muß. Dem Eigentümer ist daher in voller Höhe Entschädigung zu leisten.

2. Das Verbot der Beeinträchtigung des Erscheinungsbildes (Denkmalschutz)

Von Modernisierungsverboten, die letztlich eine Erneuerung ganz verhindern wollen, zu unterscheiden sind Veränderungsverbote, die die Erneuerung alter, denkmalwürdiger Teile eines Gebäudes durch anders aussehende Teile unterbinden.

Das Ziel solcher Maßnahmen liegt darin, zu verhindern, daß das Aussehen denkmalwürdiger Bauwerke dadurch beeinträchtigt wird, daß z. B. statt der ursprünglich sprossengegliederten nun neue, moderne Einscheibenfenster, statt des ursprünglichen Schindeldaches nun ein Dachziegeldach den Gesamteindruck des Denkmals beeinträchtigt. Das Er-

[68] Siehe B dieses Kapitels.

[69] So auch *Schmidt-Eichstaedt*, StädteT 1979, 143 (146).

[70] Siehe auch E II 7 a) aa) des zweiten Kapitels.

scheinungsbild kann auch durch Aufschriften und Konservierungsmaßnahmen, An- und Umbauten beeinträchtigt werden.

Falls das Maß der Erhaltenswertheit des Gebäudes das Interesse des Eigentümers überwiegt, ist zu fragen, ob ein solches Verbot entschädigungslos hinzunehmen ist.

Der Denkmalschutz steht im Sachzusammenhang mit dem Eigentum an Bauwerken. Es handelt sich also um keine fremde Aufgabe des Eigentümers[71]. Es kommt dennoch ein Verstoß gegen den Grundsatz der Lastengleichheit in Betracht, wenn durch die höheren Kosten der Reparatur- oder Erhaltensmaßnahmen eine Mehrkostenbelastung von über 30 % vorliegt, die nicht mehr mit dem Sachzusammenhang gerechtfertigt werden kann.

Bei der Höhe der Entschädigung ist jedoch dem Eigentümer dasjenige anzurechnen, was sich als Wertgewinn über diejenige Wertsteigerung bei einer üblichen Reparatur oder Erneuerung hinaus, im Wert des Gebäudes selbst realisiert oder was der Eigentümer an staatlichen Zuschüssen für die Maßnahme erhält.

Nach herrschender Meinung findet der Grundsatz der Vorteilsausgleichung für die Frage der Entschädigungshöhe Anwendung[72], soweit die Vorteile in adäquatem Zusammenhang mit der Enteignung erwachsen sind[73]. Da es bei dem Grundsatz der Lastengleichheit um die Bemessung der Schwere des Eingriffs und der vom Eigentümer zu tragenden Last geht, müssen die dem Eigentümer mit dem Verbot gleichzeitig zufließenden Vorteile bereits bei der Frage, ob ein Verstoß gegen die Lastengleichheit vorliegt, berücksichtigt werden. Sie dürfen nicht erst bei der Berechnung der Entschädigungshöhe in die Betrachtung eingehen. Etwas anderes gilt aber, wenn ein Verbot Art. 19 Abs. 2 GG verletzt[74].

Werden Aufschriften verboten, so fragt sich, ob mit dem Entzug dieser Nutzungsmöglichkeit eine Wertminderung des Gebäudes über 30 % verbunden ist. Dies wird wohl selten in Betracht kommen.

Inwieweit ein An- oder Umbauverbot eine Enteignung darstellt, muß im Einzelfall ermittelt werden. Soweit ein An- oder Umbau vom Be-

---

[71] Vgl. dazu auch die Ausführungen im zweiten Kapitel E II 7 a) aa).

[72] Vgl. dazu: *v. Hammerstein:* Die Vorteilsausgleichung bei der Enteignungsentschädigung unter besonderer Berücksichtigung des § 93 Abs. 3 Satz 1 BBauG; *Gelzer:* Der Umfang des Entschädigungsanspruchs aus Enteignung und enteignungsgleichem Eingriff, S. 35 ff., 44 ff., 61 ff., 78 ff.

[73] BGHZ 6, 270 (295); BGH WM 1966, 497; BGH WM 1971, 829, denn die Enteignungsentschädigung soll zwar die Einbuße ausgleichen, dem Eigentümer aber nicht mehr geben, als er ohne den Eingriff hätte, so BGH WM 1971, 829 (831).

[74] Siehe E II und F dieses Kapitels.

standsschutz gedeckt ist, liegt immer eine Enteignung vor, die in vollem Umfang zu entschädigen ist. Entsprechend der Rechtsprechung des Bundesverwaltungsgerichts[75] fällt unter den Bestandsschutz im engeren Sinn nicht der Neubau; denn nur der errichtete Bestand, das Eigentum an der Baumasse, wird geschützt.

Vom Bestandsschutz erfaßt werden jedoch Reparaturen, die das Gebäude vor dem vorzeitigen Verfall oder dem Eintritt der Unbenutzbarkeit vor Ablauf der Lebensdauer seiner Substanz schützen oder mit der das Gebäude an gewandelte Lebensumstände angepaßt wird. Eine Erweiterung fällt auch dann unter den Bestandsschutz, wenn sie zur sinngerechten Nutzung des vorhandenen Bestandes erforderlich ist[76].

Liegt ein Verstoß gegen den Bestandsschutz nicht vor, so ist zu prüfen, ob eine Wertminderung über 30 % mit dem Verbot verbunden ist.

Ein Sonderopfer wird beim Verbot der Beeinträchtigung des Erscheinungsbildes vom Eigentümer normalerweise nicht abverlangt, da nur er — als Inhaber des denkmalwürdigen Objekts — in der Lage ist, dem Denkmalschutzzweck Rechnung zu tragen.

3. Das Verbot der Nutzungsänderung

Bei der Frage der Rechtmäßigkeit eines Nutzungsänderungsverbots[77] ist besondere Aufmerksamkeit auf die Prüfung zu richten, ob der Zweck des Denkmalschutzes ein solches Verbot überhaupt rechtfertigt. Ist dies nicht der Fall, so ist ein solches Verbot rechtswidrig.

Ist das Verbot dagegen vom überwiegenden öffentlichen Interesse des Denkmalschutzes legitimiert und genügt es dem Grundsatz der Verhältnismäßigkeit, so richtet sich die Frage der Entschädigungsbedürftigkeit letztlich nach der Lastengleichheit.

4. Das Abbruchverbot

Auch die Entschädigungsbedürftigkeit eines Abbruchverbotes entscheidet sich danach, ob das Verbot dem Eigentümer eine gleiche oder ungleiche Last auferlegt.

Da mit einem Abbruchverbot oft eine starke Werteinbuße verbunden ist, wird der Grundsatz der Lastengleichheit i. d. R. bei einem entschädigungslosen Abbruchverbot verletzt sein.

---

[75] Zur sehr extensiven Rechtsprechung des Bundesgerichtshofs, der sich aber das Bundesverwaltungsgericht mit der Figur der „eigentumsrechtlich verfestigten Eigentumsposition“ annähert, vgl. erstes Kapitel A II 2.

[76] BVerwG DVBl. 1972, 219 (220); BVerwG BauR 1972, 152 (152 f.); BVerwGE 47, 126 (128 ff.); 25, 161 (162 f.); 27, 341 (343); 36, 296 (301).

[77] Wie es z. B. § 9 NW DSchG vorsieht.

D. Das Veräußerungsverbot

Führen Maßnahmen des Natur- oder Denkmalschutzes dazu, daß ein Grundstück oder ein Gebäude nicht veräußert werden darf, so ist eine solche Maßnahme i. d. R. rechtswidrig.

Denn der Natur- und Denkmalschutz erfordert es nicht, daß das betroffene Eigentumsobjekt in der Hand eines bestimmten Eigentümers bleibt. Im Einzelfall mag es für die Denkmal- oder Naturschutzbehörde bedauerlich sein, daß ein Eigentümer, der bisher Natur- und Denkmalschutz ohne staatliche Maßnahmen freiwillig betrieb, von einem mehr am Profit interessierten Eigentümer abgelöst werden soll. Diese Tatsache ist jedoch rechtlich nicht relevant. Andernfalls würden dem Natur- und Denkmalschutz aufgeschlossenere Eigentümer stärker belastet werden als andere.

Ein Veräußerungsverbot ist daher nicht vom öffentlichen Interesse legitimiert; es verstößt gegen den Grundsatz der Verhältnismäßigkeit, da es ungeeignet ist, dem Zweck des Natur- oder Denkmalschutzes zu dienen.

Zur Frage, ob eine Schrankenbestimmung oder eine Enteignung vorliegt, kommt es hier nicht, da auch eine Entschädigung nach Enteignungsgrundsätzen das Veräußerungsverbot nicht legalisieren könnte[78].

E. Die Pflicht zur Erhaltung und Pflege

I. Von Natur und Landschaft

Nach § 11 BNatSchG können Eigentümer oder Nutzungsberechtigte, die ein Grundstück nicht ordnungsgemäß instandhalten, zur Pflege des Grundstücks verpflichtet werden. Es fragt sich, wie weit entschädigungslose Erhaltens- und Pflegepflichten vor Art. 14 Abs. 1 Satz 1 GG Bestand haben.

Da die positive Pflicht grundsätzlich die stärkste Einschränkung der Freiheit darstellt, fragt sich, ob die Auferlegung von positiven Pflichten immer eine Enteignung begründet.

Die grundsätzliche Zulässigkeit von entschädigungslosen positiven Pflichten kann nicht aus Art. 14 Abs. 2 GG hergeleitet werden, da diese Klausel keine positive Verpflichtung des Eigentümers normiert, sondern lediglich das in Art. 14 GG geschützte Eigentum begrenzt[79].

---

[78] Zu Recht ist daher bei *Dörge*, A III 3, S. 81, zu lesen: „*Veräußerungsverbote* (z. B. § 22 Bad.DSchG) gehören nicht in ein Denkmalschutzgesetz".

[79] Vgl. zweites Kapitel C III; a. A. aber *Breuer*, S. 375, der in der „Sozialpflichtigkeitsklausel" die Rechtfertigung und sogar das Gebotensein positiver Pflichten sieht.

Auch positive Pflichten im Polizei- und Ordnungsrecht können nicht zur Begründung der grundsätzlichen Zulässigkeit von Positivpflichten herangezogen werden[80]. Denn im Rahmen der Polizeipflicht liegt kein von Art. 14 GG geschütztes Eigentum vor[81].

Dennoch kann das Maß der Beeinträchtigung nicht allein danach bemessen werden, ob vom Eigentümer ein positives Tun oder ein Unterlassen verlangt wird. Oft bedarf es nur einer entsprechenden Formulierung des Gesetzes, um eine Pflicht oder ein Verbot zu normieren. Nicht jede Auferlegung einer positiven Pflicht führt daher zwingend zur Verletzung des Art. 14 Abs. 1 GG. Eine positive Pflicht kann im Einzelfall sogar weniger einschneidend sein als ein grundsätzliches Verbot. Müßte ein Verwaltungsakt abgelehnt werden, so kann er unter Umständen durch Auferlegung einer positiven Pflicht in der Form einer Auflage erlassen werden.

Die positive Pflicht ist daher ebenso wie ein Verbot darauf zu überprüfen, ob im Einzelfall eine Enteignung vorliegt. Bei einer Erhaltenspflicht kommt insbesondere eine Verletzung des Wesensgehalts des Eigentums in Betracht.

Das Wesen des Art. 14 GG liegt unter anderem darin, daß er den Eigentümer von staatlicher Einflußnahme frei macht. Dies nicht nur dadurch, daß der Eigentümer die finanziellen Vorteile des Eigentums genießen darf, sondern auch dadurch, daß er selbst bestimmt, wie er sein Eigentum nutzen will. Dient das Eigentum nur noch fremden Zwecken oder ist der Eigentümer nur Ausführender eines staatlichen Willens, so erfüllt das Eigentum seine Freiheitsfunktion nicht mehr. Das Eigentum macht nicht mehr frei und dient nicht mehr der Selbstdarstellung der Person, sondern der Eigentümer ist dem staatlichen Willen „ausgeliefert". Ein solches Eigentum ist, selbst wenn der Eigentümer letztlich Nutznießer der staatlichen Anordnungen ist, kein Eigentum i. S. v. Art. 14 GG. Eine Verletzung der Freiheitsfunktion liegt aber erst recht vor, wenn der Eigentümer zu einer unrentablen Erhaltung gezwungen wird.

Liegt ein Verstoß gegen die Wesensgehaltsgarantie nicht vor, ist eine Erhaltenspflicht nur unwesentlich, so könnte dennoch in der Pflege- und Erhaltenspflicht ein Verstoß gegen den Grundsatz der Lastengleichheit zu sehen sein. Dies ist der Fall, wenn die Auferlegung der Pflicht zu einer Wertminderung des Grundstücks über 30 % führt oder wenn die Kosten für die Pflege und Erhaltung 30 % über den üblichen Pflege- und Erhaltenskosten liegen, ohne daß die Kostendifferenz sich durch

---

[80] A. A. aber *Breuer*, S. 376 f.

[81] Siehe zweites Kapitel C IV.

eine Werterhöhung des Grundstücks oder einen erhöhten Ertrag ausgleicht. Der Zweck des Natur- und Landschaftsschutzes rechtfertigt es zwar, den Eigentümer als Nutznießer einer privaten Eigentumsordnung bis zu einem gewissen Grad in Anspruch zu nehmen. Ab einer Grenze von 30 % Wertminderung ist es jedoch erforderlich, daß die Allgemeinheit als Nutznießer des Naturschutzes über die Steuer und sonstige Einkünfte des Staats an der Last mitträgt.

II. Von Bauwerken

Da der Denkmalschutz Bauwerke nicht nur vor der Veränderung oder dem Abbruch durch den Eigentümer oder Nutzungsberechtigten schützen, sondern sie für spätere Generationen konservieren will, befinden sich in den Denkmalschutzgesetzen Erhaltenspflichten[82].

Da die Erhaltenspflicht bei Bauwerken i. d. R. eine sehr einschneidende finanzielle Last darstellt, wird sie in den meisten Denkmalschutzgesetzen dadurch relativiert, daß eine Erhaltung nur im Rahmen der „Zumutbarkeit“ vom Eigentümer verlangt wird. Damit soll eine Enteignung von vornherein ausgeschlossen werden. Hinter dieser Formel verbirgt sich die Hauptfrage, die von entscheidender Bedeutung für den Denkmalschutz ist. Nach ihr bemißt sich, wie weit der einzelne Bürger für „sein“ Denkmal in Anspruch genommen werden kann[83]. Die Kernfrage lautet daher, inwieweit eine Erhaltenspflicht eine Enteignung darstellen kann.

Zunächst könnte eine Erhaltenspflicht bei einem Bauwerk zu einer Verletzung des Wesensgehalts des Eigentums führen. Die Pflicht zur Erhaltung könnte die Funktion des Eigentums, die Freiheit im vermögensrechtlichen Bereich zu garantieren, beeinträchtigen. Die Freiheitsfunktion des Art. 14 GG hat zwei Komponenten: Die Privatnützigkeit und die Privatbestimmtheit.

Es könnte die Privatnützigkeit verletzt sein. Dies ist der Fall, wenn dem Eigentümer keine finanziellen Vorteile aus dem Innehaben des Eigentums erwachsen; erst recht, wenn er sogar finanziell zuschießen muß.

Auch nach der ständigen Rechtsprechung kann vom Eigentümer nicht verlangt werden, daß er anhaltende, übermäßig hohe Bewirtschaftungskosten trägt[84]. Die den Eigentümer treffenden finanziellen Aufwendungen zur Erhaltung und Unterhaltung können danach dem Eigentümer

---

[82] Vgl. z. B. § 6 BW DSchG; § 7 NW DSchG; § 12 Abs. 1 Hess. DSchG; Art. 4 Abs. 1 Bay. DSchG.

[83] So *Gahlen/Schönstein*, Erl. 2 zu § 7 DSchG.

[84] Vgl. insbesondere BGH NJW 1979, 210 (212).

dann nicht mehr entschädigungslos zugemutet werden, wenn der Erhaltungsaufwand in einem anhaltenden Mißverhältnis zum realisierbaren Nutzwert für den Eigentümer steht.

Aber bereits wenn dem Eigentümer durch die Maßnahme keine finanziellen Vorteile aus seinem Eigentumsobjekt mehr erwachsen, kann das Eigentum insoweit seine Freiheitsfunktion nicht mehr erfüllen; der Wesensgehalt des Eigentums ist verletzt.

Eine Erhaltenspflicht von Bauwerken kann darüber hinaus die zweite Komponente der Freiheit, die Eigen- oder Privatbestimmtheit verletzen. Wird der Eigentümer dazu verpflichtet, dem laufenden Verfall des Gebäudes durch die Ersetzung alter Teile mit neuen, gleichaussehenden Teilen oder durch Konservierungsmaßnahmen entgegenzuwirken, so bleibt für die Selbstdarstellung der Person kein Raum. Der Eigentümer darf in einem solchen Fall sein Gebäude zwar nutzen, hat aber darüber hinaus nicht mehr Rechte als ein Mieter des Gebäudes. Ihm wird sogar zusätzlich vorgeschrieben, wann und wie er das Bauwerk mit Erhaltensmaßnahmen vor dem Verfall schützen muß. Von einer Herrschaftsgewalt des Eigentümers, von seiner Freiheit kann hier nicht mehr die Rede sein. Daher verstößt eine umfassende Erhaltenspflicht bei Gebäuden i. d. R. gegen den Wesensgehalt des Eigentums[85].

Diese Folge kann auch nicht durch staatliche Zuschüsse ausgeglichen werden[86]. Denn ist der Wesensgehalt des Art. 14 GG verletzt, so sind die Anforderungen an Art. 14 Abs. 3 GG zu beachten. Andernfalls könnte mittels staatlicher Zuschüsse die bei der Enteignung zwingend vorgeschriebene Junktimklausel umgangen werden[87]. Denn die Freiheitsfunktion des Eigentums geht auch dann verloren, wenn der Bürger gegen den Staat Ansprüche auf staatliche Leistungen hat. Denn hier macht das Eigentum an sich nicht mehr frei und staatsunabhängig.

F. Die Duldung von Pflege- und Erhaltensmaßnahmen

Der Natur- und Denkmalschutz kann auch den Weg wählen, daß er bestimmte Pflege- und Erhaltensmaßnahmen nicht vom Eigentümer verlangt, sondern daß der Eigentümer lediglich verpflichtet wird, die auf Staatskosten vorgenommene Erhaltung zu dulden.

---

[85] A. A. *Breuer*, S. 413 f., allerdings begrenzt durch die Privatnützigkeit; das Gebäude darf also nicht unrentabel werden.

[86] A. A. aber die st. Rspr., die bei der Privatnützigkeitsprüfung auch staatliche und kommunale Mittel einbezieht; vgl. BGH NJW 1979, 210 (212).

[87] Genaueres zu F.

Im Naturschutzinteresse kann vom Eigentümer z. B. die Duldung

— des Anbringens von Nistgelegenheiten für bestimmte Vogelarten
— des Mähens einer brachgefallenen Wiese
— des Freihaltens eines Aussichtspunktes durch Beseitigung des die Aussicht versperrenden Bewuchses
— des Anpflanzens von Waldflächen
oder
— des Schlagens von Waldflächen verlangt werden.

Gemäß § 10 BNatSchG kann der Landesgesetzgeber solche und andere Duldungspflichten normieren, die gemäß § 10 Abs. 2 BNatSchG sogar eine Enteignung darstellen dürfen[88].

Eine Duldungspflicht wurde z. B. in Art. 4 Abs. 2 Bay. NatSchG getroffen. Danach können Eigentümer und sonstige Verfügungsberechtigte, soweit ihnen die Erhaltung nicht mehr zugemutet werden kann, zur Duldung der Maßnahme verpflichtet werden.

Auch nach § 18 BW NatSchG sind die Eigentümer und die sonstigen Berechtigten von Grundstücken in Naturschutzgebieten verpflichtet, Maßnahmen zum Schutz, zur Erhaltung und zur Pflege zu dulden. Dabei sollen mit der Durchführung von Pflegemaßnahmen nach Möglichkeit die Eigentümer oder sonstige Berechtigte beauftragt werden, die gemäß § 53 Abs. 3 BW NatSchG die notwendigen Kosten erstattet erhalten.

Entsprechende Duldungspflichten sind auch im Bereich des Baudenkmalschutzes und der Baudenkmalpflege denkbar. Die Eigentümer können verpflichtet werden, Konservierungs- und Erhaltungsmaßnahmen zu dulden, eventuell sogar — allerdings gegen Ersatz der finanziellen Aufwendungen — diese selbst als Beauftragte des Staates vorzunehmen.

Grundsätzlich unterscheidet sich eine Erhaltenspflicht von einer Pflicht zur Duldung von Erhaltungsmaßnahmen nicht in ihrer Wirkung gegenüber dem Eigentümer, sondern nur dadurch, daß der Eigentümer für die Durchführung der Maßnahme nicht finanziell einstehen muß. Dies wird besonders deutlich, wenn der Eigentümer wie in § 18 BW NatSchG die Maßnahme als Beauftragter des Staates selbst durchführt. Es fragt sich, wie diese Suspendierung von der Kostenlast rechtlich zu beurteilen ist.

Wenn die Auferlegung der Erhaltenspflicht an sich bereits keine Enteignung darstellt, so stellt die Auferlegung der Pflicht zur Duldung dieser Maßnahme erst recht keine Enteignung dar, da hier sogar die finanzielle Inanspruchnahme entfällt.

---

[88] Vgl. *Kolodziejcok/Recken*, 1129, Rdnr. 10 f. zu § 10 BNatSchG.

Wäre die Erhaltens- und Pflegepflicht aber nur nach Art. 14 Abs. 3 GG zulässig, so fragt sich, inwieweit sich am Vorliegen des Tatbestandes der Enteignung etwas ändert, wenn die Erhaltung auf Staatskosten erfolgt.

Dabei sind zwei Hauptfälle zu unterscheiden: Erstens kann eine Enteignung im Verstoß gegen die Lastengleichheit begründet sein und zweitens kann eine Enteignung deshalb vorliegen, weil die Erhaltenspflicht in den Wesensgehalt des Eigentums eingreift.

Wirkt eine Erhaltenspflicht enteignend, weil sie dem Eigentümer eine ungleiche finanzielle Last auferlegt, so entfällt der Verstoß gegen die *Lastengleichheit* dann, wenn der Eigentümer nicht finanziell in Anspruch genommen wird.

Verletzt dagegen eine Erhaltenspflicht den *Wesensgehalt* des Eigentums, weil das Eigentum durch die umfassende Erhaltenspflicht seine Freiheitsfunktion nicht mehr erfüllen kann, so führt die Tatsache, daß hier der Staat die Kostenlast trägt, nicht immer dazu, die Enteignung zu verneinen. Wenn die Nutzung des Eigentumsobjekts nicht vom Eigentümer, sondern vom Staat diktiert wird, so vermag auch die Kostentragung durch den Staat die Folge der Verletzung der Privatbestimmtheit nicht zu verhindern. Hier ist die Eigentumsbestandsgarantie verletzt, die nur mittels Enteignung nach Art. 14 Abs. 3 GG in eine Eigentumswertgarantie umgewandelt werden kann. Ansonsten würden die speziellen Voraussetzungen der Enteignung, insbesondere die Beachtung der Junktimklausel, mittels vorgeschobenem Kostenersatz umgehbar.

Ist in den Wesensgehalt des Art. 14 GG nicht deshalb eingegriffen, weil nur noch eine fremdbestimmte Nutzung möglich ist, sondern deshalb, weil das Eigentum nicht mehr privatnützig ist, so ergibt sich eine andere Beurteilung: Die Tatsache, daß der Eigentümer die Maßnahme nicht selbst vornehmen, sondern lediglich dulden muß, führt hier dazu, daß aus einer fremdnützigen eine privatnützige Nutzung wird. Denn das Eigentum kann hier seine Funktion, der Verwirklichung der Freiheit als materielle Resource zu dienen, wieder erfüllen.

Anders liegt es jedoch, wenn der Staat lediglich *Zuschüsse* zur Erhaltung gewährt. Hier ist die Privatnützigkeit des Eigentums verletzt. Denn diese Zuschüsse können die Freiheitsfunktion nicht wieder zur Entfaltung bringen. Sie sind nichts anderes als eine Art Entschädigung, die zwar bei der Höhe der zu leistenden Enteignungsentschädigung, nicht aber bei der Frage, ob eine Enteignung vorliegt, berücksichtigt werden müssen.

G. Die Neuinstandsetzungspflicht

I. Das Pflanz- und Aufforstungsgebot

In einem Pflanz- oder Aufforstungsgebot liegt eine starke Einschränkung der Freiheit des Eigentümers zugunsten der Allgemeinheit.

Es fragt sich daher, ob das Pflanz- oder Aufforstungsgebot in den Wesensgehalt des Eigentums eingreift. In diesen wird eingegriffen und es liegt eine Enteignung vor, wenn eine privatnützige oder privatbestimmte Nutzung nicht mehr möglich ist. Ist eine Pflicht derart umfassend, daß sie dem Eigentümer keine freie Entscheidung mehr beläßt, so ist der Wesensgehalt des Art. 14 GG beeinträchtigt. Dies selbst dann, wenn eine Pflicht zu einer objektiv vernünftigen Nutzung vorliegt, denn bereits da ist die Freiheitsfunktion des Eigentums nicht mehr gegeben. Eine Beeinträchtigung der Privatnützigkeit und damit des Wesensgehaltes liegt ebenfalls vor, wenn der Eigentümer zu einer unrentablen Nutzung gezwungen wird, wenn mit Hilfe des Eigentums also kein Ertrag mehr erzielt werden kann.

Wird der Wesensgehalt des Eigentums durch ein Pflanz- oder Aufforstungsgebot nicht beeinträchtigt, so kommt eine zu entschädigende Verletzung des Gebots der Lastengleichheit in Betracht, wenn zwischen dem Zweck der Maßnahme und der Auswahl der Gruppe der Eigentümer kein ausreichender Sachzusammenhang besteht — dann in voller Höhe — oder wenn das Grundstück durch die Positivpflicht eine Marktwertminderung von über 30 % erfährt.

Ein entschädigungspflichtiges Sonderopfer liegt vor, wenn auch andere, nichtbelastete Eigentümer in der Lage wären, den mit der Maßnahme verfolgten Zweck zu erfüllen.

Andererseits entfällt eine Enteignung immer dann, wenn ein Pflanz- oder Aufforstungsgebot aus polizeilichen Gründen erfolgt. Auch ergibt sich dann eine andere Beurteilung, wenn es sich beim Aufforstungs- und Pflanzgebot um keine Maßnahme im öffentlichen Interesse, sondern um eine Inhaltsbestimmung handelt.

II. Die Neuinstandsetzungspflicht bei Bauwerken

Zunächst ist fraglich, ob das Ziel des Denkmalschutzes überhaupt Neuinstandsetzungspflichten rechtfertigt. Denn der Denkmalschutz soll vorhandene denkmalwürdige Substanz vor dem Verfall und der Zerstörung schützen, nicht aber bereits zerstörte Bauwerke wiederherstellen[89]. Daher wäre eine Maßnahme bereits aus diesem Grunde rechtswidrig.

---

[89] Vgl. dazu § 1 Abs. 1 Hess. DSchG, das insoweit eine Definition enthält.

Unterstellt man die Rechtmäßigkeit einer solchen Maßnahme, so wäre die Neuinstandsetzungspflicht in jedem Fall aber eine zu entschädigende Antastung des Wesensgehalts des Eigentums. Die Neuinstandsetzungspflicht bei Bauwerken bestimmt i. d. R. die zukünftige Nutzung durch den Staat in einer umfassenden Weise. Der Eigentümer hat nicht mehr die Freiheit zur Selbstdarstellung der Person mittels des Gebäudes, sondern er ist verpflichtet, zerstörte Bausubstanz durch Neuteile zu ersetzen. Er wird zum Ausführer staatlicher Anweisungen. Noch stärker als die Erhaltenspflicht greift die Neuinstandsetzungspflicht in die Privatnützigkeit des Eigentums ein. Bereits zerstörte Teile zu erneuern ist oft sehr kostspielig und übersteigt bei weitem den Aufwand, der notwendig ist, um dem laufenden Verfall Einhalt zu gebieten.

Davon abgesehen müßte in den meisten Fällen einer Pflicht zur Neuinstandsetzung eines Denkmals ein Sonderopfer anzunehmen sein, wenn das Gebäude so wenig intakte Substanz enthält, daß der Wiederaufbau einem Neubau gleichkommt, der ebensogut — falls nicht örtliche Besonderheiten bestehen — an anderer Stelle erfolgen könnte.

Es ist außerdem fraglich, ob sich aus der Eigentumsgewährleistung im Zusammenhang mit Art. 2 GG eine negative Eigentumsfreiheit ergibt. Nach herrschender Meinung schützt Art. 2 Abs. 1 GG nicht nur einseitig die Aktivität, sondern auch die Passivität. Es fragt sich daher — gerade auch wegen des mit dem Eigentum verbundenen Risikos — ob auch die Freiheit, Eigentum nicht erwerben zu müssen, geschützt ist. So ist auch im Zivilrecht anerkannt, daß eine Pflicht zur Annahme einer Erbschaft oder Schenkung nicht existiert.

Bejaht man eine solche negative Eigentumsfreiheit, so wäre diese verletzt, wenn der Eigentümer mittels Instandsetzungspflicht zum Erwerb von Eigentum — und dies sogar auf seine Kosten — verpflichtet würde. Denn bei der Instandsetzungspflicht wird nicht nur der laufende Verfall verhindert, sondern bereits zerstörte Teile erneuert. Es handelt sich auch nicht um eine Maßnahme zum Schutze des Grundstücks oder um eine sonstige, im Zusammenhang mit anderem Eigentum des Eigentümers stehende Maßnahme. Eindeutig liegt hier eine auf die Errichtung neuen Eigentums zielende Pflicht vor.

H. Die Beschränkungen in der Nähe von geschütztem Natur- und Gebäudebestand

Zum Wert eines Baudenkmals oder geschützter Natur trägt wesentlich die Umgebung bei. *Dörge*[90] bezeichnet die Umgebung als „nichtkörperlichen Teil" des Kulturdenkmals. Dem wissenschaftlichen, künst-

[90] Teil B, Erl. 3 zu § 15 DSchG, S. 179.

lerischen oder heimatgeschichtlichen Wert eines Domes, Rathauses oder Schlosses werde man nur gerecht, wenn man die architektonische Konzeption berücksichtige, mit der es in die Umgebung hineingeplant sei, und indem man seine optische Wirkung erhalte.

Nicht nur Baudenkmäler, auch geschützte Natur kann durch sie umgebende Fabrikschornsteine, Hochhäuser, auffallende Werbeplakate und Lichtwerbungen erheblich an Ästhetik und Reiz verlieren. Außer den Störungen des Erscheinungsbildes sind durch Immissionen der Umgebung in Form von Luftverunreinigungen, Lärm, schlechten Gerüchen etc. Beeinträchtigungen des geschützten Bestandes möglich. Daher muß ein effektiver Natur- und Denkmalschutz die Umgebung einschließen.

Ebenso wie Maßnahmen, die gegenüber den Eigentümern von geschützten Objekten erfolgen, finden aber Verbote und Gebote gegen Eigentümer in der Umgebung von geschützten Objekten ihre Grenze an der grundgesetzlichen Eigentumsgarantie.

I. Das Veränderungs- und das Nutzungsänderungsverbot

Einem Eigentümer, der Nachbar eines geschützten Natur- oder Gebäudebestandes ist, können die Veränderungen oder Nutzungsänderungen seines Grundstücks oder Gebäudes untersagt werden.

Entsprechende Genehmigungsvorbehalte befinden sich sowohl in den Denkmalschutzgesetzen[91] als auch in den Naturschutzgesetzen[92].

Im Interesse des Natur- und Denkmalschutzes kann dem Eigentümer z. B. untersagt werden, sein Wohnhaus in einen Gewerbebetrieb umzuwandeln, seine landwirtschaftliche Nutzung zugunsten einer Schaf- oder Viehzucht aufzugeben, sein Feld aufzuforsten, wenn dadurch die freie Sichtbarkeit beeinträchtigt würde, auf seiner Wiese landwirtschaftliche Nutzung zu betreiben oder an seinem Gebäude eine auffällige Werbetafel anzubringen.

Die Frage ist, inwieweit der Eigentümer das Verbot im Natur- oder Denkmalschutzinteresse entschädigungslos dulden muß.

Da es sich hier um nachbarschaftliche Verhältnisse — also Verhältnisse im Gleichordnungsverhältnis — handelt, ist zunächst zu prüfen, ob das Verbot eine Inhalts- oder eine Schrankenbestimmung i. S. v. Art. 14 Abs. 1 Satz 2 GG darstellt.

---

[91] Vgl. Art. 6 Abs. 1 Nr. 3 Bay. DSchG, § 16 Abs. 2 Hess. DSchG, § 15 Abs. 3 BW DSchG, § 9 Abs. 1 b NW DSchG.

[92] Vgl. z. B. § 21 Abs. 4 BW NatSchG, wonach die Naturschutzbehörde außerhalb eines Naturschutzgebietes im Einzelfall Handlungen, die geeignet sind, den Bestand eines Naturschutzgebietes zu gefährden, untersagen kann.

Inhaltsbestimmungen sind gesetzliche Regelungen, die das Gleichordnungsverhältnis der Bürger zueinander regeln. Sie ergehen im privaten, nicht im öffentlichen Interesse. Der Staat entscheidet hier quasi als Schiedsrichter. Im Bereich der Nachbarschaftsverhältnisse sind Inhaltsbestimmungen erforderlich, damit jeder Eigentümer sein Eigentum weitgehendst unbeschadet von Störungen anderer nutzen kann. Im Bereich der Inhaltsbestimmung hat der Gesetzgeber einen relativ weiten gesetzgeberischen Spielraum. Fällt eine Regelung in diesen Bereich, so stellt sich das Problem der Enteignung nicht, da eine Enteignung nur „zum Wohle der Allgemeinheit" erfolgen darf. Eine Inhaltsbestimmung kann z. B. dann vorliegen, wenn die Errichtung eines immissionsträchtigen Gewerbebetriebes in einer Wohngegend untersagt wird.

Falls aber die Einschränkung über das hinausgeht, was der Eigentümer kraft Inhaltsbestimmung im Interesse des geordneten Nebeneinanders von Eigentümern zu dulden hat, so liegt eine Beschränkung zugunsten des öffentlichen Interesses Natur- oder Denkmalschutz, also eine Schrankenbestimmung vor.

Ist das Verbot durch das überwiegende öffentliche Interesse des Natur- und Denkmalschutzes gerechtfertigt, so ist das Verbot grundsätzlich rechtmäßig.

Eine andere Frage ist es jedoch, ob dieses Verbot vom Eigentümer entschädigungslos hingenommen werden muß bzw. ob zur Rechtmäßigkeit des Verbots eine Enteignungsentschädigung vorzusehen ist.

Für die Abgrenzung Eigentumsbindung- Enteignung gelten die gleichen Grundsätze wie für Verbote, die gegenüber Eigentümern von geschützten Objekten selbst ergehen.

Ein Sachzusammenhang zwischen dem Ziel Natur- und Denkmalschutz und der Inanspruchnahme der Gruppe der Eigentümer wurde bereits bejaht.

Es fragt sich, ob dem betroffenen Eigentümer ein Sonderopfer auferlegt wurde. Aus der Tatsache, daß der vom Verbot betroffene Eigentümer nicht Inhaber des geschützten Objekts, sondern Nachbar ist, kann kein Sonderopfer hergeleitet werden. Denn nur er — als Nachbar — kann die mit der Maßnahme verfolgten Zwecke erfüllen.

Daher ergibt sich auch für ihn erst dann eine Enteignung, wenn ein Verstoß gegen die Lastengleichheit durch eine Wertminderung des Grundstücks von über 30 % vorliegt.

II. Die Beschränkung der Errichtung baulicher Anlagen

Besonders im Denkmalschutz besteht die Gefahr, daß Denkmäler von sie umgebenden Hochhäusern, supermodernen Wohnsiedlungen, Werbeeinrichtungen etc. in ihrer Wirkung beeinträchtigt werden.

Daher sehen die Denkmalschutzgesetze überwiegend Genehmigungspflichten für die Errichtung baulicher Anlagen in der Umgebung von Kulturdenkmälern vor[93]. Ein Fall der Beschränkung baulicher Maßnahmen in der Nähe von geschütztem Gebäudebestand lag auch dem Kapellenurteil des Bundesgerichtshofs zugrunde[94].

Wird im Interesse des Natur- oder Denkmalschutzes ein entsprechendes Verbot erlassen, so kann dieses Verbot, falls es den Rahmen einer Inhaltsbestimmung überschreitet, den Eigentümer zugunsten öffentlicher Interessen enteignen, wenn mit dem Verbot eine Minderung des Grundstückwertes von über 30 % verbunden ist.

III. Das Abbruchgebot und das Abbruchduldungsgebot

Im Unterschied zu Maßnahmen gegenüber dem Eigentümer eines Kulturdenkmals, wo das öffentliche Interesse gerade auf die Erhaltung gerichtet ist, könnte der Denkmal- oder Naturschutz den Abbruch umliegender baulicher Anlagen erfordern.

Wenn ein mehrstöckiges Kaufhaus, Fabrikschornsteine oder Industrieanlagen ein schützenswertes Objekt bereits beeinträchtigen, so fragt sich, ob die entsprechenden Gesetze ein entschädigungsloses Abbruchgebot oder ein Abbruchduldungsgebot vorsehen könnten.

Ein Abbruchgebot oder ein Abbruchduldungsgebot greift nicht nur in die Dispositionsfreiheit des Eigentümers, sondern darüber hinaus in einen verfestigten Eigentumsbestand ein.

Im Baurecht entspricht es ständiger Rechtsprechung, daß die Beseitigung oder Änderung eines Gebäudes, das legal errichtet worden ist oder später legal geworden ist, nur gegen Entschädigung angeordnet werden darf[95].

Martin Sellmann[96] hat jedes nichtpolizeiliche Abbruchgebot als Enteignung bezeichnet, da es sich nicht lediglich um eine Eigentumsbe-

---

[93] Vgl. z. B. Art. 6 Abs. 1 Nr. 3 Bay. DSchG, § 16 Abs. 2 Hess. DSchG, § 15 Abs. 3 BW DSchG, § 9 Abs. 1 b NW DSchG.

[94] BGH LM Nr. 70 zu Art. 14 GG.

[95] BVerwGE 27, 341 (343); BVerwG DÖV 1971, 640 (641 f.); vgl. dazu auch *Scheerbarth:* Das allgemeine Bauordnungsrecht, § 157, S. 402 ff.

[96] Neue bodenrechtliche Vorschriften für die städtebauliche Sanierung, S. 38.

schränkung, sondern um eine Entziehung und Zerstörung handle. Dem ist zuzustimmen, denn nur der polizeiwidrige, aggressive Eigentumsgebrauch unterliegt nicht dem Schutz des Art. 14 GG.

Teilweise wird eine Enteignung dann verneint, wenn sich das abzubrechende Gebäude bereits amortisiert hat[97]. Eine Enteignung liege danach nur dann vor, wenn die Amortisation oder Mindestrendite der Investition verhindert wird.

Zunächst ist dieser Ansicht entgegenzuhalten, daß bei dem Gedanken der Amortisation das Eigentum zu einer treuhänderischen Verwaltungsbefugnis reduziert würde[98]. Außerdem ist das Eigentum gerade nicht auf das beschränkt, was durch eigene Leistung erworben wurde, was der Grundstückseigentümer für den Neubau bezahlt hat. Geschützt ist das Eigentumsobjekt selbst, seine Substanz. Die Freiheitsfunktion des Eigentums wäre beeinträchtigt, das Eigentum könnte seine Aufgabe als Steuerungssystem der Gesellschaft nicht mehr erbringen, wenn sich die Eigentumsgewährleistung auf den Schutz der Erwerbskosten zuzüglich einer üblichen Mindestrendite beschränkte.

Beim Abbruchgebot oder Abbruchduldungsgebot wird die Beseitigung des Eigentumsobjekts verlangt, also der Vollentzug. Ein solcher Vollentzug widerspricht dem Wesensgehalt des Eigentums und ist daher, um rechtmäßig zu sein, zwingend zu entschädigen. Nur falls polizeiliche Gründe den Abbruch gebieten, liegt eine von Art. 14 GG nicht geschützte Position vor. Nur in diesen Fällen kann der Eigentümer entschädigungslos dazu verpflichtet werden, den polizeiwidrigen Zustand beseitigen zu lassen oder selbst zu beseitigen.

Daher ist auch die Ansicht, daß ein Sachbestand nur solange eigentumsrechtlich geschützt ist, wie er mit allgemeinen sozialen, gesetzlich konkretisierten Anforderungen vereinbar ist oder hiermit durch Anpassung oder Modernisierung in Übereinstimmung gebracht werden kann[99], abzulehnen. Denn das Eigentum endet nicht bereits an der Grenze der Sozialwidrigkeit[100], sondern erst dort, wo es aggressiv, wo es polizeipflichtig ist.

Ein Abbruch- oder Abbruchduldungsgebot ist daher aus Gründen des Natur- und Denkmalschutzes immer Enteignung, die in Höhe des Werts der abzubrechenden Substanz zu entschädigen ist. Keine Rolle spielt es hierfür, ob beim Abbruchgebot der Eigentümer den Abbruch selbst vor-

---

[97] Erörtert bei *Breuer*, S. 425 ff. m. w. H.

[98] Vgl. *Breuer*, S. 427, Fn. 249.

[99] A. A. aber *Breuer*, S. 427 f.; *Sendler*, DÖV 1971, 16 (23 ff.); *Battis*, DVBl. 1973, 99 (101 ff.).

[100] So *Breuer*, S. 428.

nehmen muß oder ob beim Abbruchduldungsgebot der Abbruch auf Kosten der durchführenden Behörde erfolgt[101]. Die Unterscheidung wird erst bei der Berechnung der Entschädigungshöhe relevant.

I. Ergebnis

Normen, die die Nutzungsbefugnis des Eigentums im Interesse des Natur- und Denkmalschutzes beschränken, sind im öffentlichen Interesse ergehende Schrankenbestimmungen i. S. v. Art. 14 Abs. 1 Satz 2 GG. Sie müssen von ebenfalls im öffentlichen Interesse ergehenden Maßnahmen, die nur als entschädigungspflichtige Enteignung nach Art. 14 Abs. 3 GG zulässig sind, abgegrenzt werden.

Die *Eintragung* in das Natur- oder Denkmalbuch — ob sie nach dem Eintragungsprinzip oder dem Prinzip der Generalklausel erfolgt — kann dabei noch keine zur Entschädigung verpflichtende Maßnahme darstellen. Der Eingriff kann sich hier nicht aus der Tatsache der Eintragung an sich ergeben, sondern erst aus den nun anwendbaren Verboten und Geboten.

Wird eine Handlung nicht untersagt, sondern lediglich einer *Anzeigepflicht* unterstellt, so liegt darin ebenfalls noch keine Beeinträchtigung der Nutzungsbefugnis.

Auch ein *präventives Verbot mit Erlaubnisvorbehalt,* hinter dem ein Rechtsanspruch auf die genehmigungspflichtige Tätigkeit steht, unterstellt die Handlung lediglich einer vorgeschalteten behördlichen Kontrolle, verbietet sie aber nicht endgültig. Davon zu unterscheiden sind *repressive Verbote mit Dispensvorbehalt,* die die Nutzung — mit der Möglichkeit einer Ausnahme — verbieten und daher eine Enteignung darstellen können.

Verbote im Interesse des Natur- oder Denkmalschutzes stehen grundsätzlich im Sachzusammenhang mit der Auswahl der Gruppe der Eigentümer. Diese sind als Inhaber der knappen Güter für die Intaktheit der Natur und die Dokumentation der Geschichte durch Bauwerke verantwortlich. Ab einer Eingriffstiefe von über 30 % ist dennoch der Grundsatz der Lastengleichheit verletzt, und die Eigentümer sind für die Inanspruchnahme zugunsten der Allgemeinheit zu entschädigen.

Da i. d. R. nur diejenigen Eigentümer, die ein schützenswertes Objekt besitzen, den mit der Maßnahme bezweckten Erfolg herbeiführen können, stellen Maßnahmen im Interesse des Natur- und Denkmalschutzes grundsätzlich kein Sonderopfer dar. Eine Ausnahme liegt dann vor, wenn z. B. eine öffentliche Grünfläche in einem Baugebiet festgelegt

[101] Ebenso *Breuer*, S. 415 f.

wird und ebensogut andere Eigentümer den mit der Maßnahme bezweckten Erfolg herbeiführen können.

Die Frage der Entschädigungspflichtigkeit entscheidet sich daher in den meisten Fällen danach, ob mit dem Verbot eine Wertminderung des Eigentumsobjekts von über 30 % verbunden ist, oder ob ein besonders einschneidendes Verbot in den Wesensgehalt des Eigentums eingreift.

Bei *Veränderungsverboten* im Interesse des Natur- und Landschaftsschutzes werden insbesondere Bauverbote, durch die eine vorher bestehende Bebaubarkeit ausgeschlossen wird, eine über 30 %ige Wertminderung herbeiführen und daher den Grundsatz der Lastengleichheit verletzen.

Bei der Berechnung der Wertminderung ist auf den Zeitpunkt abzustellen, an dem der Markt auf die Einschränkung der Nutzungsbefugnis reagierte. Das kann bei einer Genehmigungsversagung bei einem präventiven Verbot mit Erlaubnisvorbehalt u. U. bereits bei Unterstellung unter die Genehmigungspflicht der Fall sein. Außerdem sind Vorteile, die dem Eigentümer durch die Maßnahme entstehen, entsprechend der Vorteilsausgleichung in die Berechnung einzubeziehen.

Ergeht ein Abbauverbot für Sand, Kies, Lehm etc., so bemißt sich die „Last" nicht nach dem voraussichtlich zu erzielenden Gewinn, sondern nach der Marktwertsenkung des Grundstücks. Dazu kommen nicht mehr rückgängig zu machende Dispositionen, die durch das Verbot nutzlos geworden sind. Soweit Dispositionen vom Bestands- oder Vertrauensschutz gedeckt sind, sind diese ausnahmsweise in vollem Umfang zu entschädigen.

Verbote, die lediglich einen sich für Dritte aggressiv oder polizeiwidrig auswirkenden Eigentumsgebrauch verhindern, können aber nie eine Enteignung darstellen, da ein aggressiver Eigentumsgebrauch nicht von Art. 14 GG geschützt wird.

Das *Verbot der Veränderungen von Bauwerken* ist insbesondere darauf zu überprüfen, ob ein Sachzusammenhang zwischen dem Ziel der Maßnahme und der Auswahl der Gruppe der Eigentümer besteht. Dies ist bei Modernisierungsverboten aus sozialen Gründen nicht der Fall. Hier ist der Eigentümer in vollem Umfang zu entschädigen.

Wird der Eigentümer dagegen aus Gründen des Denkmalschutzes dazu verpflichtet, das Erscheinungsbild eines Bauwerkes nicht zu beeinträchtigen, so liegt der Sachzusammenhang vor; die Frage der Entschädigungsbedürftigkeit richtet sich daher letztlich danach, ob mit dem Verbot das Grundstück und Gebäude eine Wertminderung von über 30 % erfährt.

Ein Veränderungsverbot in der Form des Abbruchverbots wird wegen der meistens damit verbundenen starken Werteinbuße i. d. R. zu entschädigen sein.

Im Unterschied zu einem Veränderungsverbot ist ein *Veräußerungsverbot* — da es für den Natur- und Denkmalschutz nicht erforderlich ist, daß das Eigentumsobjekt in der Hand eines bestimmten Eigentümers bleibt — i. d. R. auch als entschädigungspflichtige Enteignung rechtswidrig.

Erhaltenspflichten können den Wesensgehalt des Eigentums verletzen, wenn sie die Freiheitsfunktion des Eigentums aufheben, indem keine eigenbestimmte oder eigennützige Eigentumsnutzung mehr möglich ist.

Wird die Erhaltung auf Staatskosten vorgenommen und der Eigentümer lediglich zur *Duldung der Erhaltungsmaßnahmen* verpflichtet, so führt dies dazu, daß eine Privatnützigkeit des Eigentums wiederhergestellt werden kann. Anders liegt es aber bei staatlichen Zuschüssen, die lediglich die Last des Eigentümers mindern, nicht aber die beeinträchtigte Freiheitsfunktion wieder zur Entfaltung bringen können. Ansonsten könnte die Junktimklausel mittels staatlicher Zuschüsse umgangen werden. Ist der Wesensgehalt aber deshalb beeinträchtigt, weil eine eigenbestimmte Nutzung nicht mehr möglich ist, so führt auch die Tatsache, daß die Erhaltung auf Staatskosten erfolgt, nicht dazu, den Eingriff in den Wesensgehalt zu verneinen. Denn die Fremdbestimmtheit der Nutzung wird auch bei der Kostentragung durch den Staat nicht zur Eigenbestimmtheit.

Bei unwesentlichen und nicht detaillierten Erhaltenspflichten, wie sie insbesondere bei Erhaltenspflichten aus Gründen des Naturschutzes vorkommen werden, richtet sich die Frage: Enteignung oder nicht, danach, ob eine 30%ige Wertminderung durch diese Pflicht eintritt. Hier muß für die Berechnung der „Last“ berücksichtigt werden, ob der Eigentümer staatliche Mittel und Zuschüsse erhält oder ob die Erhaltung sogar ganz auf Staatskosten vorgenommen wird.

Noch stärker als die Erhaltenspflichten greifen Pflanz- und Aufforstungsgebote und besonders *Neuinstandsetzungspflichten* bei Bauwerken in die Freiheit des Eigentümers ein. Bei Pflanz- und Aufforstungsgeboten kann besonders eine detaillierte Regelung den Wesensgehalt des Eigentums verletzen. Eine Neuinstandsetzungspflicht bei Bauwerken wird aber im Regelfall nicht mehr vom Zweck des Denkmalschutzes mitumfaßt, da dieser nur vorhandene Substanz erhalten und nicht bereits zerstörte Substanz wiederaufbauen will. In jedem Fall liegt aber eine Beeinträchtigung des Wesensgehalts des Eigentums, eventuell ein entschädigungspflichtiges Sonderopfer vor. Bei der Pflicht zum Neubau bzw. der Neuinstandsetzung stellt sich außerdem die Frage, ob es nicht eine negative Eigentumsfreiheit gibt, des Inhalts, Eigentum nicht erwerben zu müssen.

Wenn ein Nutzungsverbot nicht gegenüber dem Eigentümer eines schutzwürdigen Objekts, sondern gegenüber dem *Nachbarn* erfolgt, liegt, soweit eine Maßnahme über das hinausgeht, was ein Eigentümer kraft Inhaltsbestimmung im Interesse des geordneten Nebeneinanders der Eigentümer zu dulden hat, eine Schranke im öffentlichen Interesse vor.

Ob diese Schranke eine Enteignung darstellt, bestimmt sich nach den gleichen Kriterien, die auch für die Abgrenzung Eigentumsbindung-Enteignung bei Maßnahmen gegenüber dem Eigentümer eines geschützten Objekts selbst gelten. Insbesondere ist also zu prüfen, ob ein Veränderungs- oder Nutzungsänderungsverbot in den Grundsatz der Lastengleichheit oder in den Wesensgehalt des Eigentums eingreift. Ein Abbruch- oder Abbruchduldungsgebot stellt dabei, wenn es nicht aus polizeilichen Gründen erfolgt, eine Pflicht zur Zerstörung der vorhandenen Substanz und daher immer eine Enteignung dar.

Kurzzusammenfassung in der Form von Thesen

1. Die *Theorie der Situationsgebundenheit*, die sowohl vom Bundesgerichtshof als auch vom Bundesverwaltungsgericht zur Abgrenzung der Eigentumsbindung von der Enteignung im Natur- und Denkmalschutz herangezogen wird, ist bereits von ihrer Konstruktion her ungeeignet, die Abgrenzungsaufgabe zu übernehmen.

   Hinter der Theorie steht letztlich lediglich eine Abwägung der öffentlichen Interessen gegen die privaten Interessen. Eine Abwägung dieser Art ist jedoch für eine Abgrenzung ungeeignet, da sowohl bei einer rechtmäßigen Enteignung als auch bei einer rechtmäßigen Eigentumsbeschränkung das öffentliche Interesse an der Maßnahme überwiegen muß. Außerdem ist die Reduzierung der Nutzungsbefugnis auf eine durch die Fiktion des „vernünftigen Eigentümers“ zu bestimmende Nutzung ungeeignet, die Grenzen des mit der Freiheit eng verbundenen Grundrechts zu definieren.

   Die Abgrenzung Eigentumsbindung-Enteignung bedarf daher stärker am Inhalt und der Systematik des Art. 14 GG orientierter Abgrenzungskriterien.

2. Art. 14 GG garantiert *kein unbegrenztes Herrschaftsverhältnis*. Eine Eigentumsnutzung ist vielmehr dort nicht geschützt, wo sie das Allgemeinwohl beeinträchtigt oder wo sie sich auf Dritte aggressiv auswirkt. Darüber hinaus hat der Eigentümer aber keine Pflicht, dem Allgemeinwohl positiv zu dienen.

3. Art. 14 GG garantiert zunächst das Eigentum als Freiheit vom Staat. Dieses *Abwehrrecht* ist im öffentlichen Interesse beschränkbar. Art. 14 GG garantiert aber auch das *Institut Eigentum*, das das Verhältnis der Bürger untereinander regelt und das vom Gesetzgeber durch Inhaltsbestimmungen erst geschaffen wird.

   Während bei der Schrankenbestimmung der Gesetzgeber den Wesensgehalt des Eigentums und den Grundsatz der Verhältnismäßigkeit beachten muß, hat er bei der Inhaltsbestimmung die verschiedenen nichtöffentlichen Interessen unter Wahrung insbesondere des Art. 3 GG und des Vertrauensschutzes zu einem gerechten Ausgleich zu führen.

4. Da nur Beschränkungen, nicht Inhaltsbestimmungen im öffentlichen Interesse erfolgen, ergibt sich die Abgrenzung zur Enteignung nur bei der Schranken- nicht bei der Inhaltsbestimmung. Inhaltsbestimmungen können allenfalls verfassungswidrig sein, nie aber eine Enteignung darstellen.

5. Eine Maßnahme ist sowohl als Enteignung als auch als Schrankenbestimmung dann rechtswidrig, wenn sie nicht vom — nach dem Grundsatz der praktischen Konkordanz zu bestimmenden — überwiegenden öffentlichen Interesse legitimiert ist oder den Grundsatz der Verhältnismäßigkeit verletzt.

6. Eine Schrankenbestimmung ist abgesehen von der Beachtung des Bestands- und des Vertrauensschutzes nur als Enteignung rechtmäßig, wenn sie in

— den Grundsatz der Lastengleichheit oder

— den Wesensgehalt des Eigentums

eingreift.

7. Die Prüfung der *Lastengleichheit* empfiehlt sich in zwei Abschnitten:

— Zunächst ist zu prüfen, ob die Inanspruchnahme der Gruppe der Eigentümer für öffentliche Zwecke überhaupt gerechtfertigt ist. Dies ist dann nicht der Fall, wenn ein Sachzusammenhang zwischen dem Ziel der Maßnahme und der Inanspruchnahme der Gruppe der Eigentümer fehlt oder wenn die Maßnahme eine Belastungstiefe von einer ca. 30 %igen Wertminderung des betroffenen Eigentumsobjekts überschreitet.

— Außerdem ist zu prüfen, ob die Auswahl bestimmter Eigentümer aus der Gruppe aller Eigentümer den Grundsatz der Lastengleichheit respektiert. Wären auch andere Eigentümer in der Lage, den mit der Maßnahme verfolgten Zweck zu erfüllen, so liegt ein entschädigungspflichtiges Sonderopfer vor.

8. In den *Wesensgehalt* des Eigentums wird eingegriffen, wenn die Eigenbestimmtheit oder Eigennützigkeit in bezug auf ein bestimmtes Eigentumsobjekt nicht mehr vorliegt.

9. Aus diesem Inhalt der Eigentumsgarantie ergeben sich folgende Konsequenzen für den Natur- und Denkmalschutz:

a) Die *Eintragung* in das Natur- oder Denkmalbuch ist ebenso wie das präventive Verbot mit Erlaubnisvorbehalt enteignungsrechtlich noch nicht relevant, da Nutzungsmöglichkeiten noch nicht entzogen werden.

b) *Veränderungsverbote* aus Natur- und Denkmalschutzgründen weisen i. d. R. einen Sachzusammenhang zwischen der Aufgabe des Natur- und Denkmalschutzes und der Auswahl der Gruppe der Eigentümer auf und sind daher erst ab einer 30 %igen Wertminderung zu entschädigen.

c) *Veräußerungsverbote* aus Natur- und Denkmalschutzgründen sind rechtswidrig und auch nicht durch Enteignungsentschädigung heilbar, da der Natur- und Denkmalschutz nicht erfordert, daß das betroffene Eigentumsobjekt in der Hand eines bestimmten Eigentümers bleibt.

d) *Erhaltenspflichten und Neuinstandsetzungspflichten* können in den Wesensgehalt des Eigentums eingreifen, wenn sie die Privatbestimmtheit oder die Privatnützigkeit des Eigentums beseitigen. Neuinstandsetzungspflichten bei Bauwerken sind i. d. R. nicht mehr vom Ziel des Denkmalschutzes mitumfaßt, da dieser nur den vorhandenen — nicht den bereits zerstörten — Bestand erhalten will. Wird der Eigentümer nur zur Duldung der Erhaltung, welche auf Staatskosten vorgenommen wird, verpflichtet, so kann dadurch zwar eine „Last" vermindert oder eine Privatnützigkeit wiederhergestellt, nicht aber eine fremdbestimmte zu einer eigenbestimmten Nutzung werden.

e) Soweit *Nutzungsverbote gegenüber einem Nachbarn* eines schutzwürdigen Objekts über das hinausgehen, was ein Nachbar üblicherweise im Interesse des geordneten Nebeneinanders der Eigentümer als Inhaltsbestimmung zu dulden hat, liegt eine Schranke im öffentlichen Interesse vor, die u. U. in die Lastengleichheit oder den Wesensgehalt des Eigentums eingreifen kann. Ein *Abbruch- oder Abbruchduldungsgebot* aus Natur- und Denkmalschutzgründen ist als Pflicht zur Zerstörung der vorhandenen Substanz immer nur als Enteignung nach Art. 14 Abs. 3 GG rechtmäßig.

Literaturverzeichnis

Adam, Robert: Die Mindestmenge im Milchhandel und Artikel 12 Absatz 1 Grundgesetz, DÖV 1954, 202 ff.

Angerer, Hermann: Enteignung und enteignungsgleicher Eingriff durch Maßnahmen des Natur- und Landschaftsschutzes, BayVBl. 1964, 387 ff.

Anschütz, Gerhard: Die Verfassung des deutschen Reichs, unveränderter Nachdruck der 14. Aufl. von 1933, Darmstadt 1965
(zit.: WRV)

Arndt, Hans-Wolfgang / *Rudolf*, Walter: Öffentliches Recht, Grundriß für das Studium der Rechts- und Wirtschaftswissenschaft, 2. Aufl., München 1978

Bachof, Otto: Die Rechtsprechung des Bundesverwaltungsgerichts (BVerwGE Band 1 bis 3), Rechtsprechungsberichte, JZ 1957, 334 ff.

— Verfassungsrecht, Verwaltungsrecht, Verfahrensrecht in der Rechtsprechung des Bundesverwaltungsgerichts, 2. Aufl., Tübingen 1964
(zit.: Verfassungsrecht)

Badura, Peter: Die soziale Schlüsselstellung des Eigentums, BayVBl. 1973, 1 ff.

Battis, Ulrich: Ausschluß der Entschädigung für sanierungsauslösende Grundstücksnutzung, DVBl. 1973, 99 ff.

Battis, Ulrich / *Gusy*, Christoph: Einführung in das Staatsrecht, Heidelberg und Karlsruhe 1981

Battis, Ulrich / *Krieger*, Heinz-Jürgen: Zur praktischen Bedeutung des § 39 h BBauG für die Stadterhaltung, DVBl. 1981, 479 ff.

Battis, Ulrich / *Schmittat*, Karl-Oskar: Rechtsfragen des Denkmalschutzes, NuR 1983, 102 ff.

Bauch, Botho / *Schmidt*, Rudolf: Kommentar zum Gesetz über die Landbeschaffung für Aufgaben der Verteidigung (Landbeschaffungsgesetz) und Gesetz über die Beschränkungen von Grundeigentum für militärische Verteidigung (Schutzbereichsgesetz), Stuttgart 1957
(zit.: Landbeschaffungs- und Schutzbereichsgesetz)

Bauschke, Erhard / *Kloepfer*, Michael: Enteignung, enteignungsgleicher Eingriff, Aufopferung, NJW 1971, 1233 ff.

Benda, Ernst: Bedeutung und Garantie des Eigentums in unserem sozialen Rechtsstaat, Düsseldorf 1967

Bender, Bernd: Buchbesprechung, NJW 1971, 694 ff.

— Sozialbindung des Eigentums und Enteignung, NJW 1965, 1297 ff.

Bielenberg, Walter: Bundesbaugesetz, Band II, unter Mitarbeit von Werner Ernst und Willy Zinkahn, Loseblattkommentar, Stand: 1. Juni 1982
(zit.: BBauG)

— Verfassungsrechtliche Eigentumsgarantie und Sozialbindung im Städtebau, dargestellt an der Sanierung (Stadt- und Dorferneuerung) nach dem Städtebauförderungsgesetz, DVBl. 1971, 411 ff.

Bleckmann, Albert: Allgemeine Grundrechtslehren, Köln, Berlin, Bonn, München 1979

Böckenförde, Ernst-Wolfgang: Eigentum, Sozialbindung des Eigentums, Enteignung, in: Gerechtigkeit in der Industriegesellschaft, Karlsruhe 1972, S. 215 ff.
(zit.: Eigentum)

— Grundrechtstheorie und Grundrechtsinterpretation, NJW 1974, 1529 ff.

Brammen, Klaus: Die Ausdehnung der verfassungsrechtlichen Eigentumsgarantie auf Rechte des öffentlichen Rechts, Diss. Münster 1968

Breuer, Rüdiger: Die Bodennutzung im Konflikt zwischen Städtebau und Eigentumsgarantie, München 1976

Chlosta, Joachim: Der Wesensgehalt der Eigentumsgewährleistung, Berlin 1975

Czychowski, Manfred: Urteilsanmerkung, ZfW 1973, 168 ff.

Degen, Manfred: Pressefreiheit, Berufsfreiheit, Eigentumsgarantie. Zugleich ein Beitrag zur Problematik von Grundrechtskonkurrenzen, Berlin 1981

Dicke, Detlev Christian: Kommentierung des Art. 14 GG, in: Ingo von Münch (Hrsg.), Grundgesetzkommentar, Band 1, 2. Aufl., München 1981

Diester, Hans: Enteignung und Entschädigung. Nach Altem und nach Neuem Recht, Bergisch Gladbach 1953
(zit.: Enteignung und Entschädigung)

— Neue Wege zur Lösung der Probleme des Enteignungsrechts, NJW 1954, 1140 ff.

Dittus, Rolf: Das Denkmalschutzgesetz für das Land Nordrhein-Westfalen, StuGR 1980, 297 ff.

Dittus, Wilhelm: Planung und Sozialgebundenheit des Eigentums, DVBl. 1957, 329 ff.

Dörffeldt, Siegfried: Hessisches Denkmalschutzrecht, Kommentar, Wiesbaden 1977

Dörge, Hans: Das Recht der Denkmalpflege in Baden-Württemberg, Kommentar, Stuttgart 1971

Dürig, Günter: Art. 2 des Grundgesetzes und die Generalermächtigung zu allgemeinpolizeilichen Maßnahmen, AöR 79 (1953/54), S. 57 ff.

— Das Eigentum als Menschenrecht, ZgS 109 (1953), S. 326 ff.

— Der Grundrechtssatz von der Menschenwürde, AöR 81 (1956), S. 117 ff.

— Der Staat und die vermögenswerten öffentlich-rechtlichen Berechtigungen seiner Bürger, in: Staat und Bürger, Festschrift für Willibalt Apelt zum 80. Geburtstag, München und Berlin 1958, S. 13 ff.
(zit.: Der Staat)

— Verfassung und Verwaltung im Wohlfahrtsstaat, JZ 1953, 193 ff.

— Zurück zum klassischen Enteignungsbegriff! JZ 1954, 4 ff.

Eberl, Wolfgang: Die Denkmalschutzgesetze der Länder, Landkr. 1975, 273 f.

Eberl, Wolfgang / *Schiedermair*, Werner / *Petzet*, Michael: Bayerisches Denkmalschutzgesetz, Kommentar, 2. Aufl., München 1975

Erler, Arnold: Maßnahmen der Gefahrenabwehr und verfassungsrechtliche Eigentumsgarantie, Berlin 1977

Ernst, Werner / *Zinkahn*, Willy / *Bielenberg*, Walter: Bundesbaugesetz, Loseblattkommentar, München, Stand: Juni 1982
(zit.: BBauG)

Faehling, Jürgen: Die Eigentumsgewährleistung durch Art. 14 des Grundgesetzes als Schranke der Besteuerung, Diss. Hamburg 1965

Forsthoff, Ernst: Begriff und Wesen des sozialen Rechtsstaates, Bericht in: VVDStRL Heft 12, S. 8 ff.

— Lehrbuch des Verwaltungsrechts, Band 1, Allgemeiner Teil, 10. Aufl., München 1973
(zit.: Verwaltungsrecht)

Frantz, Werner: Verfassungseigentum aus der Sicht der Zivilrechtswissenschaft, Diss. Hamburg 1970

Friauf, Karl Heinrich: Das Verbot mit Erlaubnisvorbehalt — OVG Lüneburg, VerwRspr. 12 Nr. 6, JuS 1962, 422 ff.

Gähtgens, Wolfgang: Die Sozialbindung des Eigentums und ihre Grenzen in der Rechtsprechung der Zivilrechte, BBauBl. 1970, 364 ff.

Gahlen, Hans Georg / *Schönstein*, Horst Dieter: Denkmalrecht Nordrhein-Westfalen, Kommentar, Köln 1981

Geiger, Willi: Gesetz über das Bundesverfassungsgericht vom 12. März 1951, Kommentar, Berlin, Frankfurt/M. 1952
(zit.: BVerfGG)

Gelzer, Konrad: Der Umfang des Entschädigungsanspruches aus Enteignung und enteignungsgleichem Eingriff, München 1969

von Gierke, Julius: Das Sachrecht des bürgerlichen Rechts, 4. Aufl., Berlin, Frankfurt/M. 1959

Giese, Friedrich: Die Verfassung des Deutschen Reichs, 8. Aufl., Berlin 1931
(zit.: WRV)

Giese, Friedrich / *Schuck*, Egon: Grundgesetz für die Bundesrepublik Deutschland vom 23. Mai 1949, 8. Aufl., Frankfurt/M. 1970
(zit.: GG)

Grabitz, Eberhard: Der Grundsatz der Verhältnismäßigkeit in der Rechtsprechung des Bundesverfassungsgerichts, AöR 98 (1973), S. 568 ff.

— Vertrauensschutz als Freiheitsschutz, DVBl. 1973, 675 ff.

Gusy, Christoph: Verbot mit Erlaubnisvorbehalt — Verbot mit Dispensvorbehalt, JA 1981, 80 ff.

Häberle, Peter: Die Wesensgehaltsgarantie des Art. 19 Abs. 2 Grundgesetz, 2. Aufl., Karlsruhe 1972

Hamann, Andreas / *Hamann*, Andreas jr. / *Lenz*, Helmut: Das Grundgesetz für die Bundesrepblik Deutschland vom 23. Mai 1949, 3. Aufl., Neuwied, Berlin 1970
(zit.: GG)

Hamel, Walter: Die Bedeutung der Grundrechte im sozialen Rechtsstaat, Berlin 1957
(zit.: Bedeutung der Grundrechte)

— Das Recht zur freien Berufswahl, DVBl. 1958, 37 ff.

von Hammerstein, Egbert: Die Vorteilsausgleichung bei der Enteignungsentschädigung unter besonderer Berücksichtigung des § 93 III S. 1 BBauG, Diss. Göttingen 1971

Hendrichs, Sigurd: Kommentierung des Art. 19 GG, in: Ingo von Münch (Hrsg.), Grundgesetzkommentar, Band 1, 2. Aufl., München 1981

Herzog, Roman: „Eigentum", in: Evangelisches Staatslexikon, 2. Aufl., Stuttgart 1975, Sp. 514 ff.

Hesse, Konrad: Grundzüge des Verfassungsrechts der Bundesrepublik Deutschland, 13. Aufl., Heidelberg 1982

Hesselberger, Dieter: Das Grundgesetz, Kommentar für die politische Bildung, Neuwied, Berlin 1975
(zit.: GG)

von Hippel, Eike: Grenzen und Wesensgehalt der Grundrechte, Berlin 1965

Hoffmann-Riem, Wolfgang: Rechtsfragen der Währungsparität. Festsetzung und Vollzug der DM-Parität im Verfassungs-Verwaltungs- und Völkerrecht, München 1969

Hofmann, Karl: Die rechtlichen Grundlagen des Naturschutzes und ihre besonderen Probleme im Bau- und Wasserrecht, 2. unveränderte Aufl., Erlangen 1967

Hofmann, Max: Luftverkehrsgesetz, Kommentar, München 1971
(zit.: LuftVG)

Holstein, Günther: Die Lehre von der öffentlich-rechtlichen Eigentumsbeschränkung, Berlin 1921

Huber, Ernst Rudolf: Die Rechtsstellung des Volksgenossen. Erläutert am Beispiel der Eigentumsordnung, ZgS 96 (1936), S. 438 ff.

— Der Streit um das Wirtschaftsverfassungsrecht (II), DÖV 1956, 135 ff.

— Der Streit um das Wirtschaftsverfassungsrecht (Schluß), DÖV 1956, 200 ff.

— Wirtschaftsverwaltungsrecht, Band I, 2. Aufl., Tübingen 1953 und Band II, 2. Aufl., Tübingen 1954

Ipsen, Hans Peter: Das Bundesverfassungsgericht und das Privateigentum, AöR 91 (1966), S. 86 ff.

— Enteignung und Sozialisierung, Bericht in: VVDStRL Heft 10 (1952), S. 74 ff.

— Gemeindliche Personalhoheit und Selbstverwaltungsgarantie, DÖV 1955, 225 ff.

— Gleichheit, in: Franz L. Neumann / Hans Carl Nipperdey / Ulrich Scheuner, Die Grundrechte, II. Band, Berlin 1954, S. 111 ff.
(zit.: Gleichheit)

Jäckel, Hartmut: Grundrechtsgeltung und Grundrechtssicherung, Berlin 1967

Jellinek, Walter: Verwaltungsrecht, 3. Aufl., Berlin 1931; 4. Aufl., Berlin 1948

Kaiser, Joseph H.: Verfassungsrechtliche Eigentumsgewähr, Enteignung und Eigentumsbindung in der Bundesrepublik Deutschland, in: Hermann Mosler, Staat und Privateigentum. Beiträge zum ausländischen öffentlichen Recht und Völkerrecht, Band 34, Köln und Berlin 1960, S. 5 ff.

Kimminich, Otto: Drittbearbeitung zu Art. 14, in: Kommentar zum Bonner Grundgesetz (Bonner Kommentar), Hamburg 1976
(zit.: BK)

— Die öffentlichrechtlichen Entschädigungspflichten, JuS 1969, 349 ff.

Kirchhof, Paul: Besteuerungsgewalt und Grundgesetz, Frankfurt/M. 1973

Kisker, Günter: Die Rückwirkung von Gesetzen. Eine Untersuchung zum anglo-amerikanischen und deutschen Recht, Tübingen 1963
(zit.: Rückwirkung)

— Vertrauensschutz im Verwaltungsrecht. Bericht in: VVDStRL Heft 32, S. 149 ff.

Klein, Hans H.: Die Grundrechte im demokratischen Staat, Stuttgart, Berlin, Köln, Mainz 1972

Kloepfer, Michael: Grundrechte als Entstehungssicherung und Bestandsschutz, München 1970

Knoll, Ernst: Eingriffe in das Eigentum im Zuge der Umgestaltung gesellschaftlicher Verhältnisse, AöR 79 (1953/54), S. 455 ff.

Kolodziejcok, Karl-Günther / *Recken*, Josef: Naturschutz, Landschaftspflege und einschlägige Regelungen des Jagd- und Forstrechts, Loseblattkommentar, Stand: Dezember 1982

Konow, Karl-Otto: Eigentumsschutz gegen Eingriffe der öffentlichen Hand, Berlin 1968

Kratzmann, Horst: Grundrechte — Rechte auf Leistung, Frankfurt/M., Bern 1974

von Krauss, Rupprecht: Der Grundsatz der Verhältnismäßigkeit, Hamburg 1955

Kröner, Herbert: Die Eigentumsgarantie in der Rechtsprechung des Bundesgerichtshofes, 2. Aufl., Köln, Berlin, Bonn, München 1969

Krüger, Herbert: Allgemeine Staatslehre, 2. Aufl., Stuttgart, Berlin, Köln, Mainz 1966
(zit.: Staatslehre)

— Die Bestimmung des Eigentumsinhaltes (Art. 14 Abs. I S. 2 GG), in: Hamburger Festschrift für Friedrich Schack, S. 71 ff.
(zit.: Eigentumsinhalt)

— Naturschutz und Eigentum. Gutachten, Hamburg 1955
(zit.: Naturschutz)

— Verfassungsänderung und Verfassungsauslegung, DÖV 1961, 721 ff.

— Der Wesensgehalt der Grundrechte i. S. des Art. 19 GG, DÖV 1955, 597 ff.

Kübler, Friedrich Karl: „Eigentum verpflichtet" — eine zivilrechtliche Generalklausel? In: AcP 159 (1960), S. 236 ff.

Kutscher, Hans: Die Enteignung. Ein Beitrag zur Lehre von der Enteignung und vom Eigentum, Stuttgart, Berlin 1938
(zit.: Die Enteignung)

Leibholz, Gerhard / *Rinck*, H. J.: Grundgesetz für die Bundesrepublik Deutschland, 4. Aufl., Köln-Marienburg 1971
(zit.: GG)

Leisner, Walter: Eigentumswende? Liegt der Grundwasserentscheidung des Bundesverfassungsgerichts ein neues Eigentumsverständnis zugrunde? DVBl. 1983, 61 ff.

— Entschädigung falls Enteignung — Beachtung der Junktimklausel bei enteignenden Eingriffen? DVBl. 1981, 76 ff.

— Grundrechte und Privatrecht, München 1960
(zit.: Grundrecht)

— Sozialbindung des Eigentums, Berlin 1972
(zit.: Sozialbindung)

Lent, Friedrich / *Schwab*, Karl Heinz: Sachenrecht, 18. Aufl., München 1981

Lerche, Peter: Buchbesprechung, DÖV 1965, 212 ff.

— Übermaß und Verfassungsrecht, Köln, Berlin, München, Bonn 1961
(zit.: Übermaß)

Limpens, Herbert: Funktion und Grenzen der Inhaltsbestimmung des Eigentums im Sinne von Art. 14 Abs. 1 Satz 2 des Grundgesetzes, Diss. Köln 1973

Lorenz, Dieter: Der grundrechtliche Anspruch auf effektiven Rechtsschutz, AöR 105 (1980), 623 ff.

Lücke, Jörg: Die (Un-) Zumutbarkeit als allgemeine Grenze öffentlich-rechtlicher Pflichten des Bürgers, Berlin 1973

von Mangoldt, Hermann: Das Bonner Grundgesetz, 1. Aufl., Berlin und Frankfurt/M. 1953
(zit.: GG)

von Mangold, Hermann / *Klein*, Friedrich: Das Bonner Grundgesetz, Band I, 2. Aufl. Berlin und Frankfurt/M. 1966
(zit.: GG)

Marschall, Ernst A.: Bundesfernstraßengesetz, Kommentar, 3. Aufl., Köln, Berlin, Bonn, München 1971
(zit.: FStrG)

Maunz, Theodor / *Dürig*, Günter / *Herzog*, Roman / *Scholz*, Rupert: Kommentar zum Grundgesetz, Loseblslg., München 1971, Stand: September 1981
(zit.: GG)

Maunz, Theodor / *Zippelius*, Reinhold: Deutsches Staatsrecht, 24. Aufl., München 1982

Maurer, Hartmut: Allgemeines Verwaltungsrecht, 2. Aufl., München 1982

Menger, Christian-Friedrich / *Erichsen*, Hans-Uwe: Höchstrichterliche Rechtsprechung zum Verwaltungsrecht, VerwArch. 59 (1968), S. 366 ff.

Meyer-Abich, Jann: Der Schutzzweck der Eigentumsgarantie, Leistung, Freiheit, Gewaltenteilung, Berlin 1980

Moench, Christoph: Denkmalschutz und Eigentumsbeschränkung, NJW 1980, 1545 ff.

von Münch, Ingo (Hrsg.): Grundgesetz, Band 1, München 1981
(zit.: GG)

Oebbecke, Janberd: Die Aufgaben der Gemeinden und Kreise nach dem Nordrhein-Westfälischen Denkmalschutz, VR 1980, 384 ff.

Ossenbühl, Fritz: Staatshaftungsrecht, 2. Aufl., München 1978

Peters, Hans: Elternrecht, Erziehung, Bildung und Schule, in: Karl August Bettermann / Hans Carl Nipperdey / Ulrich Scheuner, Die Grundrechte IV 1, S. 369 ff.
(zit.: Elternrecht)

— Die Verfassungsmäßigkeit des Verbots der Beförderung von Massegütern im Fernverkehr auf der Straße, Bielefeld 1954
(zit.: Massegüter)

Pfander, Nikolaus: Die Zusage im öffentlichen Recht, Berlin 1970

von Plessen, Christian-Friedrich: Qualifizierte Mitbestimmung und Eigentumsgarantie, Köln, Berlin, Bonn, München 1969

Quaritsch, Helmut: Eigentum und Polizei, DVBl. 1959, 455 ff.

Ramsauer, Ulrich: Die faktischen Beeinträchtigungen des Eigentums, Berlin 1980
(zit.: Die faktischen Beeinträchtigungen)

— Über den Unterschied von Inhaltsbestimmung und Schrankenbestimmung des Eigentums, DVBl. 1980, 539 ff.

Reinhardt, Rudolf: Wo liegen für den Gesetzgeber die Grenzen, gemäß Art. 14 des Bonner Grundgesetz über Inhalt und Schranken des Eigentums zu bestimmen? In: Rudolf Reinhardt / Ulrich Scheuner, Verfassungsschutz des Eigentums, Tübingen 1954, S. 1 ff.

Ridder, Helmut K. J.: Enteignung und Sozialisierung, VVDStRL Heft 10 (1952), S. 125 ff.

Riegel, Reinhard: Abschied von der Sonderopfertheorie, BayVBl. 1973, 403 ff.

Rittstieg, Helmut: Eigentum als Verfassungsproblem, Darmstadt 1975
(zit.: Eigentum)

— Grundgesetz und Eigentum, NJW 1982, 721 ff.

Roellecke, Gerd: Der Begriff des positiven Gesetzes und des Grundgesetzes, Mainz 1969

Roth, Karlernst: Die öffentlichen Abgaben und die Eigentumsgarantie im Bonner Grundgesetz, Heidelberg 1958

Rothe, Karl-Heinz: Denkmalschutzgesetz Nordrhein-Westfalen, Kommentar, Wiesbaden, Berlin 1981

Rudolph, Kurt: Die Bindungen des Eigentums, Tübingen 1960

Rupp, Hans-Heinrich: Grundfragen der heutigen Verwaltungslehre, Tübingen 1965
(zit.: Grundfragen)

— Grundgesetz und „Wirtschaftsverfassung“, Tübingen 1974
(zit.: Wirtschaftsverfassung)

Salzwedel, Jürgen: Neuere Rechtsprechung des BGH über Kiesabbau und öffentliche Wasserversorgung, ZfW 1973, 131 ff.

Schack, Friedrich: Die Enteignungstheorie des Bundesverwaltungsgerichts, NJW 1963, 750 ff.

— Generelle Eigentumsentziehungen als Enteignung, NJW 1954, 577 ff.

Schaumann, Wilfried: Die Landesplanung im Schweizerischen, Englischen und Französischen Recht. Eine rechtsvergleichende und rechtspolitische Studie, Zürich 1950

Scheerbarth, Walter: Das allgemeine Bauordnungsrecht unter besonderer Berücksichtigung der Landesbauordnung, 2. Aufl., Köln 1966

Schelcher, Walter: Gesetzliche Eigentumsbeschränkung und Enteignung, AöR 57, NF 18 (1930), S. 321 ff.

— Die Rechte und Pflichten aus dem Eigentum, in: Hans Carl Nipperdey, Die Grundrechte und Grundpflichten der Reichsverfassung, Kommentar zum zweiten Teil der Reichsverfassung, III. Band, Berlin 1930 (zit.: Eigentum)

Scheuner, Ulrich: Die Garantie des Eigentums in der Geschichte der Grund- und Freiheitsrechte, in: Ulrich Scheuner / Emil Küng, Der Schutz des Eigentums. Untersuchungen zu Artikel 14 des Grundgesetzes für die Bundesrepublik Deutschland, Hannover 1966 (zit.: Eigentumsgarantie)

— Grundlagen und Art der Enteignungsentschädigung, in: Rudolf Reinhardt / Ulrich Scheuner, Verfassungsschutz des Eigentums, Tübingen 1954, S. 63 ff. (zit.: Enteignungsentschädigung)

— Die staatliche Intervention im Bereich der Wirtschaft. Rechtsformen und Rechtsschutz, Bericht in: VVDStRL Heft 11 (1954), S. 1 ff.

Schleicher, Rüdiger / *Reymann*, Friedrich / *Abraham*, Jürgen: Das Recht der Luftfahrt, Band II, Köln, Berlin, Bonn, München 1966

Schlink, Bernhard: Abwägung im Verfassungsrecht, Berlin 1976

Schmaltz, Hans Karsten: Denkmalschutz im Außenbereich, BauR 1976, 96 ff.

Schmidt, Walter: „Vertrauensschutz" im öffentlichen Recht, JuS 1973, 529 ff.

Schmidt-Aßmann, Eberhard: Urteilsanmerkung, DVBl. 1973, 633 ff.

Schmidt-Eichstaedt, Gerd: Die Satzung zur Erhaltung baulicher Anlagen nach § 39 h des novellierten Bundesbaugesetzes, StädteT 1979, 143 ff.

Schneider, Egon: Eingriffsschwere oder Einzelakt? Die hintergründigen Entscheidungskriterien in der Enteignungsrechtsprechung des Bundesgerichtshofes, DÖV 1965, 292 ff.

Schneider, R.: Rechtsnorm und Individualakt im Bereich des verfassungsrechtlichen Eigentumsschutzes, VerwArch. 58 (1967), S. 197 ff. und 301 ff.

Schöne, Lothar: Öffentliche Gewalt und Eigentum. Eine Untersuchung zu Artikel 14 und 19 des Grundgesetzes, DÖV 1954, 552 ff.

Scholler, Heinrich: Die Interpretation des Gleichheitssatzes als Willkürverbot oder als Gebot der Chancengleichheit, Berlin 1969

Scholtissek: Die Eigentumsgarantie des Grundgesetzes, BB 1952, 981 ff.

Schulte, Hans: Das Dogma Baufreiheit, DVBl. 1979, 133 ff.

— Zur Dogmatik des Art. 14 GG, Heidelberg und Karlsruhe 1979 (zit.: Zur Dogmatik)

— Eigentum und öffentliches Interesse, Berlin 1970 (zit.: Eigentum)

Schulze-Osterloh, Lerke: Entschädigungspflichtige Inhalts- und Schrankenbestimmung des Eigentums und Enteignung, NJW 1981, 2537 ff.

— Das Prinzip der Eigentumsopferentschädigung im Zivilrecht und im öffentlichen Recht, Berlin 1980
(zit.: Eigentumsopferentschädigung)

Schwab, Karl Heinz / *Lent*, Friedrich: Sachenrecht, 18. Aufl., München 1981

Schwabe, Jürgen: Probleme der Grundrechtsdogmatik, 1977
(zit.: Grundrechtsdogmatik)

— Das Verbot mit Erlaubnisvorbehalt, JuS 1973, 133 ff.

Schwerdtfeger, Gunther: Eigentumsgarantie, Inhaltsbestimmung und Enteignung — BVerfGE 58, 300 (Naßauskiesung), JuS 1983, 104 ff.

— Unternehmerische Mitbestimmung der Arbeitnehmer und Grundgesetz, Frankfurt/M. 1972
(zit.: Unternehmerische Mitbestimmung)

Sellmann, Martin: Neue bodenrechtliche Vorschriften für die städtebauliche Sanierung. Allgemeine Bemerkungen und besondere Erläuterungen zu den §§ 19 bis 23 des Entwurfes für ein Städtebauförderungsgesetz, Düsseldorf 1969
(zit.: Neue bodenrechtliche Vorschriften)

— Sozialbindung des Eigentums und Enteignung, NJW 1965, 1689 ff.

Selmer, Peter: Steuerinterventionismus und Verfassungsrecht, Frankfurt/M. 1972

Sendler, Horst: Die Konkretisierung einer modernen Eigentumsverfassung durch Richterspruch, DÖV 1971, 16 ff.

— Zum Wandel der Auffassung vom Eigentum, DÖV 1974, 73 ff.

Siebert, Wolfgang: Verwirkung und Unzulässigkeit der Rechtsausübung, Marburg 1934

Starck, Christian: Vom Grund des Grundgesetzes, Zürich 1979

von Staudinger, J.: Kommentar zum Bürgerlichen Gesetzbuch, Band III, 1. Teil, Sachenrecht, 11. Aufl., Berlin 1956
(zit.: BGB)

Stein, Ekkehart: Staatsrecht, 8. Aufl., Tübingen 1982

Stein, Erwin: Zur Wandlung des Eigentumsbegriffes, in: Festschrift für Gebhard Müller, Tübingen 1970, S. 503 ff.

Stober, Ralf: Grundpflichten und Grundgesetz, Berlin 1979

Strebel, Helmut: Staat und Privateigentum. Vergleichende Übersicht und Schlußfolgerungen, in: Staat und Privateigentum, Beiträge zum ausländischen öffentlichen Recht und Völkerrecht, Band 34, Köln, Berlin 1960, S. 223 ff.

Tettinger, Peter J.: Neuer Streit um die „Wirtschaftsverfassung“? BB 1977, 1617 ff.

Timm, Charlotte: Eigentumsgarantie und Zeitablauf, Baden-Baden 1977

Uber, Giesbert: Die neueste Entwicklung der Rechtsprechung des Bundesverwaltungsgerichts zur Bedürfnisprüfung, GewArch. 1955, 57 ff.

Weber, Werner: Eigentum und Enteignung, in: Franz L. Neumann / Hans Carl Nipperdey / Ulrich Scheuner, Die Grundrechte, Band II, Berlin 1954 S. 331 ff.
(zit.: Eigentum)

— Das Eigentum und seine Garantie in der Krise, in: Festschrift für Karl Michaelis, S. 316 ff.
(zit.: Das Eigentum und seine Garantie)

— Zur Problematik von Enteignung und Sozialisierung nach neuem Verfassungsrecht, NJW 1950, 401 ff.

Westermann, Harry: Sachenrecht, 5. Aufl., Karlsruhe 1973

Weyreuther, Felix: Über die Verfassungswidrigkeit salvatorischer Entschädigungsregelungen im Enteignungsrecht, Berlin 1980

Wittig, Peter: Zum Standort des Verhältnismäßigkeitsgrundsatzes im System des Grundgesetzes, DÖV 1968, 817 ff.

Witzel, Manfred: Eigentumsgarantie und städtisches Bauland. Verfassungsrechtliche Untersuchung unter Berücksichtigung des Städtebauförderungsgesetzes, Göttingen 1974

Wolff, Martin: Reichsverfassung und Eigentum, in: Festgabe für Wilhelm Kahl, Tübingen 1923, Teil IV, S. 1 ff.

Zeitler, Herbert: Urteilsanmerkung, ZfW 1973, 166 ff.

Zivier, Ernst, Der Wesensgehalt der Grundrechte, Diss. Berlin 1960

Zuck, Rüdiger: Wirtschaftsverfassung und Stabilitätsgesetz, Diss. München 1975

FSC
www.fsc.org
MIX
Papier | Fördert
gute Waldnutzung
FSC® C083411

Kolibri 360 GmbH
Ferdinand-Jühlke-Straße 7
99095 Erfurt, Deutschland
produktsicherheit@kolibri360.de

Druck:
CPI Druckdienstleistungen GmbH
im Auftrag der
Kolibri 360 GmbH
Ferdinand-Jühlke-Str. 7
99095 Erfurt